はじめての日本語能力試験

N2

Practice Test for Passing the JLPT
JLPT全真模拟试题 合格直通
Đề luyện thi năng lực tiếng Nhật
Cùng bạn chinh phục thử thách JLPT

アスク編集部 編著

合格
模試

3回分

ask

　試験を受けるとき、過去に出された問題を解いて、どのような問題が出るのか、それに対して現在の自分の実力はどうか、確認することは一般的な勉強法でしょう。しかし、日本語能力試験は過去の問題が公開されていません。そこで私たちは、外国籍を持つスタッフが受験するなどして日本語能力試験を研究し、このシリーズをつくりました。はじめて日本語能力試験N2を受ける人も、本書で問題形式ごとのポイントを知り、同じ形式の問題を3回分解くことで、万全の態勢で本番に臨むことができるはずです。本書『合格模試』を手にとってくださったみなさんが、日本語能力試験N2に合格し、さらに上の目標を目指していかれることを願っています。

編集部一同

Introduction:
When taking a test, one general method of study is to solve questions that have appeared in past tests to see what kind of questions will be on the test as well as to see what your current ability is. However, past questions of the Japanese Language Proficiency Test are not made public. Therefore, we created this series after researching the Japanese Language Proficiency Test by doing things like having foreign members of our staff take the test. Even those who take the Japanese Language Proficiency Test N2 for the first time should be able to use this book to learn the points of each type of question and practice answering that same type of question in order to fully prepare yourself for talking the real test. We hope that all of our readers who have purchased *Gokaku Moshi* will pass the Japanese Language Proficiency Test Level N2 and aspire for higher goals.

The Editorial Department

前言：
　解答历年真题，确认试题中出现的题型并检查自身实力，是广大考生备考时普遍使用的学习方法。然而，日语能力考试的试题并未公开。基于以上现状，我们通过让外国籍员工实际参加考试等方法，对日语能力考试进行深入研究，并制作了本系列书籍。第一次参加N2考试的人，也能通过本书熟知各个大题的出题要点。解答三次与正式考试相同形式的试题，以万全的态势挑战考试吧。衷心祝愿购买本书《合格直通》的各位能在N2考试中旗开得胜，并追求更高的目标。

编辑部全体成员

Lời nói đầu:
Khi dự thi, việc giải những đề thi trong quá khứ, xem những đề thi đã ra như thế nào, và thực lực của bản thân mình hiện nay đối với những đề thi như vậy như thế nào, là cách học phổ biến. Tuy nhiên, kì thi năng lực tiếng Nhật lại không công khai các đề thi trong quá khứ. Vì vậy, chúng tôi phải cử những biên tập viên có quốc tịch nước ngoài tham dự kì thi và nghiên cứu về các đề thi năng lực tiếng Nhật. Trên cơ sở đó, chúng tôi đã biên soạn ra loạt sách này. Thông qua việc biết được những điểm quan trọng trong mỗi hình thức câu hỏi thi, và việc giải 3 đề thi trong cuốn sách này, thì ngay cả những người lần đầu tiên tham gia kì thi N2 đi nữa, chắc chắn có thể hướng tới kỳ thi chính thức với một tư thế hoàn hảo. Chúng tôi hy vọng những bạn đã lựa chọn cuốn 『合格模試』 này sẽ thi đỗ trong kì thi năng lực tiếng Nhật N2 và hơn thế nữa, còn hướng đến những mục tiêu cao hơn.

Ban biên tập

もくじ
Contents／目录／Mục lục

この本の使い方

構成

模擬試験が3回分ついています。時間を計って集中して取り組んでください。終了後は採点して、わからなかったところ、間違えたところはそのままにせず、解説までしっかり読んでください。

| 対策 | 日本語能力試験にはどのような問題が出るか、どうやって勉強すればいいのか確認する。 |

| 解答・解説 | 正誤を判定するだけでなく、どうして間違えたのか確認すること。
  正答以外の選択肢についての解説。
 □・覚えよう　　問題文に出てきた語彙・表現や、関連する語彙・表現。 |

| 問題（別冊） | とりはずし、最終ページにある解答用紙を切り離して使う。解答用紙はサイトからダウンロードもできる。 |

スケジュール

JLPTの勉強開始時：第1回の問題を解いて、試験の形式と自分の実力を知る。

↓

苦手分野をトレーニング
- **文字・語彙・文法**：模試の解説で取り上げられている語・表現をノートに書き写しておぼえる。
- **読解**：毎日1つ日本語のまとまった文章を読む。
- **聴解**：模試の問題をスクリプトを見ながら聞く。

↓

第2回、第3回の問題を解いて、日本語力が伸びているか確認する。

↓

試験直前：もう一度同じ模試を解いて最終確認。

音声は**web**でダウンロードができます。詳細は下記をご覧ください。

➡ **https://www.ask-books.com/support/**

シリアルコード：93155

解答を入力するだけで採点ができる**Excel**シートを下記サイトに用意しました。
➡ **https://www.ask-books.com/jp/goukaku/**

How to use This Book

► Structure

This book includes three practice tests. Please focus hard and time yourself when taking them. After you have finished, calculate your score, and once you have found what you got wrong or did not know, go back and carefully read the explanations.

| **Test Preparations** | See what kinds of questions will appear on the JLPT and learn how best to study for them. |

| **Answers · Explanations** | Go beyond seeing the right or wrong answers; learn why you got the question wrong. |

 Explanations for choices other than just the right answer

□ · 覚えよう (Let's Learn) Vocabulary and expressions found in the test questions as well as other related vocabulary and expressions

| **Questions (Supplementary Book)** | Remove and use the answer sheets on the last pages. The answer sheets can also be downloaded from our Website. |

► Schedule

When starting to study for the JLPT: Answer the questions on Test 1 to familiarize yourself with the format of the actual test and see how well you can do.

Training for areas that you have trouble with
· **Characters, vocabulary and grammar:** Learn the vocabulary and expressions shown in the practice test explanations by copying them down in your notes.
· **Reading comprehension:** Read one complete Japanese passage per day.
· **Listening comprehension:** Listen to practice test questions while reading along with their scripts.

Answer the questions for Test 2 and Test 3 to see if your skills in Japanese are improving.

↓

Right before the test: Take the same practice tests again to check one last time.

► The audio files for this book can be downloaded from our Website. Go to the link below for further details.

➡ **https://www.ask-books.com/support/**
Serial code: 93155

► Automatically score your tests just by entering your answers onto the Excel sheet available for download at the following link.

➡ **https://www.ask-books.com/jp/goukaku/**

▶ 构成

　　本书附带三次模拟试题。请计时并集中精力进行解答。解答结束后自行评分，对于不理解的地方和错题不要将错就错，请认真阅读解说部分。

考试对策 ▶ 确认日语能力考试中出现的题型，并确认与之相应的学习方法。

解答 · 解说 ▶ 不仅要判断正误，更要弄明白自己解答错误的原因。
 对正确答案以外的选项进行解说。
□ · えよう（必背单词）　问题中出现的词汇、表达，以及与之相关的词汇、表达。

试题（附册） ▶ 使用时可以单独取出。答题卡可以用剪刀等剪下，也可以通过官网下载。

▶ 备考计划表

备考开始时：解答第 1 回试题，了解考试的题型并检查自身实力。

⬇

针对不擅长的领域进行集中练习
- **文字 · 词汇 · 语法**：将解说部分中提到的词汇、表达抄到笔记本上，边写边记。
- **阅读**：坚持每天阅读一篇完整的日语文章。
- **听力**：反复听录音，并阅读听力原文。

⬇

解答第 2 回、第 3 回试题，确认自己的日语能力有没有得到提高。

⬇

正式考试之前：再次解答模拟试题，进行最终确认。

▶ 音频文件可以通过官网下载。详情请参看以下网站。

➡ **https://www.ask-books.com/support/**

序列码：93155

▶ 我们还为您准备了仅输入答案就能自动评分的电子表格。请从以下网站下载使用。

➡ **https://www.ask-books.com/jp/goukaku/**

Cấu trúc

Cuốn sách này gồm có ba đề thi thử. Các bạn hãy đo thời gian trong lúc tập trung giải đề. Sau khi giải xong, hãy chấm điểm cho bài thi mình vừa làm, những điểm nào mình không hiểu hay những điểm mình bị sai, các bạn đừng để mặc mà phải đọc phần giải thích cho thật kỹ.

Chiến lược Xác nhận xem có những loại câu hỏi như thế nào xuất hiện trong đề thi năng lực tiếng Nhật, và học luyện thi như thế nào sẽ có hiệu quả.

**Đáp án ·
Giải thích** Không chỉ đánh giá đúng sai, mà phải xác nhận tại sao lại sai.
 Giải thích những cách lựa chọn khác ngoài đáp án đúng.
□ · 覚_{えよう} (Hãy ghi nhớ) Từ vựng·mẫu câu xuất hiện trong đề thi, Từ vựng·mẫu câu liên quan

**Đề thi
(quyển đính kèm)** Tách cuốn này ra, cắt tờ làm bài ở trang cuối cùng và sử dụng. Bạn cũng có thể tải tờ làm bài từ trên trang web.

Kế hoạch

Thời điểm bắt đầu học luyện thi JLPT: Giải đề 1 biết được hình thức đề thi và thực lực của bản thân.

Luyện tập những phần mình còn yếu
• **Chữ viết, từ vựng, ngữ pháp:** viết lại ra tập để thuộc lòng những từ, mẫu câu được đưa ra trong phần giải thích đề thi thử.
• **Đọc hiểu:** Mỗi ngày đọc một bài văn tiếng Nhật.
• **Nghe:** Vừa nhìn phần nội dung nghe vừa nghe.

Giải đề 2, đề 3 rồi xác nhận xem khả năng tiếng Nhật của mình có tiến triển hay chưa.

Ngay trước kì thi: làm lại đề thi một lần nữa, và xác nhận lại lần cuối.

Có thể tải tập tin âm thanh từ trên trang web. Thông tin chi tiết vui lòng tham khảo trang web sau đây.

➡ **https://www.ask-books.com/support/**
Mã số sê -ri: 93155

Chúng tôi đã chuẩn bị trang Excel để các bạn chỉ cần nhập đáp án vào là có thể chấm điểm được. Vui lòng tải từ trang web sau để sử dụng:

➡ **https://www.ask-books.com/jp/goukaku/**

日本語能力試験（JLPT）
N2 について

Q1 日本語能力試験（JLPT）ってどんな試験？

日本語を母語としない人の日本語力を測定する試験です。日本では 47 都道府県、海外では 86 か国（2018 年実績）で実施。年間のべ 100 万人以上が受験する、最大規模の日本語の試験です。レベルは N5 から N1 まで 5 段階。以前は 4 級から 1 級の 4 段階でしたが、2010 年に改訂されて、いまの形になりました。

Q2 N2 はどんなレベル？

N2 は、旧試験の 2 級とほぼ同じ難易度で、「日常的な場面で使われる日本語の理解に加え、より幅広い場面で使われる日本語をある程度理解」できるレベルとされています。日本企業の求人では N2 レベル以上が求められることが多いようです。

Q3 N2 はどんな問題が出るの？

試験科目は、①言語知識（文字・語彙・文法）・読解、②聴解の 2 科目です。詳しい出題内容は 12 ページからの解説をご覧ください。

Q4 得点は？

試験科目と異なり、得点は、①言語知識（文字・語彙・文法）、②読解、③聴解の 3 つに分かれています。各項目は 0 ～ 60 点で、総合得点は 0 ～ 180 点、合格点は 90 点です。ただし、3 つの得点区分で 19 点に達していないものが 1 つでもあると、不合格となります。

Q5 どうやって申し込むの？

日本で受験する場合は、日本国際教育支援協会のウェブサイト（info.jees-jlpt.jp）から申し込みます。郵送での申し込みは廃止されました。海外で受験する場合は、各国の実施機関に問い合わせます。実施機関は公式サイトで確認できます。

詳しくは公式サイトでご確認ください。
https://www.jlpt.jp

Q1 What kind of test is the Japanese Language Proficiency Test (JLPT)?

It is a test to measure Japanese language skills for people whose native language is not Japanese. It is held in 47 prefectures in Japan as well as 86 countries around the world (as of 2018). It is the biggest Japanese language proficiency test in the world, with more than 1,000,000 people taking it each year. It has five levels ranging from N5 to N1. Previously, it had only four levels, level 4 to level 1, but the test was revised in 2010 to its current form.

Q2 What kind of level is N2?

The N2 level is roughly equivalent to level 2 of the older version of the test in difficulty. It is considered to be at the level of being able to understand Japanese used in everyday settings and understand to some degree Japanese used in a wider variety of situations. Many Japanese business recruiters look for people who have passed this level or above.

Q3 What kind of questions are on the N2 test?

The test has two test sections: ①language knowledge (vocabulary/ grammar)・reading and ② listening. Please see page 12 for more details on the kinds of questions that show up on the test.

Q4 How is it scored?

The test has three scoring sections that differ from the two subjects: ①language knowledge (vocabulary/ grammar), ②reading and ③listening. Each section is scored from 0 to 60 points for a total of 0 to 180 points, with 90 points being a passing score. However, you will be unable to pass the test if your score on any one section is less than 19 points.

Q5 How do you apply?

When taking the test in Japan, you can apply on the Japan Educational Exchanges and Services Website (info.jees-jlpt.jp). Applications sent by mail will no longer be accepted. When taking the test overseas, consult with your country's host agency. Host agencies in the various test site cities can be found on the Website shown below.

For more information, please visit:
https://www.jlpt.jp

关于日语能力考试N2
（JLPT）

Q1 关于日语能力考试（JLPT）

该考试以母语不是日语的人士为对象，对其日语能力进行测试和评定。截止2018年，在日本47个都道府县、海外86个国家均设有考点。每年报名人数总计超过100万人，是全球最大规模的日语考试。该考试于2010年实行改革，级别由从前4级到1级的四个阶段变为现在N5到N1的五个阶段。

Q2 关于N2

N2的难度和原日语能力考试2级基本相同，不仅要掌握日常生活中的常用日语，也需要在一定程度上理解更为广泛的场景中所使用的日语。日企在招聘时大多要求应聘者的日语水平达到N2以上。

Q3 N2的考试科目

N2考试设有两个科目：①语言知识（文字·词汇·语法）·阅读、②听力。详细出题内容请参阅解说（p12～）。

Q4 N2合格评定标准

N2考试设有三个评分单项：①语言知识（文字·词汇·语法）、②阅读、③听力，通过各单项得分和综合得分来评定是否合格。各单项及格分为19分，满分60分；综合得分的及格分为90分，满分180分。如果各单项得分中有一项没有达到19分，或者综合得分低于90分都不能视为合格。

Q5 报考流程

选择日本国内的考点，可以通过日本国际教育支援协会官网（info.jees-jlpt.jp）进行报考。选择日本以外的考点，请咨询各国考试实施机构。各国考试实施机构可以通过官网确认。

详情请参看JLPT考试官网。
https://www.jlpt.jp

Q1 Kỳ thi năng lực tiếng Nhật (JLPT) là kỳ thi như thế nào?

Đây là kỳ thi đánh giá năng lực tiếng Nhật của những người có tiếng mẹ đẻ không phải là tiếng Nhật. Kì thi này được tổ chức ở 47 tỉnh thành tại Nhật và 86 quốc gia khác (số liệu năm 2018). Hằng năm, số lượng thí sinh dự thi tăng lên, có hơn 1.000.000 người dự thi, là kì thi tiếng Nhật quy mô lớn. Gồm có 5 cấp bậc từ N5 đến N1. Trước đây thì có 4 cấp từ cấp 4 đến cấp 1, nhưng từ năm 2010 đã thay đổi cách thi, và trở thành hình thức thi như bây giờ.

Q2 N2 ở trình độ như thế nào?

N2 gần giống với cấp độ 2 của kỳ thi cũ về độ khó. Cấp độ này được cho là mức độ có thể hiểu tương đối tiếng Nhật sử dụng trong nhiều ngữ cảnh đa dạng hơn dựa trên việc hiểu tiếng Nhật sử dụng trong các ngữ cảnh hàng ngày. Trong tuyển dụng của doanh nghiệp Nhật Bản thì đa phần sẽ yêu cầu trên mức trình độ N2.

Q3 Trong bài thi N2 có những câu hỏi thi như thế nào?

Các môn thi gồm có 2 phần đó là ① Kiến thức ngôn ngữ (chữ viết・từ vựng・ngữ pháp)・đọc hiểu, ② Nghe. Nội dung chi tiết vui lòng xem phần giải thích từ trang 12

Q4 Điểm đạt được như thế nào ?

Các môn thi khác nhau, điểm đạt được được chia thành ba cột điểm đó là ① Kiến thức ngôn ngữ (chữ viết・từ vựng・ngữ pháp), ② Đọc hiểu, ③ Nghe. Các môn thi có điểm số từ 0 ～ 60 điểm, tổng số điểm đạt được là từ 0 ～ 180 điểm, điểm đỗ là 90 điểm. Tuy nhiên, nếu như trong 3 cột điểm đó, có một cột không đạt 19 điểm thì bạn sẽ bị đánh rớt.

Q5 Làm thế nào để đăng ký ?

Trường hợp dự thi tại Nhật Bản, có thể đăng ký từ trang web của hiệp hội hỗ trợ giáo dục quốc tế Nhật Bản (info.jees-jlpt.jp) . Việc đăng ký bằng cách gởi qua bưu điện đã được hủy bỏ. Trường hợp dự thi tại nước ngoài, có thể liên lạc với các cơ quan tổ chức kỳ thi tại các quốc gia. Có thể xác nhận thông tin các cơ quan tổ chức kì thi trên trang web chính thức.

Nội dung chi tiết vui lòng kiểm tra tại trang web.
https://www.jlpt.jp

言語知識（文字・語彙・文法）・読解

問題1　漢字読み　5問

漢字で書かれた言葉の読み方を答える。

問題1 ＿＿＿＿の言葉の読み方として最もよいものを、1・2・3・4から一つ選びなさい。

例1　この黒いかばんは山田さんのです。
　　　1　あかい　　　　　　2　くろい　　　　　　3　しろい　　　　　　4　あおい

例2　何時に学校へ行きますか。
　　　1　がこう　　　　　　2　がこ　　　　　　　3　がっこう　　　　　4　がっこ

答え：2、3

POINT

例1のように、読みはまったく違うけど同じジャンルのことばが選択肢に並ぶ場合と、例2のように「っ」や「゛」、長い音の有無が解答の決め手となる場合がある。例1のパターンでは、問題文の文脈からそこに入る言葉の意味が推測できることがある。問題文は全部読もう。

Point: Just like in Example 1, when words whose readings are completely different even though the genre of the words is the same, checking to see if there are any っ, ゛ or elongated vowels as in Example 2 can be the deciding factor in answering the question. With the pattern in Example 1, the meaning of the word in the question can be surmised from the sentence pattern. Be sure to read the whole question.

要点：此类题型大致可以分为两种情况。如例1所示，4个选项虽然读音完全不同，但词汇类型相同；而例2的情况，"っ（促音）""゛（浊音／半浊音）"，或者长音的有无通常会成为解答的决定因素。诸如例1的问题，有时可以从文脉中推测出填入空白处的词汇的意思，因此要养成做题时把问题从头到尾读一遍的习惯。

Điểm quan trọng: có các trường hợp như các phương án lựa chọn có cách đọc hoàn toàn khác nhau nhưng lại có cùng loại từ như ví dụ 1, và cũng có trường hợp đáp án được quyết định bởi từ ngữ đó có trường âm hay không, hoặc có xúc âm「っ」hoặc「゛」hay không như ví dụ 2. Kiểu câu hỏi như ví dụ 1, có khi có thể đoán được ý nghĩa của từ vựng đó từ mạch văn của câu. Hãy đọc toàn bộ câu.

勉強法

例2のパターンでは、発音が不正確だと正解を選べません。漢字を勉強するときは、音とひらがなを結び付けて、声に出して確認しながら覚えましょう。一見遠回りのようですが、これをしておけば聴解力も伸びます。

Study Method: In the pattern in Example 2, if the pronunciation is incorrect, you will be unable to choose the correct answer. When studying kanji, try memorizing them by tying the reading to the hiragana and reading them out loud. This may seem like a roundabout way of doing things at first, but doing this will improve your listen comprehension, as well.

学習方法：诸如例2的问题，如果读音不正确则无法选中正确答案。学习日语汉字时，确认该汉字的读音，并将整个词汇大声读出来，边读边记。这种方法不仅可以帮助我们高效记忆，也能够间接提高听力水平。

Phương pháp học: trong kiểu câu hỏi như ví dụ 2, nếu bạn phát âm không chính xác sẽ không thể lựa chọn đáp án đúng. Khi học chữ Hán, hãy cùng ghi nhớ bằng cách gắn kết giữa âm thanh và chữ Hiragana, rồi thử phát âm xác nhận. Thoạt nhìn có vẻ như mình đi lòng vòng, nhưng nếu cứ luyện tập theo cách này, thì khả năng nghe của các bạn cũng sẽ tiến triển.

問題2　表記　5問

ひらがなで書かれた言葉を漢字でどう書くか答える。

問題2　＿＿＿＿＿の言葉を漢字で書くとき、最もよいものを、1・2・3・4から一つ選びなさい。

例　らいしゅう、日本へ行きます。

1　先週	2　来週	3　先月	4　来月

答え：2

POINT

漢字の問題は、長く考えたら答えがわかるというものではない。時間をかけすぎず、後半に時間を残そう。

Point: You will not be able to figure out the answers to kanji questions by simply thinking about them for a while. Be sure to leave some time for the latter half by not spending too much time on these questions.

要点：考查汉字的问题，即使长时间思考也不一定会得到正确答案。注意不要在此类问题上耗费过多时间，要多把时间留给后半部分。

Điểm quan trọng: câu hỏi về chữ Hán, không phải cứ suy nghĩ thật lâu thì sẽ hiểu được câu trả lời. Các bạn đừng mất thời gian để suy nghĩ nhiều, hãy dành thời gian cho các câu hỏi phía sau.

勉強法

漢字を使った言葉の意味と音と表記をおぼえるだけでなく、以下の2つをするといいでしょう。
①　同じ漢字を使った言葉を集めて単漢字の意味をチェックする。
②　漢字をパーツで分類してグルーピングしておく。

Study Method:
Rather than just memorizing the meanings of words that use kanji and their readings and notations, try doing the following two things.
① Check the meanings of single kanji by compiling words that use the same kanji.
② Classify kanji by their radicals and arrange them in groups.

学习方法：
学习带汉字的词汇时，在记住该词汇的意思、读音和写法的同时，也可以通过以下两种方式进行巩固和提高。
①收集使用同一个汉字的词汇，确认该汉字的意思。
②按照边旁部首将汉字进行分类，并进行分组。

Phương pháp học:
Không chỉ nhớ ý nghĩa, cách đọc, mặt chữ của các từ vựng sử dụng Hán tự, các bạn hãy làm theo hai cách sau đây.
①Hãy thu thập những từ ngữ có sử dụng chữ Hán giống nhau, và kiểm tra ý nghĩa của từng chữ Hán đơn lập.
②Hãy tách chữ Hán thành các bộ phận, và xếp chúng thành từng nhóm.

派生語や複合語（2つの語が結びつき、1つの語になったもの）の知識を問う。

問題　（　　　）に入れるのに最もよいものを、1・2・3・4から一つ選びなさい。
例　チケットを買うときは、チケットの代金と別に手数（　　　　）がかかります。 　　1　費　　　　　　　　2　代　　　　　　　　3　賃　　　　　　　　4　料 <div align="right">答え：4</div>

POINT

単語の前かあとに漢字1字程度がついた語（派生語、複合語）の、あとからついた部分が問われる。

・前に漢字がつく：未使用、準決勝、真後ろ　　など
・後に漢字がつく：成功率、アルファベット順、招待状　　など
・その他：1日おき、家族連れ　　など

Point:
These questions ask what single kanji character and any accompanying kana comes before or after a certain vocabulary word (derivative word, compound word).

要点：
　此类题型需要给单词加上前缀或后缀，使单词变成派生词或者复合词。

Điểm quan trọng:
Sẽ hỏi về phần đuôi của từ có 1 chữ Hán (từ phái sinh, từ ghép) đứng trước hay sau từ đơn,

勉強法

意味が似た選択肢が並ぶので、意味からは選びにくいです。勉強するときは、漢字の勉強と同様、同じパーツをもつ言葉を集めて意味をチェックし、くっついたあとの形でおぼえておきましょう。
たとえば例題では、「〜費」「〜代」「〜賃」は不正解ですが、どれも意味が似ています。「〜料＝金銭」とおぼえるのではなく、「手数料、使用料、授業料、入場料」とまとめておぼえるようにしましょう。

Study Method:
The answer to these questions are similar in meaning so it is difficult to pick the right answer on just the meaning alone. When studying, just like with kanji, try gathering words that have the same parts, check their meanings and memorize them as they are used with other words.
For example, 〜費, 〜代 and 〜賃are all wrong answers but they are all similar in meaning. So try memorizing 手数料, 使用料, 授業料 or 入場料as units rather than just 〜料＝金銭.

学习方法：
由于四个选项意思相近，因此单看选项的意思是很难判断出正确答案的。平时可以按照偏旁部首将汉字分类并确认该汉字的意思，然后记住其作为前缀或后缀时的派生词、复合词的意思。
比如在上述例题中，"〜費""〜代""〜賃"是错误选项，但不管哪一个都跟正确答案的"〜料"一样，都表示金钱的意思。因此，不仅要理解"料"的意思，还要记住其作为后缀时的派生词"手数料""使用料""授業料""入場料"。

Phương pháp học:
Do có nhiều câu trả lời có ý nghĩa giống nhau nên sẽ khó lựa chọn từ ý nghĩa. Khi học thì cũng như học chữ Hán, chúng ta sẽ gom các từ có phần giống nhau và kiểm tra ý nghĩa, rồi nhớ luôn kiểu đi chung của nó.
Trong câu hỏi ví dụ thì [～費], [～代], [～賃] là câu trả lời không đúng nhưng cái nào cũng có nghĩa giống nhau. Chúng ta hãy gom [手数料, 使用料, 授業料, 入場料] để nhớ, chứ không phải là nhớ [～料＝金銭]

問題4　文脈規定　7問

（　　　　）に入れるのにいい言葉を選ぶ。

問題4　（　　　　）に入れるのに最もよいものを、1・2・3・4から一つ選びなさい。

例　私は（　　　　）昼ご飯を食べていません。
　　1　すぐ　　　　　　2　もっと　　　　　3　もう　　　　　4　まだ

答え：4

POINT

①漢字語、②カタカナ語、③動詞・形容詞・副詞の問題が出る。

Point:
The will be questions on ① kanji vocabulary, ② katakana vocabulary and ③ verbs・adjectives・adverbs.

要点：
此类题型经常考查：①带汉字的词汇②片假名词汇③动词、形容词、副词。

Điểm quan trọng：
① Trong câu hỏi này, có những câu hỏi liên quan đến ① Hán tự, ② Chữ Katakana ③ động từ, tính từ, phó từ.

勉強法

①漢字語：勉強法は問題1、2と同じです。
②カタカナ語：カタカナ語は多くが英語に由来しています。カタカナ語の母語訳だけでなく、英語と結び付けておくと覚えやすいでしょう。「語末の"s"は「ス」（例：bus→バス）」など、英語をカタカナにしたときの変化を自分なりにルール化しておくと、初めて見る単語も類推できるようになります。
③動詞・形容詞・副詞：その単語だけでなく、よくいっしょに使われる単語とセットで、例文で覚えましょう。

Study Method:
① Kanji vocabulary: the study method is the same for questions 1 and 2.
② Katakana vocabulary: Many katakana vocabulary words are derived from English. Learning the original meanings of katakana words and tying them to English can make them easier to learn. By coming up with your own rules about katakana vocabulary (like how words that originally ended with "s" in English end with ス in Japanese, as in bus→バス), you will even be able to figure out the meaning of words that you may be seeing for the first time.
③ Verbs・adjectives・adverbs: Try learning words they are often used together with rather than just trying to learn single words on their own.

学习方法：
①带汉字的词汇：学习方法与问题1、2相同。

②片假名词汇：由于片假名词汇大多来源于英语，因此结合英语进行记忆会比较轻松。例如，"バス"来源于英语的"bus"，"s"变成了片假名的"ス"。针对此类由英语变化而成的片假名词汇，可以按照自己的方式对其进行整理和规则化，这样一来，即使是生词也能够推测出其意思。

③动词、形容词、副词：除了记住该词汇本身的意思外，还要记住经常与该词汇一起使用的单词。通过例句进行记忆，可以让印象更深刻。

Phương pháp học:

① Hán tự: phương pháp học giống như câu hỏi 1,2

② Từ vựng Katakana: phần lớn những từ viết bằng Katakana có nguồn gốc từ tiếng Anh. Cách học từ vựng Katakana thì không chỉ học nghĩa dịch từ Katakana sang tiếng mẹ đẻ, mà phải kết nối với từ tiếng Anh thì sẽ dễ nhớ hơn. Nếu như các bạn tự tạo cho mình một nguyên tắc khi chuyển đổi từ tiếng Anh sang Katakana như chữ "s" cuối từ sẽ trở thành 「ス」 (ví dụ : bus→バス)」...thì cho dù đó là từ lần đầu gặp đi nữa, cũng có thể đoán ra được.

③ Động từ, phó từ, tính từ: các bạn không nên chỉ học một từ riêng biệt đó mà nên kết hợp với những từ thường được sử dụng cùng, và học cả câu ví dụ.

問題5　言い換え類義　5問

＿＿＿＿の語や表現と意味が近い語や表現を選ぶ。

問題5　＿＿＿＿の言葉に意味が最も近いものを、1・2・3・4から一つ選びなさい。

例　作文を書いたので、チェックしていただけませんか。
　　1　勉強　　　　　　　2　提出　　　　　　3　確認　　　　　　4　準備

答え：3

POINT

どの選択肢を選んでも正しい文になることが多い。意味をしっかり確認すること。

Point: Any answer you choose is likely to form a correct sentence. Be sure to carefully check the meaning.

要点：此类题型很多情况下，无论选择哪个选项都能组成正确的句子。因此需要牢牢掌握住词汇的意思。

Điểm quan trọng: Có nhiều trường hợp cho dù chọn đáp án nào đi nữa, cũng sẽ trở thành câu đúng. Các bạn nên kiểm tra ý nghĩa thật kỹ.

勉強法

よくいっしょに使われる単語とセットで、単語の意味をおぼえていれば大丈夫。N2レベルでおぼえたほうがいい語彙はとても多いので、少しずつでも毎日勉強しましょう。

Study Method: It is okay to learn the meaning of vocabulary words by learning them as sets with other words that they are often used with. There are many words that you should learn for the N2 level test, so try studying a little bit every day.

学习方法：记住该词汇以及经常与该词汇一起使用的单词的意思。N2需要记忆的词汇非常多，所以每天的积累很重要。

Phương pháp học: hãy nhớ ý nghĩa của từ vựng trong tổ hợp từ vựng mà từ đó thường hay đi kèm thì sẽ không có vấn đề gì. Những từ vựng cần ghi nhớ ở cấp độ N2 rất nhiều, vì thế hãy học mỗi ngày một ít.

問題の語を使った文として、いちばんいい文を選ぶ。

問題5　次の言葉の使い方として最もよいものを、1・2・3・4から一つ選びなさい。

例　楽
1　彼は今度の旅行をとても<u>楽</u>にしている。
2　時間がないから、何か<u>楽</u>に食べましょう。
3　給料が上がって、生活が<u>楽</u>になった。
4　みんながわかるように、もう少し<u>楽</u>に説明してください。

答え：3

勉強法

単語の意味を知っているだけでは答えられない問題もあります。語彙をおぼえるときは、いつどこで使うのか、どの助詞といっしょに使われるか、名詞の場合は「する」がついて動詞になるのか、などにも注意しておぼえましょう。

Study Method: There are questions that you cannot answer by just knowing the meanings of the vocabulary words. When learning vocabulary words, be mindful of when and where they are used, what verbs they are used with and if they are nouns, whether they can be made verbs by adding する.

学习方法：此类题型，有些问题只知道词汇的意思是无法选中正确答案的。学习词汇时，要注意该词汇什么时候在什么地方，和哪个助词一起使用；名词的情况，要注意如果加上 "する" 是否能够变成动词等。

Phương pháp học: có những dạng câu hỏi chỉ cần biết được ý nghĩa của từ vựng sẽ có thể trả lời được. Khi học từ vựng, cần phải chú ý đến các điểm như sử dụng ở đâu, khi nào, sử dụng cùng với các động từ nào, trong trường hợp là danh từ thì có đi kèm với 「する」 hay không.

文の中の（　　　）に入れるのにいちばんいいことばを選ぶ。

問題7　次の文の（　　　）に入れるのに最もよいものを、1・2・3・4から一つ選びなさい。

例　先生の（　　　）、日本語能力試験に合格しました。
1　おかげで　　　　　　　2　せいで　　　　　3　ために　　　　　4　からで

答え：1

POINT

文法問題と読解問題は時間が分かれていない。読解問題に時間をかけられるよう、文法問題は早めに解くこと。わからなければ適当にマークして次へ進むとよい。

Point: Time is not divided by grammar questions and reading comprehension questions. Answer the grammar questions quickly so you will have time to spend on the reading comprehension questions. If you do not know the answer, just take a guess and move on to the next question.

要点：语法和阅读不会分开计时。必须为阅读部分确保足够的时间。因此语法问题要尽早解答。如果遇到不会做的题，可以随便选择一个选项然后进入下一题。

Điểm quan trọng: đề thi ngữ pháp và đề thi đọc hiểu thì không chia thời gian cụ thể. Để có thời gian giải các câu hỏi đọc hiểu, hãy giải các câu hỏi ngữ pháp thật nhanh. Trong trường hợp không hiểu, cứ đánh dấu câu hỏi đó theo cách mình dễ nhận biết, rồi tiếp tục làm bài thi.

勉強法

文法項目ごとに、自分の気に入った例文を1つおぼえておきましょう。その文法が使われる場面のイメージを持つことが大切です。

Study Method: Try learning one example sentence that you like for each grammar point. It is important to visualize settings where that grammar is used.

学习方法：每个语法项目，都可以通过记忆一个自己喜欢的例句来进行学习。要弄清楚该语法在什么时候什么样的情况下使用，也就是说要对使用该语法的场景形成一个整体印象。

Phương pháp học: mỗi điểm ngữ pháp, hãy thuộc lòng một câu ví dụ mà mình thích nhất. Việc hình dung được ngữ cảnh sử dụng mẫu ngữ pháp đó là quan trọng.

文にある4つの＿＿＿＿にことばを入れ、＿★＿に入る選択肢を答える。

> 問題8　つぎの文の　＿★＿　に入る最もよいものを、1・2・3・4から一つえらびなさい。
>
> （問題例）
>
> 木の　＿＿＿＿　＿＿＿＿　＿★＿　＿＿＿＿　います。
>
> 　1　が　　　　　　　2　に　　　　　　　3　上　　　　　　4　ねこ
>
> 答え：4

POINT

> ＿＿＿＿だけ見るのではなく、文全体を読んで話の流れを理解してから解答する。たいていは3番目の空欄が＿★＿だが、違うこともあるので注意。

Point: When answering questions, be sure to read the entire question, not just the part that goes in the blanks, to understand the flow of the sentence. Usually, the third blank is filled with a star (★), but there are times when it is in a different blank, so be careful.

要点：不要只看＿＿＿＿的部分，阅读全文，了解文章的整体走向后再进行作答。大多数情况下＿★＿会出现在第3个空白栏处，但也有例外，要注意。

Điểm quan trọng: không chỉ xem ở phần ＿＿＿＿、mà phải đọc toàn câu văn, lý giải mạch câu chuyện rồi trả lời câu hỏi. Thông thường, ở chỗ trống thứ 3 là chỗ trống điền ＿★＿、tuy nhiên lưu ý cũng có khi nằm ở vị trí khác.

勉強法

> 文型の知識が問われる問題だけでなく、長い名詞修飾節を適切な順番に並べ替える問題も多く出ます。名詞修飾が苦手な人は、日ごろから、母語と日本語とで名詞修飾節の位置が違うことに注意しながら、長文を読むときに文の構造を図式化するなどして、文の構造に慣れておきましょう。

Study Method: There are many questions that will test not only your knowledge of sentence patterns, they will also see if you are able to correctly reorder long noun modifiers. For learners who have trouble with noun modifiers, try getting used to sentence structures by regularly making diagrams of sentence structures when reading long passages while being mindful that the order of noun modifiers in Japanese may be different from those in your own language.

学习方法：此类题型不仅会出现考查句型知识的问题，也会出现很多需要将一长段名词修饰成分按照恰当的顺序排列的问题。不擅长名词修饰的人，平时要注意母语和日语中名词修饰成分所处位置的不同；同时，在阅读较长的句子时，可以通过将句子的结构图式化等方法，以习惯句子的结构。

Phương pháp học: không chỉ các câu hỏi về kiến thức mẫu câu, mà còn có nhiều câu hỏi sắp xếp thứ tự thích hợp của các mệnh đề danh từ bổ ngữ dài. Những người yếu về mệnh đề danh từ bổ ngữ, hằng ngày nên lưu ý sự khác nhau giữa vị trí của mệnh đề danh từ trong tiếng Nhật và tiếng mẹ đẻ, và khi đọc những câu văn dài, hãy biểu đồ hóa cấu trúc của câu, làm quen với cấu trúc câu.

文章の流れに合った表現を選択肢から選ぶ。

次の文章を読んで、文章全体の内容を考えて、 例1 から 例4 の中に入る最もよいものを、1・2・3・4から一つ選びなさい。

「最近の若者は、夢がない」とよく言われる。わたしはそれに対して言いたい。 例1 、しょうがないじゃないか。子供のころから不景気で、大学に入ったら、就職率が過去最低を記録している。そんな先輩たちの背中を見ているのだ。どうやって夢を持って 例2 。しかし、このような状況は、逆に 例3 だとも考えられる。

自分をしっかりと見つめなおし、自分のコアを見つけるのだ。そしてそれを成長への飛躍とするのだ。今のわたしは高く飛び上がるために、一度 例4 状態だと思って、明日を信じてがんばりたい。

例1)　1　したがって　　　　2　だって　　　　　3　しかも　　　　4　むしろ

例2)　1　生きていけというのだ　　　　　　　2　生きていかなければならない
　　　3　生きていってもいいのか　　　　　　4　生きていくべきだろう

例3)　1　ヒント　　　　　2　アピール　　　　3　ピンチ　　　　4　チャンス

例4)　1　飛んでいる　　　　　　　　　　　　2　もぐっている
　　　3　しゃがんでいる　　　　　　　　　　4　死んでいる

答え：2、1、4、3

POINT

以下の3種類の問題がよく出題される。

①接続詞：下記のような接続詞を入れる。空欄の前後の文を読んでつながりを考える。

・順接：すると、そこで、したがって

・逆接：しかし、だが、ところが、それでも、とはいえ、むしろ

・並列：また

・添加：そのうえ、それに、しかも、それどころか

・対比：一方（で）

・選択：または、あるいは

・説明：なぜなら

・補足：ただ、ただし、実は

・言い換え：つまり、要するに

・例示：たとえば

・転換：ところで

・確認：もちろん

・収束：こうして

②文脈指示：「そんな～」「あの～」といった表現が選択肢となる。指示詞の先は、1つ前の文にあることが多い。ただし「先日、<u>こんなこと</u>がありました。～」のように、後に続く具体例を指すことばが選択肢となることもある。答えを選んだら、指示詞のところに正答と思う言葉や表現を入れてみて、不自然ではないか確認する。

③文中表現・文末表現：文の流れのなかで、文中や文末にどんな表現が入るかが問われる。前後の文の意味内容を理解し、付け加えられた文法項目がどのような意味を添えることになるか考える。

Point:
The three types of questions shown below often appear on the test.
①Conjunctions: Include conjunctions like those listed below. Think about how they connect to the words that come before and after the blank.
・Tangent conjunctions：すると、そこで、したがって
・Contradictory conjunctions：しかし、だが、ところが、それでも、とはいえ、むしろ
・Parallel conjunctions：また
・Additional conjunctions：そのうえ、それに、しかも、それどころか
・Comparative conjunctions：一方（で）
・Selective conjunctions：または、あるいは
・Explanative conjunctions：なぜなら
・Supplementary conjunctions：ただ、ただし、実は
・Rephrasing conjunctions：つまり、要するに
・Illustrative conjunctions：たとえば
・Transition conjunctions：ところで
・Confirmative conjunction：もちろん
・Convergent conjunctions：こうして
②Context indicators: There will be answers that include expressions like　そんな～ and　あの～. The subject of demonstratives is often found in the previous sentence. However, there are instances when answers include a demonstrative indicating a detailed phrase that comes after it, as in 先日、<u>こんなこと</u>がありました。～. Once you have chosen an answer, try putting the word or phrase that you think is the right answer in the place of the demonstrative and check to see whether it seems natural or not.
③Mid-sentence expressions・end-of-sentence expressions: These questions ask what expression should go in the middle or end of a sentence given the overall meaning of the sentence. Understand the meaning of the previous and following sentences and consider how the accompanying grammar points add to the meaning.

要点：
此类题型经常会出现以下3种问题。
①接续词：考查下列接续词的用法。阅读空格前后的句子，并思考相互间的联系。
・顺接：すると、そこで、したがって
・逆接：しかし、だが、ところが、それでも、とはいえ、むしろ
・并列：また
・添加：そのうえ、それに、しかも、それどころか
・对比：一方（で）
・选择：または、あるいは
・说明：なぜなら
・补充：ただ、ただし、実は
・改变说法：つまり、要するに
・举例：たとえば
・转换话题：ところで
・确认：もちろん
・收束：こうして
②文脉指示：选项中经常出现“そんな～”“あの～”之类的表达。指示词所指代的内容通常可以在上一个句子中找到。但是，以“先日、こんなことがありました。～”为例，指代后文中具体例子的词语有时也会成为选项。选择答案后，试着在指示词的地方填入自己认为是正确答案的词语或表达，确认是否能连接成自然的句子。
③文中表达・文末表达：结合文章走向，选择填入文中或文末的表达。理解前后文的内容，思考选项中所使用的语法项目会赋予该选项什么样的意思。

Điểm quan trọng:
Thường có 3 loại câu hỏi như dưới đây:

① Liên từ: Là những câu hỏi điền những liên từ như sau đây. Đọc câu văn phía trước và sau ô trống suy nghĩ đến sự liên kết.
・Liên từ chỉ quan hệ nguyên nhân kết quả : すると、 そこで、 したがって
・Liên từ chỉ quan hệ đối lập : しかし、だが、ところが、それでも、とはいえ、むしろ
・Liên từ chỉ quan hệ song song : また
・Liên từ chỉ quan hệ nối tiếp : そのうえ、それに、しかも、それどころか
・Liên từ chỉ quan hệ so sánh : 一方 (で)
・Liên từ chỉ sự lựa chọn : または、あるいは
・Liên từ chỉ sự giải thích : なぜなら
・Liên từ chỉ sự bổ sung : ただ、ただし、実は
・Liên từ chỉ sự thay thế : つまり、要するに
・Liên từ chỉ ví dụ : たとえば
・Liên từ chỉ sự đổi đề tài : ところで
・Liên từ chỉ sự xác nhận : もちろん
・Liên từ chỉ sự qui chiếu : こうして

② Chỉ thị văn cảnh: là những câu hỏi có các lựa chọn đáp án là các từ ngữ như「そんな～」「あの～」. Thông thường chỉ thị từ thường thay thế cho những từ ngữ nằm ở câu trước. Tuy nhiên, cũng có những trường hợp cách lựa chọn là những từ ngữ chỉ ví dụ cụ thể tiếp theo ở câu sau ví dụ như「先日、こんなことがありました。～」.Sau khi chọn được câu trả lời thì thử điền từ ngữ hay diễn đạt mà mình nghĩ là đúng vào chỗ từ chỉ định, rồi xem có tự nhiên hay không.

③ Những cách diễn đạt trong câu và những cách diễn đạt cuối câu: Trong mạch văn của câu, sẽ được hỏi điền diễn đạt nào vào giữa câu hay cuối câu. Lý giải nội dung ý nghĩa của câu văn trước và sau, suy nghĩ xem mẫu ngữ pháp thêm vào mang thêm ý nghĩa như thế nào.

勉強法

① 接続詞：上記の分類をおぼえておきましょう。
② 文脈指示：「こ」「そ」「あ」が日本語の文の中でどのように使われるか、母語との違いを明確にしておきましょう。
③ 文中表現・文末表現：日ごろから文法項目は例文ベースで覚えておくと役に立ちます。また、文章を読むときは流れを意識するようにしましょう。

Study Method:
① Contractions: Learn the classifications shown above.
② Context indicators: Be aware of the differences between how demonstratives are used in sentences in Japanese and in your own native language.
③ Mid-sentence expressions・end-of-sentence expressions: It may be helpful to learn grammar points through their example sentences. Furthermore, when reading the passage, try to be aware of the overall meaning and flow.

学习方法：
① 接续词：记住以上分类加以练习。
② 文脉指示：明确 "この" "こんな" "その" "そんな" "あの" "あんな" 等指示词的用法，并注意和母语的区别。
③ 文中表达・文末表达：语法不仅需要靠平时的积累，如何学习也是非常重要的。通过例句学习和记忆语法，不失为一种有效的学习方法。另外，在阅读文章时，要注意文章的走向。

Phương pháp học:
① Liên từ: Hãy học thuộc lòng cách phân chia như ở trên.
② Chỉ thị từ văn cảnh: Hãy cùng làm rõ sự khác nhau xem「こ、そ、あ」được sử dụng như thế nào trong câu tiếng Nhật và khác với tiếng mẹ đẻ như thế nào.
③ Những cách diễn đạt trong câu và những cách diễn đạt cuối câu: những điểm ngữ pháp trong cuộc sống hằng ngày nếu thuộc lòng theo những câu ví dụ cơ bản sẽ hữu ích. Thêm nữa, khi đọc đoạn văn thì chúng ta hãy chú ý mạch văn.

200字程度のテキストを読んで、内容に関する選択肢を選ぶ。

POINT

質問のパターンはいろいろあるが、だいたいは、筆者が最も言いたい内容が問題になっている。消去法で答えを選ぶのではなく、発話意図をしっかりとらえて選ぶこと。

よくある質問
筆者の考えに合うのはどれか。
このメールを書いた、一番の目的は何か。
●●について、筆者はどのように述べているか。

Point: There are many patterns of questions, but the main content of the questions is what the writer most wants to say. Instead of selecting an answer by process of elimination, select by firmly grasping the dialogue intention.

要点：此类题型的问题形式很多，但基本上都会提问笔者在文章中最想表达什么。解答这种问题的关键在于，要牢牢把握住文章的中心思想和笔者的写作意图，而不是用排除法。

Điểm quan trọng: Có rất nhiều kiểu câu hỏi, thông thường là những câu hỏi "nội dung tác giả muốn nói là gì?". Các bạn không nên trả lời bằng phương pháp loại trừ, mà phải nắm bắt thật kỹ ý đồ phát ngôn để lựa chọn câu trả lời.

500字程度の文章を読んで、内容に関する選択肢を選ぶ。

POINT

「＿＿＿＿とあるが、どのような○○か。」「＿＿＿＿とあるが、なぜか。」のような質問で、キーワードや因果関係を理解できているか問う問題が出題される。
下線部の意味を問う問題が出たら、同じ意味を表す言い換えの表現や、文章中に何度も出てくるキーワードを探す。下線部の前後にヒントがある場合が多い。

Point:
Questions like ＿＿＿＿とあるが、どのような○○か。 or ＿＿＿＿とあるが、なぜか。 test whether you are able to understand certain keywords or cause and effect.
When there are questions that ask the meaning of the underlined section, look for rephrasings and expressions that mean the same thing or keywords that frequently appear throughout the passage. Hints can often be found before or after the underlined section.

要点：
　以"＿＿＿＿とあるが、どのような○○か。""＿＿＿＿とあるが、なぜか。"为例，列出一个关键词，考查对因果关系的理解，是此类题型的考查重点。
　对于这种就下划线部分的意思进行提问的问题，可以找出表示相同意思的替换表达、或者文章中反复出现的关键词。大多数情况下，可以从下划线部分的前后文找到提示。

Điểm quan trọng:
Những câu hỏi hỏi xem người làm bài có hiểu được từ khóa, hay mối quan hệ nhân quả được ra trong bài thi như「＿＿＿＿とあるが、どのような○○か。」「＿＿＿＿とあるが、なぜか。」hay không.

Nếu câu hỏi hỏi về ý nghĩa của từ gạch dưới thì hãy tìm từ chìa khóa xuất hiện nhiều lần trong đoạn văn hoặc những mẫu câu được hiển thị bằng cách nói khác nhưng thể hiện cùng một ý nghĩa. Trong nhiều trường hợp, từ gợi ý nằm phía trước hoặc sau từ gạch dưới.

問題12　統合理解　2問×1

300字程度の2つの文章を読み比べて、内容に関する選択肢を選ぶ。

POINT

> 「〜について、AとBはどのように述べているか。」「〜について、AとBで共通して述べられていることは何か。」のような質問で、比較・統合しながら理解できるかを問う問題が出題される。前者の場合、選択肢は「AもBも〜」と「Aは〜と述べ、Bは〜と述べている」の形になる。

Point:
There are questions that ask things like 〜について、AとBはどのように述べているか。 and 〜について、AとBで共通して述べられていることは何か。 to see if you can understand what is being asked while making comparisons and consolidations. When the question is about the former person, the answers take the form of AもBも〜 or Aは〜と述べ、Bは〜と述べている.

要点：
　　該大題的提問方式比較固定，均為"〜について、AとBはどのように述べているか。" "〜について、AとBで共通して述べられていることは何か。"這種形式的問題，需要綜合比較兩篇文章的內容和主張。前者的選項都是"AもBも〜"和"Aは〜と述べ、Bは〜と述べている"這樣的形式。

Điểm quan trọng:
Trong câu như [〜について、AとBはどのように述べているか。], [〜について、AとBで共通して述べられていることは何か。] thì sẽ hỏi xem có vừa hiểu vừa so sánh/ tổng hợp được hay không. Trường hợp là câu trước thì câu trả lời sẽ là kiểu [AもBも〜] và [Aは〜と述べ、Bは〜と述べている].

問題13　内容理解（長文）　3問×1

900字程度の文章を読んで、内容に関する選択肢を選ぶ。

POINT

> 「＿＿＿とあるが、どのようなものか」「○○について、筆者はどのように考えているか」「この文章で筆者が最も言いたいことは何か」のような質問で、全体として伝えようとしている主張や意見がつかめるかを問う問題が出題される。
> 筆者の考えを問う問題では、主張や意見を示す表現（〜べきだ、〜のではないか、〜なければならない、など）に注目する。

Point:
There are questions that ask things like ＿＿＿とあるが、どのようなものか, ○○について、筆者はどのように考えているか and この文章で筆者が最も言いたいことは何か to see if you can grasp the main idea or opinion that a complete passage is trying to express.
For questions about what the writer is thinking, be careful of expressions that express (like 〜べきだ、〜のではないか、〜なければならない, etc.) assertions and opinions.

要点：
　　該大題重點考察對文章整體的理解，問題通常都是"＿＿＿とあるが、どのようなものか" "○○について、筆者はどのように考えているか" "この文章で筆者が最も言いたいことは何か"這種詢問作者的主張或者意見的形式。

询问笔者想法的问题，则需要注意表达笔者主张或意见的语句，该类语句通常以 "～べきだ" "～のではないか" "～なければならない" 等结尾。

Điểm quan trọng:
Các câu như [＿＿＿＿とあるが、どのようなものか] , [○○について、筆者はどのように考えているか] , [この文章で筆者が最も言いたいことは何か] thì sẽ hỏi nhắm vào việc có nắm được chủ trương, ý kiến đang được truyền tải trong tổng thể hay không.
Ở những câu hỏi hỏi về suy nghĩ của người viết thì hãy chú ý đến những biểu hiện hiển thị chủ trương và ý kiến như ～べきだ、～のではないか、～なければならない...

勉強法

問題11 ～ 13では、まずは、全体をざっと読むトップダウンの読み方で大意を把握し、次に問題文を読んで、下線部の前後など、解答につながりそうな部分をじっくり見るボトムアップの読み方をするといいでしょう。日ごろの読解練習でも、まずざっと読んで大意を把握してから、丁寧に読み進めるという2つの読み方を併用してください。

Study Method: For questions 11 and 13, first read the whole passage to understand the overall meaning using a top-down approach, then read the question and carefully look for parts before and after the blank that might relate to the answer using a bottom-up approach. Even for your regular reading comprehension practice, use two forms of reading by first skimming through the passage to get a general idea of what it is about, then reading it again more carefully.

学习方法：在问题11和13中，首先，粗略地阅读整篇文章，用自上而下的方法来把握文章大意；然后阅读问题，并仔细观察下划线部分前后的语句等，用自下而上的方法仔细阅读与解答相关的部分。在日常的阅读训练中，要有意识地并用"自上而下"和"自下而上"这两种阅读方法，先粗略阅读全文，把握文章大意后，再仔细阅读。

Phương pháp học: ở câu hỏi 11, 13 trước hết các bạn nên nắm bắt đại ý của đoạn văn bằng cách đọc Topdown đọc lướt toàn bài văn, kế tiếp đọc câu hỏi, rồi sau đó đọc theo cách đọc Bottom up tìm thật kỹ những phần liên quan đến câu trả lời những phần trước và sau của phần gạch chân.
Trong quá trình luyện đọc hiểu hằng ngày các bạn cũng nên luyện cả hai cách đọc, đầu tiên cũng đọc lướt để nắm bắt đại ý, sau đó đọc cẩn thận để tìm ra câu trả lời.

問題14　情報検索　2問×1

700字程度の広告、パンフレットなどのなかから必要な情報を探し出して答える。

POINT

何かの情報を得るためにチラシなどを読むという、日常の読解活動に近い形の問題。初めに問題文を読んで、必要な情報だけを拾うように読むと効率がいい。多い問題は、条件が示されていて、それに合う商品やコースなどを選ぶもの。また、「参加したい／利用したいと考えている人が、気を付けなければならないことはどれか。」という問題もある。その場合、選択肢1つ1つについて、合っているかどうか本文と照らし合わせる。

Point: This is a question that has you read leaflets to find information which are similar to everyday forms of reading activities. Reading the passage first while focusing on only picking up necessary information can be effective. Many questions will have you choose a product or course that matches certain shown conditions. There are also questions that ask "What should the person who wants to participate/is thinking about participate be careful of?" For these questions, refer to the main passage to see if each answer matches.

要点：日常生活中，人们常常为了获取信息而阅读传单等宣传物品，因此，此类题型与我们日常的阅读活动非常相近。多数情况下，需要根据问题中列出的条件选择符合该条件的商品或课程等项目。首先阅读问题，只收集必要的信息，然后再阅读正文内容，这种方法效率很高。除此之外，也会出现诸如"参加したい／利用したいと考えている人が、気を付けなければならないことはどれか。"之类的问题。这种情况可以用排除法，把每个选择项都与正文对照一下，并判断是否正确。

Điểm quan trọng: Đây là hình thức câu hỏi thi gần với hình thức hoạt động đọc hiểu trong cuộc sống hằng ngày như đọc những tờ rơi quảng cáo để có được thông tin nào đó. Đầu tiên là đọc câu hỏi, sau đó tìm những thông tin cần thiết thì hiệu quả sẽ cao. Phần lớn câu hỏi thì điều kiện được hiển thị, chúng ta cần lựa chọn những khóa, sản phẩm hợp với điều kiện đó. Ngoài ra, còn có những câu hỏi như "những người muốn tham gia, muốn sử dụng thì cần phải lưu ý những gì". Trong trường hợp đó, cần phải đối chiếu từng sự lựa chọn xem có hợp với nội dung đoạn văn không.

勉強法

広告やパンフレットの情報としてよく出てくることばを理解しておきましょう。

（例）　時間：営業日、最終、〜内、開始、終了

　　　　場所：集合、お届け、訪問

　　　　料金：会費、〜料、割引、無料、追加

　　　　申し込み：締め切り、要⇔不要、最終、募集人数、定員、応募、手続き

　　　　など

Study Method: Understand words that are often used as information in passages like advertisements and pamphlets.

学習方法：理解广告、传单或者宣传小册子中经常出现的与信息相关的词语。

Phương pháp học: hãy lý giải những từ vựng thường hay xuất hiện trong đề thi như là thông tin của các tờ rơi, quảng cáo.

聴解

聴解試験は、時間も配点も全体の約3分の1を占める、比重の高い科目。集中して臨めるよう、休み時間にはしっかり休もう。

試験中は、いったん問題用紙にメモして、あとから解答用紙に書き写す時間はない。問題を聞いたらすぐにマークシートに記入しよう。

Point:
For the listening comprehension test, the time and point allotment is one third of the whole test, making it a particularly important section. Try to rest as much as you can during the rest period so you can focus on taking the test.
When taking the test, you will not have time to copy any notes you have written down on the question sheet to the answer sheet. Try filling out the answer sheet as soon as you hear the question.

要点：
听力的时间和得分在考试中所占比重很大，大约是全体的三分之一。因此在听力考试开始前要好好休息，以便集中精力挑战考试。
听力部分时间紧张，录音播放完毕后考试随即结束，没有多余的时间把事先写在试卷上的答案抄到答题卡上，因此考试时需要边听边涂写答题卡。

Điểm quan trọng:
Phần thi nghe thì thời gian và phân bố điểm chiếm khoảng 1/3 của tổng thể nên là sẽ là phần có tỷ trọng cao. Các bạn hãy nghỉ giải lao thật thoải mái để tập trung làm bài.
Trong bài thi thì sẽ không có thời gian để viết ghi chú tạm vào giấy đề bài rồi lúc sau viết lại vào giấy trả lời. Cho nên chúng ta vừa nghe câu hỏi xong là ghi ngay vào tờ giấy đánh dấu câu trả lời.

勉強法

聴解は、読解のようにじっくり情報について考えることができません。わからない語彙があっても、瞬時に内容や発話意図を把握できるように、たくさん練習して慣れましょう。とはいえ、やみくもに聞いても聴解力はつきません。話している人の目的を把握したうえで聞くようにしましょう。また、聴解力を支える語彙・文法の基礎力と情報処理スピードを上げるため、語彙も音声で聞いて理解できるようにしておきましょう。

Study Method: Like with reading comprehension, listening comprehension will not allow you time to carefully read and consider all of the information in the question. If there are vocabulary words you do not know, practice a lot to get used to them so you can instantly grasp the meaning of the passage. That being said, you will not just suddenly be able to improve your listening comprehension. Try listening while understanding the objective of the person speaking. Furthermore, in order to improve your vocabulary and grammar which supports listening comprehension skills as well as your foundational abilities and information processing speed, be sure to learn to listen to the vocabulary and understand what is being said.

学习方法：听力无法像阅读那样仔细地进行思考。即使有不懂的词汇，也要做到能够瞬间把握对话内容和表达意图，所以大量的练习非常重要。话虽如此，没头没脑地听是无法提高听力水平的。进行听力训练的时候，要养成把握说话人的目的的习惯。另外，词汇、语法和信息处理速度是听力的基础，因此在学习词汇时，可以边听边学，这也是一种间接提高听力水平的方法。

Phương pháp học: Môn nghe thì không thể suy nghĩ về thông tin một cách kỹ càng như đọc hiểu. Hãy tạo cho mình thói quen luyện tập nắm bắt nội dung và ý đồ phát ngôn ngay lập tức cho dù có những từ vựng mình không hiểu đi nữa. Cho dù là nói như vậy, nhưng nếu cứ nghe một cách mò mẫm thì cũng không thể nâng cao khả năng nghe được. Hãy cố gắng nghe sau khi nắm bắt mục đích của người nói. Ngoài ra, hãy cố gắng nghe từ vừng bằng âm thanh, và hiểu được từ vựng đó để gia tăng vốn từ vựng và ngữ pháp hỗ trợ cho khả năng nghe, và tốc độ xử lý thông tin.

2人の会話を聞いて、ある課題を解決するのに必要な情報を聞き取る。

> 問題1では、まず質問を聞いてください。それから話を聞いて、問題用紙の1から4の中から、最もよいものを一つ選んでください。

状況説明と質問を聞く	🔊 病院の受付で、男の人と女の人が話しています。男の人はこのあとまず何をしますか。
↓	
会話を聞く	🔊 M：すみません、予約していないんですが、いいですか。 F：大丈夫ですよ。こちらは初めてですか。初めての方は、まず診察券を作成していただくことになります。 M：診察券なら、持っています。 F：それでは、こちらの書類に症状などをご記入のうえ、保険証を一緒に出してください。そのあと体温を測ってください。 M：わかりました。ありがとうございます。
↓	
もう一度質問を聞く	🔊 男の人はこのあとまず何をしますか。
↓	
選択肢、またはイラスト）から答えを選ぶ	1　よやくをする 2　しんさつけんをさくせいする 3　しょるいに記入する 4　体温を測る　　　　　　　　答え：3

POINT

質問をしっかり聞き、聞くべきポイントを絞って聞く。質問は「（これからまず）何をしなければなりませんか。」というものがほとんど。「○○しましょうか。」「それはもうやったからいいや。」などと話が二転三転することも多いので注意。

Point: Listen carefully to the question and try to single out the important points. Most questions are "（これからまず）何をしなければなりませんか。". Conversations may have two or even three twists, as in "○○しましょうか。" and "それはもうやったからいいや。", so be careful.

要点：仔细听问题，并抓住重点。问题几乎都是"（これからまず）何をしなければなりませんか。"这样的形式。对话过程中话题会反复变化，因此要注意"○○しましょうか。""それはもうやったからいいや。"这样的语句。

Điểm quan trọng: Hãy nghe kỹ câu hỏi, nghe và nắm bắt những điểm quan trọng cần phải nghe. Câu hỏi hầu như là những câu kiểu "(từ bây giờ, trước tiên) phải làm gì?". Cần lưu ý kiểu câu hỏi này thường có cách nói lẩn tránh vấn đề như 「○○しましょうか。」" Tôi làm~ cho bạn nhé!", 「それはもうやったからいいや。」" Cái đó thì tôi đã làm rồi nên không cần đâu."...

2人、または1人の話を聞いて、話のポイントを聞き取る。

問題2では、まず質問を聞いてください。そのあと、問題用紙を見てください。読む時間があります。それから話を聞いて、問題用紙の1から4の中から、最もよいものを一つ選んでください。

状況説明と質問を聞く	◀)) テレビ番組で、女の司会者と男の俳優が話しています。男の俳優は、芝居のどんなところが一番大変だと言っていますか。
▼	
選択肢を読む	（約20秒）
▼	
話を聞く	◀)) F：富田さん、今回の舞台劇『六人の物語』は、すごく評判がよくて、ネット上でも話題になっていますね。 M：ありがとうございます。空いている時間は全部練習に使ったんですよ。でも、間違えないでセリフを話せたとしても、キャラクターの性格を出せないとお芝居とは言えないので、そこが一番大変でしたね。
▼	
もう一度質問を聞く	◀)) 男の俳優は、芝居のどんなところが一番大変だと言っていますか。
▼	1　体力がたくさんひつようなところ 2　セリフをたくさんおぼえないといけないところ 3　れんしゅうをたくさんしないといけないところ 4　キャラクターのせいかくをだすところ
選択肢から答えを選ぶ	答え：4

POINT

質問文を聞いたあとに、選択肢を読む時間がある。質問と選択肢から内容を予想し、ポイントを絞って聞くこと。問われるのは、原因・理由や問題点、目的、方法などで、日常での聴解活動に近い。

Point: After listening to the question passage, you will have time to read the answer choices. You will be asked about things like cause and reason or problems, objectives and methods in questions relating to everyday listening comprehension activities.

要点：听完问题后，会有时间阅读选项。从问题和选项预测接下来要听的内容，并抓住重点听。此类题型的对话场景很接近日常生活，问题通常会涉及到原因、理由、疑问点、目的或方法等等。

Điểm quan trọng: Sau khi nghe câu hỏi, có thời gian cho bạn đọc các lựa chọn đáp án. Bạn có thể đoán nội dung từ các lựa chọn đáp án và câu hỏi, sau đó nghe nắm bắt các ý chính. Những câu được hỏi thường gần với các hoạt động nghe trong cuộc sống hằng ngày như nguyên nhân, kết quả, điểm vấn đề, mục đích, phương pháp...

2人、または1人の話を聞いて、話のテーマ、話し手の言いたいことなどを聞きとる。

問題3では、問題用紙に何もいんさつされていません。この問題は、全体としてどんな内容かを聞く問題です。話の前に質問はありません。まず話を聞いてください。それから、質問とせんたくしを聞いて、1から4の中から、最もよいものを一つ選んでください。

状況説明を聞く

↓

話を聞く

🔊 日本語学校で先生が話しています。

🔊 F：みなさん、カレーが食べたくなったら、レストランで食べますか、自分で作りますか。カレーはとても簡単にできます。じゃがいも、にんじん、玉ねぎなど、自分や家族の好きな野菜を食べやすい大きさに切って、ルウと一緒に煮込んだらすぐできあがります。できあがったばかりの熱々のカレーももちろんおいしいのですが、実は、冷蔵庫で一晩冷やしてからのほうがもっとおいしくなりますよ。それは、冷めるときに味が食材の奥まで入っていくからです。自分で作ったときは、ぜひ試してみてください。

↓

質問を聞く

🔊 先生が一番言いたいことは何ですか。

↓

選択肢を聞く

🔊 1　カレーを作る方法
　　2　カレーをおいしく食べる方法
　　3　カレーを作るときに必要な野菜
　　4　カレーのおいしいレストラン

答え：2

↓

答えを選ぶ

POINT

話題になっているものは何か、一番言いたいことは何かなどを問う問題。細部にこだわらず、全体の内容を聞き取るようにする。とくに「つまり」「このように」「そこで」など、要旨や本題を述べる表現や、「～と思います」「～べきです」など、話し手の主張や意見を述べている部分に注意する。

Point: This is a question that asks what the topic of conversation is or what the speaking is trying to say. Try to hear the whole content of the audio without getting too caught up on the details. Be careful of expressions that describe the main point or topic, especially with words like つまり, このように and そこで, as well as sections that state the speaker's assertions or opinions.

要点：对话围绕什么话题展开，最想表达什么，是此类题型的考查重点。不要在细节上纠结，要把握好对话整体的内容。对于"つまり""このように""そこで"等表述重点或者中心思想的表达，以及"～と思います""～べきです"这类表述说话人主张或意见的部分，需要特别注意。

Điểm quan trọng: đây là dạng câu hỏi vấn đề trở thành chủ đề là gì, những điều muốn nói nhất là gì. Các bạn hãy cố gắng nghe tổng thể nội dung, không cần chú ý quá nhiều đến những chi tiết nhỏ. Đặc biệt chú ý đến những cách diễn đạt nêu lên điểm cốt yếu hoặc chủ đề chính như 「つまり」 (có nghĩa là) 「このように」 (như thế này) 「そこで」 (vì thế), hoặc những phần nêu lên chủ trương, ý kiến của người nói như 「～と思います」 (tôi nghĩ rằng…) 「～べきです」 (nên….)

問題4　即時応答　12問

質問、依頼などの短い発話を聞いて、適切な答えを選ぶ。

問題4では、問題用紙に何もいんさつされていません。まず文を聞いてください。それから、それに対する返事を聞いて、1から3の中から、最もよいものを一つえらんでください。

質問などの短い発話を聞く
▼
選択肢を聞く
▼
答えを選ぶ

🔊 F：あれ、まだいたの？　とっくに帰ったかと思った。

🔊 M：1　うん、思ったより時間がかかって。
　　　 2　うん、予定より早く終わって。
　　　 3　うん、帰ったほうがいいと思って。

答え：1

勉強法

問題4には、日常生活でよく使われている挨拶や表現がたくさん出てきます。日頃から注意しておぼえておきましょう。文型についても、読んでわかるだけでなく、耳から聞いてもわかるように勉強しましょう。

Study Method: In Question 4, there are many greetings and expressions that are often used in everyday life. Be careful of this. Study hard so that you will be able to recognize sentence patterns not only when you read them, but when you hear them as well.

学习方法：在问题4中，会出现很多日常生活中经常使用的问候和表达方式。如果平时用到或者听到这样的话语，就将它们记下来吧。句型也一样，不仅要看得懂，也要听得懂。

Phương pháp học: Ở phần thi 4, xuất hiện rất nhiều mẫu câu và câu chào hỏi được sử dụng nhiều trong cuộc sống hằng ngày. Chúng ta hãy cùng lưu ý và ghi nhớ mỗi ngày nhé. Liên quan đến mẫu câu, chúng ta không chỉ đọc và hiểu, mà chúng ta phải học để có thể nghe để hiểu.

複数の情報を比較しながら、内容を聞き取る。

問題5では、長めの話を聞きます。この問題に練習はありません。
問題用紙にメモをとってもかまいません。
1番、2番　問題用紙に何もいんさつされていません。まず話を聞いてください。それから、質問とせんたくしを聞いて、1から4の中から、最もよいものを一つ選んでください。

状況説明を聞く
▼
会話を聞く
▼
質問を聞く
選択肢を聞く
答えを選ぶ

◀)) 家族3人が、娘のアルバイトについて話しています。

◀)) 娘：ねえ、お母さん、わたし、アルバイト始めたいんだ。いいでしょう？

母：まだ大学に入ったばかりなんだから、勉強をしっかりやったほうがいいんじゃないの？

娘：でも、友達はみんなやってるし、お金も必要だし…。お父さんだって、学生時代アルバイトやってたんでしょう？

父：そうだな…。じゃあ、アルバイトはしないで、お父さんの仕事を手伝うのはどうだ？　1時間1000円出すよ。

娘：えっ、本当に？　やるやる。

母：よかったわね。でも、大学の勉強も忘れないでよ。

◀)) 娘はなぜアルバイトをしないことにしましたか。

◀))
1　大学の勉強が忙しいから　　2　お金は必要ないから
3　母親に反対されたから　　　4　父親の仕事を手伝うから

答え：4

POINT

1番と2番では、質問と選択肢がわからないまま1分〜1分半の会話を聞かなければならない。ポイントになりそうなことをメモしながら聞く。

In Number 1 and Number 2, you must listen to the question for one to one and a half minutes without knowing what the questions or answer choices are. Write down anything that you think may be important.

第1题和第2题，需要在不知道提问和选项的情况下听一段1分钟到1分半钟的对话。在听的同时把关键信息写下来。

Trong câu 1 và 2 chúng ta sẽ phải nghe đoạn hội thoại khoảng 1 phút- 1 phút rưỡi mà không biết câu hỏi và câu trả lời. Hãy vừa nghe vừa ghi chú lại những điều có thể là điểm chính.

3番 まず話を聞いてください。それから、二つの質問を聞いて、それぞれ問題用紙の1から4の中から、最もよいものを一つ選んでください。

選択肢を読む	1 Aグループ	2 Bグループ
	3 Cグループ	4 Dグループ

状況説明を聞く

🔊 あるイベントの会場で、司会者がグループ分けの説明をしています。

一人の話を聞く

🔊 司会者：今から性格によって4つのグループに分かれていただきたいと思います。まず、Aグループは「社交的なタイプ」の方。それから、Bは、「まじめで几帳面タイプ」の方、Cは、「マイペースタイプ」の方、Dは「一人でいるのが好きなタイプ」です。では、ABCDと書かれた場所に分かれてお入りください。

🔊 M：僕はよく研究者っぽいって言われるから、Dなのかなあ。

二人の会話を聞く

F：そう？ マイペースなだけなんじゃない？ それに、一人でいるとこなんて見たことないよ。

M：そう言われるとそうだな。じゃあ、あっちか。

F：私はどうしよう。

M：うーん、君はけっこう細かいんじゃない？ 時間にもうるさいし。

F：そっか。じゃ、こっちにしよう。

二つの質問を聞く

🔊 質問1、男の人はどのグループですか。質問2、女の人はどのグループですか。

選択肢から答えを選ぶ

答え：3、2

POINT

ある話に関する説明を聞いたあと、それについて二人が話す会話を聞く。説明部分は、問題用紙に書かれた選択肢の周りにメモをしながら聞くこと。そのメモを見ながら会話部分を聞き、答えを選ぶ。

After listening to the explanation about a given conversation, you will then hear the corresponding conversation between two people. While listening to the explanation, take notes on the test sheet around the answer choices. Look at your notes while listening to the conversation and choose your answer.

该题分为两个部分，首先听一段对某事物或某话题进行的叙述说明，之后再听两个人针对该叙述说明进行的对话。在听第一部分的叙述说明时，可以边听边在试题的选项旁边做笔记，然后边看笔记边听第二部分的对话，并选择正确答案。

Sau khi nghe giải thích về câu chuyện nào đó rồi thì sẽ nghe đoạn hội thoại của 2 người nói chuyện về điều đó. Phần giải thích thì chúng ta phải vừa nghe vừa ghi chú xung quanh câu trả lời trong giấy đề thi. Chúng ta vừa xem phần ghi chú đó vừa nghe phần hội thoại và chọn câu trả lời.

時間の目安 ⏰

試験は時間との戦いです。模試を解くときも、時間をきっちりはかって解きましょう。
下記はだいたいの目安です。

言語知識（文字・語彙・文法）・読解　105分			
問題 Question／问题／Câu hỏi	**問題数** # of questions／问题数／ Số lượng câu hỏi	**かける時間の目安** Approx. time to spend／ 大题时间分配／ Mục tiêu thời gian	**1問あたりの時間** Time per question／ 小题时间分配／ Thời gian cho từng câu hỏi
問題1	5問	1分	10秒
問題2	5問	2分	20秒
問題3	5問	3分	35秒
問題4	7問	4分	35秒
問題5	5問	3分	35秒
問題6	5問	5分	1分
問題7	12問	6分	30秒
問題8	5問	6分	70秒
問題9	5問	6分	70秒
問題10	短文5つ	13分	1文章2分30秒
問題11	中文3つ	21分	1文章7分
問題12	2問	8分	―
問題13	長文1つ	10分	―
問題14	情報素材1つ	8分	―

聴解　50分

聴解は、「あとでもう一度考えよう」と思わず、音声を聞いたらすぐに答えを考えて、マークシートに記入しましょう。

On the listening comprehension section, do not think that you will be able to come back to consider the answer later. Instead think of the answer as soon as you hear the question and fill it out on the answer sheet.

听力部分，不要总想着"我待会再思考一遍"，听的同时就要思考答案，然后立刻填写答题卡。

Trong phần nghe, các bạn không được nghĩ rằng "để lúc sau mình sẽ suy nghĩ lại lần nữa", mà hãy nghe rồi lập tức suy nghĩ trả lời và điền vào phiếu chọn câu trả lời.

第1回 解答・解説

Answers・Explanations／解答・解说／Đáp án・giải thích

合格模試　解答用紙

N2 言語知識（文字・語彙・文法）・読解

第1回

受験番号　Examinee Registration Number

名前　Name

問題1

	1	2	3	4
1	①	●	③	④
2	①	●	③	④
3	①	●	③	④
4	●	②	③	④
5	①	●	③	④

問題2

	1	2	3	4
6	●	②	③	④
7	①	②	③	④
8	①	②	③	●
9	①	②	③	④
10	●	②	③	④

問題3

	1	2	3	4
11	①	②	③	④
12	①	●	③	④
13	①	②	③	④
14	●	②	③	④
15	①	②	③	④

問題4

	1	2	3	4
16	①	②	③	④
17	①	②	③	④
18	①	②	③	④
19	①	②	③	④
20	①	②	③	④
21	①	②	③	④
22	①	②	③	④

問題5

	1	2	3	4
23	①	●	③	④
24	①	②	③	④
25	①	●	③	④
26	①	②	③	④
27	①	②	●	④

問題6

	1	2	3	4
28	①	②	③	④
29	①	②	③	④
30	①	②	③	④
31	①	②	③	④
32	①	②	③	④

問題7

	1	2	3	4
33	①	②	③	④
34	①	●	③	④
35	①	②	③	④
36	①	②	③	④
37	①	②	③	④
38	①	②	③	④
39	①	②	③	④
40	①	②	③	④
41	①	②	③	④
42	①	②	③	④
43	①	②	③	④
44	①	②	③	④

問題8

	1	2	3	4
45	①	②	③	④
46	①	●	③	④
47	①	②	③	④
48	①	②	③	●
49	①	②	③	④

問題9

	1	2	3	4
50	①	②	③	④
51	①	●	③	④
52	①	②	③	④
53	①	②	③	④
54	①	②	③	④

問題10

	1	2	3	4
55	①	②	●	④
56	①	②	③	④
57	①	②	③	④
58	①	②	③	④
59	①	②	③	④

問題11

	1	2	3	4
60	●	②	③	④
61	①	②	③	④
62	①	②	③	④
63	①	②	③	④
64	①	②	③	④
65	①	②	③	④
66	①	②	③	④
67	①	②	③	④
68	①	②	③	●

問題12

	1	2	3	4
69	①	②	③	④
70	①	●	③	④

問題13

	1	2	3	4
71	①	②	●	④
72	①	②	③	④
73	①	②	③	④

問題14

	1	2	3	4
74	①	●	③	④
75	①	②	③	●

合格模試　解答用紙

N2　聴解

受験番号　Examinee Registration Number

名前　Name

〈ちゅうい　Notes〉

1. くろいえんぴつ (HB、No.2) でかいて
   ください。
   Use a black medium soft (HB or No.2)
   pencil.
   (ペンやボールペンではかかないでくだ
   さい。)
   (Do not use any kind of pen.)

2. かきなおすときは、けしゴムできれい
   にけしてください。
   Erase any unintended marks completely.

3. きたなくしたり、おったりしないでくだ
   さい。
   Do not soil or bend this sheet.

4. マークれい　Marking Examples

よいれい Correct Example	わるいれい Incorrect Examples
●	⊗ ◯ ◑ ◒ ⊘ ◍ ⦸ ●

問題1

	①	②	③	④
例	①	②	●	④
1	①	②	●	④
2	①	●	③	④
3	①	●	③	④
4	①	②	③	●
5	①	②	●	④

問題2

	①	②	③	④
例	①	②	●	④
1	①	②	③	●
2	●	②	③	④
3	①	②	③	●
4	①	②	●	④
5	①	②	③	●
6	①	②	●	④

問題3

	①	②	③	④
例	①	②	●	④
1	①	●	③	④
2	①	②	●	④
3	①	②	③	●
4	①	②	●	④
5	①	②	●	④

問題4

	①	②	③
例	●	②	③
1	①	②	●
2	①	②	●
3	①	②	③
4	①	②	③
5	①	②	③
6	●	②	③
7	①	②	③
8	①	●	③
9	●	②	③
10	●	②	③
11	●	②	③
12	●	②	③

問題5

		①	②	③	④
1		①	②	●	④
2		①	●	③	④
3	(1)	①	②	●	④
	(2)	●	②	③	④

第1回　採点表と分析

		配点	正答数	点数
文字・語彙・文法	問題1	1点×5問	／5	／5
	問題2	1点×5問	／5	／5
	問題3	1点×5問	／5	／5
	問題4	1点×7問	／7	／7
	問題5	1点×5問	／5	／5
	問題6	1点×5問	／5	／5
	問題7	1点×12問	／12	／12
	問題8	1点×5問	／5	／5
	問題9	1点×5問	／5	／5
	合　計	54点		a ／54

60点になるように計算してみましょう。　a □ 点÷54×60＝ A □ 点

		配点	正答数	点数
読解	問題10	3点×5問	／5	／15
	問題11	3点×9問	／9	／27
	問題12	3点×2問	／2	／6
	問題13	3点×3問	／3	／9
	問題14	3点×2問	／2	／6
	合　計	63点		b ／63

b □ 点÷63×60＝ B □ 点

		配点	正答数	点数
聴解	問題1	2点×5問	／5	／10
	問題2	2点×6問	／6	／12
	問題3	2点×5問	／5	／10
	問題4	1点×12問	／12	／12
	問題5	3点×4問	／4	／12
	合　計	56点		c ／56

c □ 点÷56×60＝ C □ 点

> A B C のうち、48点以下の科目があれば
> 解説や対策を読んでもう一度チャレンジしましょう（48点はこの本の基準です）

※この採点表の得点は、アスク出版編集部が問題の難易度を判断して配点しました。

言語知識（文字・語彙・文法）・読解

◆ 文字・語彙・文法

問題1

[1] 2 ぶんみゃく
脈 ミャク
文脈：(literary) context ／文章条理，文章的前后关系／ mạch văn
- 1 文章：sentence, passage ／文章／ đoạn văn
- 3 文字：character ／文字／ từ ngữ
- 4 文句：phrase; complaint ／不满，牢骚／ câu văn

[2] 3 ひがい
被 ヒ
害 ガイ
被害：damage, harm ／受害，损失／ thiệt hại
- 1 損害：loss, damage ／损害，损失／ tổn hại, tổn thất

[3] 3 ろんじる
論 ロン
論じる：to discuss, to talk about ／论述，阐述／ bình luận, nêu quan điểm
- 1 信じる：to believe ／相信／ tin tưởng
- 2 感じる：to feel ／感觉／ cảm thấy
- 4 演じる：to perform ／演，表演／ trình diễn

[4] 3 ぎみ
風邪気味＝風邪っぽい。咳や鼻水が少し出るような様子。

[5] 1 しょうじた
生じる：to produce, to cause ／发生／ phát sinh

- 3 生：raw ／生，鲜／ sống (chưa chín)
- 4 生きる：to live ／活，生存／ còn sống (chưa chết)

問題2

[6] 2 制度
制 セイ
制度：system ／制度／ chế độ

[7] 3 毒
毒 ドク
毒：poison ／毒／ độc
- 1 香り：fragrance ／香气／ mùi thơm
- 2 枝：branch ／树枝／ cành cây
- 4 液：fluid ／液体／ chất lỏng

[8] 4 性格
性 セイ
格 カク
性格：personality ／性格／ tính cách
- 1 正確：accurate ／正确／ chính xác

[9] 1 納得
納 ノウ・ナッ／おさ-める
得 トク／え-る・う-る
納得する：to agree ／认可，理解／ thuyết phục

[10] 1 破れて
破 ハ／やぶ-れる・やぶ-る
破れる：to tear ／破，烂／ rách
- 2 割れる：to break, to shatter ／碎，裂／ vỡ
- 3 壊れる：to break ／毁，坏／ hư
- 4 折れる：to break, to snap ／折，断／ gãy

問題3

11 4 率
せいこうりつ
成功率：success rate ／成功率／ tỷ lệ thành công

12 1 不
ふ か のう
不可能：impossible ／不可能／ không thể

13 2 者
よう ぎ しゃ
容疑者：suspect ／嫌疑人／ kẻ tình nghi

14 2 準
じゅんけっしょう
準決勝：semifinal ／半决赛／ bán kết

15 3 大
おおどお
大通り：main street ／大马路／ đường lớn

問題4

16 2 黒字
くろ じ
黒字：(being) in the black ／盈余，赚钱／ có lãi, có lời
あか じ
⇔赤字

17 3 長年
なが ねん　　 なが　あいだ
長年＝長い間
えいえん
4 永遠：eternity ／永远／ lâu đời, dài lâu
ねんげつ　　つき ひ　　　　　　なが　　　　 い み
※「年月」「月日」に、「長い」という意味はない。

18 4 いばって
いばる：to put on airs ／吹牛，摆架子／ hách dịch, kêu ngạo
 1 したう：to long for ／敬仰；爱慕／ đi theo
う　も
2 受け持つ：to take charge of ／承担，负责／ đảm trách
おも
3 思いつく：to think of ／想到；想起／ suy nghĩ kỹ

19 3 順調
じゅんちょう
じゅんちょう　 かいふく
順調に回復する：to recover favorably ／顺利恢复／ trên đà hồi phục
 1 慎重：cautious ／慎重／ thận trọng
じゅんばん
2 順番：order ／顺序／ số thứ tự
じゅうよう
4 重要：important ／重要／ quan trọng

20 4 手続き
て つづ
て つづ
手続き：procedure ／手续／ thủ tục
きず　　て あ
1 傷の手当てをする：to treat an injury ／疗伤，包扎／ băng bó vết thương
にわ　　 て い
2 庭の手入れをする：to work in a garden ／修整庭院／ chăm sóc vườn
て が
3 手書きで：written by hand ／手写／ viết tay

21 2 標識
ひょうしき
ひょうしき
標識：sign ／标识，标志／ biển báo
おうだん
1 横断：crossing ／横穿／ băng qua đường
ほうめん
3 方面：direction ／方向，方面／ hướng
つうこう
4 通行：passage ／通行／ lưu thông

22 2 さっぱり
さっぱりわからない＝ぜんぜんわからない

問題5

23 2 想像以上に
そうぞう い じょう
おも
思いのほか＝想像以上に
よ ていがい
1 予定外に：unexpected ／预定之外／ khác với dự đoán
よ そうどお
3 予想通り：as expected ／意料之中／ đúng như dự đoán
おも
4 思わず：unconsciously ／不禁，不由得／ không ngờ

24 1 全部で
ぜん ぶ
の
延べ：total number ／累计，总计／ tăng trưởng
へいきん
2 平均して：averaging ／平均／ trung bình

3 <ruby>少<rt>すく</rt></ruby>なくとも：at least ／至少／chí ít, ít ra
là

4 おそらく：probably ／恐怕；很可能／
khoảng

[25] 3 いつも
<ruby>絶<rt>た</rt></ruby>えず＝いつも

[26] 1 <ruby>考<rt>かんが</rt></ruby>え<ruby>方<rt>かた</rt></ruby>
<ruby>見解<rt>けんかい</rt></ruby>＝<ruby>考<rt>かんが</rt></ruby>え<ruby>方<rt>かた</rt></ruby>

[27] 2 ずっと<ruby>前<rt>まえ</rt></ruby>に
とっくに＝ずっと<ruby>前<rt>まえ</rt></ruby>に

 1 さきほど：just a moment ago ／刚才／
vừa lúc nãy

3 ようやく：at last ／终于／kết cuộc

4 いつのまにか：before one knows ／不知
不觉／từ lúc nào

問題6

[28] 2 <ruby>今日<rt>きょう</rt></ruby>の<ruby>作業<rt>さぎょう</rt></ruby>はすべて<ruby>完了<rt>かんりょう</rt></ruby>しました。
<ruby>完了<rt>かんりょう</rt></ruby>する＝（<ruby>作業<rt>さぎょう</rt></ruby>などが）<ruby>最後<rt>さいご</rt></ruby>まで<ruby>終<rt>お</rt></ruby>わる

[29] 1 せっかく<ruby>料理<rt>りょうり</rt></ruby>を<ruby>作<rt>つく</rt></ruby>ったのに、だれも
<ruby>食<rt>た</rt></ruby>べてくれなかった。
せっかく～のに＝<ruby>努力<rt>どりょく</rt></ruby>して・<ruby>時間<rt>じかん</rt></ruby>をかけて～した
のに、その<ruby>結果<rt>けっか</rt></ruby>・<ruby>効果<rt>こうか</rt></ruby>が<ruby>出<rt>で</rt></ruby>ない

[30] 4 <ruby>台風<rt>たいふう</rt></ruby>が<ruby>接近<rt>せっきん</rt></ruby>しているので、ドライブは
<ruby>中止<rt>ちゅうし</rt></ruby>しよう。
<ruby>接近<rt>せっきん</rt></ruby>する：to approach ／接近／đến gần

[31] 2 ほめると<ruby>彼<rt>かれ</rt></ruby>のためにならないと<ruby>思<rt>おも</rt></ruby>って、
あえて<ruby>注意<rt>ちゅうい</rt></ruby>したんだ。
あえて＝しなくてもいいことをわざわざ・<ruby>無理<rt>むり</rt></ruby>に
する

1 <ruby>全部<rt>ぜんぶ</rt></ruby><ruby>今日中<rt>きょうじゅう</rt></ruby>に<ruby>終<rt>お</rt></ruby>わらないなら、せめてこれ
だけでも<ruby>片付<rt>かたづ</rt></ruby>けたい。
せめて：at least ／至少，起码／ít ra là

3 <ruby>今<rt>いま</rt></ruby>はまだすることがないから、とりあえず<ruby>掃<rt>そう</rt></ruby>
<ruby>除<rt>じ</rt></ruby>でもしていてください。
とりあえず：first of all; for the time being
／姑且／tạm thời

[32] 2 <ruby>彼<rt>かれ</rt></ruby>は<ruby>早口<rt>はやくち</rt></ruby>なので、もう<ruby>少<rt>すこ</rt></ruby>しゆっくりし
ゃべってもらいたい。
<ruby>早口<rt>はやくち</rt></ruby>：fast-talking ／说话快／nói nhanh

3 あの<ruby>記者<rt>きしゃ</rt></ruby>は<ruby>辛口<rt>からくち</rt></ruby>な<ruby>評論<rt>ひょうろん</rt></ruby>で<ruby>有名<rt>ゆうめい</rt></ruby>だ。
<ruby>辛口<rt>からくち</rt></ruby>な<ruby>評論<rt>ひょうろん</rt></ruby>：harsh criticism ／毒舌辣嘴
的评论，严厉的评论／bình luận gay gắt

4 こっちの<ruby>道<rt>みち</rt></ruby>のほうが<ruby>近道<rt>ちかみち</rt></ruby>だよ。
<ruby>近道<rt>ちかみち</rt></ruby>：short cut ／近路／đường tắt

問題7

[33] 2 のもとで
～のもとで＝～の<ruby>影響<rt>えいきょう</rt></ruby>が<ruby>及<rt>およ</rt></ruby>ぶ<ruby>範囲<rt>はんい</rt></ruby>で（in the
range of the influence of ～／在～的影响范
围内／trong phạm vi chịu ảnh hưởng）

[34] 4 ともかく
～はともかく＝～はどうかわからないが／～はい
いとはいえないが

3 まだしも：<ruby>悪<rt>わる</rt></ruby>い<ruby>評価<rt>ひょうか</rt></ruby>を<ruby>話<rt>はな</rt></ruby>すときに<ruby>使<rt>つか</rt></ruby>う。

[35] 2 ことには
～しないことには＝～しなければ

[36] 1 かぎり
～しないかぎりは＝～しない<ruby>間<rt>あいだ</rt></ruby>は

[37] 1 かと<ruby>思<rt>おも</rt></ruby>うと
［<ruby>動詞<rt>どうし</rt></ruby>のた<ruby>形<rt>けい</rt></ruby>］（か）と<ruby>思<rt>おも</rt></ruby>うと＝～してすぐに

[38] 2 <ruby>考<rt>かんが</rt></ruby>えられがちです
「<ruby>考<rt>かんが</rt></ruby>えられ」は「<ruby>考<rt>かんが</rt></ruby>える」の［<ruby>受身形<rt>うけみけい</rt></ruby>］。
～しがち＝～することが<ruby>多<rt>おお</rt></ruby>い

39 1 お吸いになる
「お〜になる」で尊敬を表す。

40 2 につれて
〜するにつれて＝〜するとだんだん

41 4 さえ
まだ立つことさえ＝まだ（動くことはもちろん）立つことも
極端な例を出して、言いたいことを強調する（stating an extreme example of something to emphasis what you are saying ／举一个极端的例子来强调自己想说的事／đưa ra ví dụ cực đoan để nhấn mạnh điều muốn nói）。

42 2 おそれ
〜するおそれがある＝〜する可能性がある
※悪いことが起こる可能性があるときに使う。いいことのときには使わない。

43 3 帰るまいか
〜（よ）うか〜まいか＝〜するか〜しないか

44 2 起こりうる
〜しうる＝〜する可能性がある
※いいことと悪いことのどちらの可能性もある。

問題8

45 3
今月発売されたゲームに、2子供 1ばかりか 3大人 4まで 夢中になっている。
AばかりかBまで＝AはもちろんBも
夢中になる：to be absorbed in ／入迷，着迷／mê, say mê
一般的にゲームに夢中になるのは子供なので、「子供ばかりか〜」となる。

46 1
彼と映画に 4行きたくない 2わけではない が 1できれば 3遠慮したい と思っている。
〜ないわけではない＝ぜんぜん〜ないことはない：否定的なことを婉曲的にいう表現。（This expression is used to express something negative euphemistically. ／委婉地表达否定之意。／cách nói tránh về điều phủ định.）
行きたくないわけではないが、できれば遠慮したい＝絶対に行きたくないということはないが、行かなくていいなら、行きたくない

47 3
ご両親と 4よく 2話し合った 3うえで 1受験する 学校を決めてください。
〜たうえで＝まず〜てから

48 4
彼の発音は、2スピーチコンテストで 1優勝した 4だけ 3あって 日本人並みだ。
〜だけあって：地位や努力にふさわしいという気持ちを表す（expresses a sense of being worthy of someone's position or effort ／强调 "与地位或努力相符" 的心情（不愧是…）／được như ~ thôi : diễn tả ý muốn nói sự phù hợp với địa vị, nỗ lực）
〜並み＝〜と同じくらいのレベル

49 2
夏は 3緑色だった 1山が 2寒くなるにつれて 4次第に白くなっていく 様子を写真に撮っています。

問題9

50 4 ところがあります
この場合の「決められているところ」＝「決められている職場」。1「決められているものです」だと、すべての職場がそうだということになる。

3「決められているところです」だと、「今、決め
られている途中だ」という意味になる。

51 1 として

マナーとして＝マナーの名目で（under the
pretext of manners ／礼仪上，以礼仪为名义
／ với mục đích là phong cách）

52 4 与えかねません

〜かねない＝〜てしまう可能性がある
※「〜」には悪いことが入る。

53 4 それで

［接続詞（conjunction ／接续词／ liên từ）］
の問題では、前後をよく見ること。
この問題では、前には、ハイヒールをはくことの
悪い点が書いてあり、後には「このような声が広
がっているのです」とあるので、順接（Tangent
conjunctions ／顺接／ Liên từ Tangent）の「そ
れで」が正しい。

54 2 ではないでしょうか

「ハイヒールを強要されるのは問題だ」という
文なので、1と3は間違い。4「問題になってし
まいます」は、問題になることは悪いことでは
ないので「〜てしまう」はおかしい。2「〜では
ないでしょうか」は、疑問の形だが、実際は
「ハイヒールを強要されるのは問題だ」と、自
分の意見を言っている。

問題10

(1) 55 3

　立ちあがろうと思いながらも、立ちあがるきっかけが見つからない人にとっては、＜がんばれ＞という言葉は、じつにちからづよく、ありがたいものだと思います。

　しかし、そうでない人もいる。（中略）そのような人にむかって、人はどうすることができるのか。

　そばに座ってその人の顔を見つめ、その人の手の上に自分の手を重ね、ただ黙って一緒に涙をこぼしているだけ。それくらいしかできません。そして、そういうこともまた大事なことだと思うのです。

＜がんばれ＞という言葉が役に立たないとき
→そばにいて、黙って一緒に泣くことも大事。

⭐ 覚えよう！

- □ 力強い：powerful ／強有力的／ sức mạnh
- □ ありがたい：appreciated ／难得的，值得庆幸的／ cám ơn
- □ 見つめる：to stare at ／注视／ nhìn chằm chằm
- □ 重ねる：to pile up ／重叠起来／ chồng lên
- □ 黙る：to be silent ／沉默不语／ im lặng
- □ 涙をこぼす：to shed tears ／流泪／ rơi nước mắt

(2) 56 3

ＡＳＫ株式会社

松村様

この度は、数ある会社の中から、弊社の製品にご興味を持っていただきありがとうございます。ホームページよりお問い合わせいただきました製品について、概算のお見積書を添付ファイルにてお送りしますので、ご確認ください。ぜひ一度お会いして、貴社の詳しいご希望などをうかがい、詳細なお見積をご提案したいと思っております。

お忙しいとは存じますが、ご都合いかがでしょうか。

ご返信お待ちしております。

最後に相手の予定を聞いている。つまり、一番の目的は会う約束をすること。

株式会社ＡＢＣ

田中次郎

⭐ 覚えよう!

□弊社：自分の会社のことをいうていねいな言い方
□概算：rough estimate ／概算／ khái toán, tính (tiền) sơ bộ
□見積書：written estimate ／报价单／ bảng báo giá
□添付ファイル：attached file ／添付文件／ tập tin đính kèm
□貴社：相手の会社のことをいうていねいな言い方
□詳細な＝くわしい
□お忙しいとは存じますが、：ビジネスのメールで、相手の予定を聞くとき
　などに使う、決まった表現。
□何卒よろしくお願い申し上げます。：ビジネスのメールの最後に書くこと
　が多い挨拶の文。
□ご都合いかがでしょうか。：「予定はどうですか」のていねいな言い方

(3) 57 4

> **息子は小さいとき靴下が大嫌いでした。足が火照るらしく、靴下を見ると逃げ出したものです。**
>
> ある冬の朝、寒いので無理やり履かせたら、「きゃっ」と叫び「靴下の中にハリネズミがいる!」と脱いでしまいました。
>
> 私はびっくりしてすぐ靴下の中を見たのですが、ハリネズミはもういません。(中略)
>
> 子どもとつきあうには、子どもに負けない、自由で軟らかな頭が必要です。(中略)
>
> もし向こうがこちらにとんでもない話を投げかけてきたら、私はさらに想像力を加えて投げ返します。

靴下は足が熱くなるから履きたくない。それで息子は「とんでもない話」をした。実際にはハリネズミはいない。

⭐ 覚えよう!

□とんでもない：outrageous ／出乎意外，不合情理／ không có thực, không tồn tại

(4) 58 1

販売会のご案内

　近隣にお住まいのみなさまには、いつも本校へのご理解を賜り、まことにありがとうございます。

　私どもの学校は、今年創立25周年を迎えるにあたり、学生たちが作ったお菓子やパンの販売会を行います。これらの商品は、普段、学校内の店舗でも販売しておりますが、販売会では、お菓子を15%引き、パンを10%引きで販売いたします。さらに、これらの商品を1,000円分以上お買い上げいただいたお客様に限り、学内レストランの1,800円のランチコースを特別価格の1,200円にいたします。この機会にぜひご来校ください。

※「近隣〜ありがとうございます。」は、挨拶なので重要な内容ではない

※「今年創立25周年を迎えるにあたり、」＝「今年は学校ができて25年目の記念の年なので」

お菓子やパンを1,000円以上買うと、レストランで安くランチコースが食べられる。

⭐覚えよう!
□販売：selling ／販卖／ bán hàng
□〜に限り：〜だけ
□価格：price ／价格／ giá

(5) 59 2

　人間は、苦痛や不幸をもたらすもの、危険なものになると、飛躍した結論を出す傾向があるように思う。一度痛い目にあったら、それと同種のものは無条件に避けるよう、論理を無視して飛躍した判断を下すのではないだろうか。「すべての蛇には毒がある」と断定した方が、「蛇によっては毒をもたないかもしれない」と考えるよりも安全なのだ。人間は、論理を犠牲にしても、安全に生き延びようとしているのではないだろうか。

苦痛・不幸・危険に関係することから論理的でない結論を出す例を選ぶ。

⭐覚えよう!
□苦痛：agony ／痛苦／ đau khổ
□不幸：unhappiness ／不幸／ bất hạnh
□結論：conclusion ／结论／ kết luận
□傾向：tendency ／倾向／ khuynh hướng
□痛い目：悪い経験
□無条件：unconditional ／无条件／ không điều kiện
□避ける：to avoid ／规避，避开／ tránh khỏi
□論理＝理論

文字・語彙

文　法

読　解

聴　解

□無視する：to ignore ／无视／ bỏ qua, không quan tâm
□判断を下す：to pass judgement ／做出判断／ đưa ra quyết định
□蛇：snake ／蛇／ con rắn
□毒：poison ／毒／ chất độc
□断定する：to conclude ／断定／ phán đoán

問題11

(1) ☐60 1　☐61 2　☐62 4

彼女は、偽ウォークマンに、だめになりかかっているイヤホンのコードをぐるぐると巻き付けて、そいつを大事そうにベッドサイドに置いて、かけぶとんを頭からかぶった。

自分が、ゴミのようにあつかっていたパチンコの景品が、家族とはいえ別の人間の手に渡って、こんなに大切にされている。

これは、①ちょっとショックだった。

なんでも買えばある。なくしても、買えばいい。

60古くなったら新しいのを買う。

高いものは簡単には買えないけれど、値段の安いものなら、いくつでも買える。

60知らず知らずのうちに、自分にそう考えるくせがついていたらしい。

「大衆消費社会」の構造がそうなっているからだとか、ものを大切にするべきだとか、べつに理論や倫理で考えたわけではない。

「偽物の不細工なウォークマン」で好きなテープを聴き、寝る前に**60・61**いかにも古くさいイヤホンをぐるぐる巻き付けてそいつをしまう、その姿のほうが、かっこよく思えたのだった。

うらやましい気持ちになったのだ。

その、うらやましがられた本人さえも忘れているだろう「小さすぎる事件」が、どこに行ったときだったのかすら憶えていないが、

「こいつのほうが、②かっこいい」

と思ったことは、いつまでも忘れないようにしようと、そのときのぼくは決めていた。

だから、ずっと憶えているのだ。

62人が、他の人やものを大事にしているのを見るのは、気持ちがいい。

人やものを、粗末にあつかうのを見るのは、見苦しい。（中略）

62「豊かであると信じていたことが、じつは貧しい」

と気づかせられることは、けっこうあったのだ。

---

60 古いものを大切にしている人を見て、「古くなったら新しいのを買えばいい」と考えるようになった自分に気づいた。

61 ものを大事にする姿がかっこいいと思った。

62 ものを次々に買って消費するよりも、1つのものを大切にすることが豊かだと、筆者は考えている。

文字・語彙

文法

読解

聴解

⭐覚えよう!

- □コード：code ／（絶縁電）線／dây điện
- □巻きつける：to wrote around ／巻，纏／cuộn lại
- □〜の手に渡る＝〜のものになる
- □くせ：habit ／习惯，癖好／tật xấu
- □構造：structure ／构造／cấu trúc
- □姿：form, appearance ／姿态，身影／dáng điệu
- □うらやましい：jealous ／羡慕／ghen tị
- □粗末：rough ／不爱惜，糟蹋／ẩu, thô ráp

(2) 63 2　64 2　65 1

　　教育のタテマエ（意識）は子どもを成長させ幸福にするが、その無意識（裏の真実）は**63子どもの無限な可能性をただ一つ近代的個人（市民・国民）へ向けて規格化しようとする。**知識を教えるとはそういうことである。知識を持たない人は認めないということである。個々の子どものそれぞれ固有の希望や期待に応えようとするものではないのだ。

　　だが、ひとというものは近代や「知」や文化に背を向けて独自の「私」を生きるわけにはいかない。ひとは近代的個人の装いを成せるようになって初めて、自らの内的な固有性（私そのものの独自性）を生き延びさせることができる。自己の「自分」性（独自性）は、自己が公共的存在になることによって確認されてくるものでもある。近代的個人のありようは、憲法やその他の法によって規格が提示されている。**64「個」の自由が成立するのは、現実の生活レベルでは、法やルールや道徳の規制の下だけである。**一人ひとりの固有の独自性がそれぞれに発揮され始めたら、社会は破壊され、法が黙っていない。**65教育や学校は、法の下で積極的な市民生活を営めるように子どもを育て上げることにその使命がある。**（中略）学校や教育は単に「知識を学ぶ」だけでは、すまないのである。この点こそが、学校の本来的な役割なのだ。

63　教育とは、子どもたちを規格に従って成長させることである。

64　「法やルールや道徳の規制の下」＝「社会のルールや道徳に反していないこと」

65　「法の下で積極的な市民生活を営む」＝「法律やルールの範囲内で、独自性が持てる」

⭐覚えよう!

- □成長する：to grow ／成长／trưởng thành
- □幸福：happiness ／幸福／hạnh phúc
- □無意識：unconsciously ／无意识／vô thức
- □無限：infinite ／无限／vô hạn

□可能性：possibility ／可能性／ khả năng
□近代：present day ／近代／ cận đại
□個人：individual ／个人，个体／ cá nhân
□希望：wish ／希望／ hy vọng
□期待：expectation ／期待／ mong đợi
□自ら：oneself ／亲自／ tự mình
□公共：public ／公共／ công bằng
□存在：existence ／存在／ tồn tại
□憲法：constitution ／宪法／ hiến pháp
□成立する：to come into existence ／成立／ thành lập
□現実：reality ／现实／ hiện thực
□発揮する：to display ／发挥／ phát huy
□本来：originally ／本来，原来／ trước giờ
□役割：role ／职责／ vai trò

(3) |66| 3　　|67| 2　　|68| 4

---

66 この世で、最高に重要でおもしろく複雑なものは「他者」つまり「人間」で、その人たち全般に対する感謝、畏敬、尽きぬ興味などがあれば、常日頃「絡んだ絆」のド真ん中で暮らすことになっている自分の立場も肯定するはずだろう、と思う。地震があってもなくても、それが①人間の普通の暮らし方というものなのだ。

今まで、自分一人で気ままに生きて来て、絆の大切さが今回初めてわかったという人は、お金と日本のインフラに頼って暮らしていただけなのだ。身近の誰かが亡くなって初めて、自分の心の中に、空虚な穴が空いたように感じた、寂しかった、かわいそうだった、ということなのかもしれないが、67 失われてみなければ、その大切さがわからないというのは、人間として②想像力が貧しい証拠だと言わねばならない。

それに人間の、68 他の人間の存在が幸せかどうか深く気になってたまらないという心理は、むしろ③最低限の人間の証ということで、そういうことに一切関心がないということは、その人が人間でない証拠とさえ言えるのかもしれないのだ。常に、現状が失われた状態を予測するという機能は、むしろ人間にだけ許された高度な才能である、と言ってもいいかもしれない。

---

66 下線①の直前にある「それ」は、この部分を指す。

67 大切なものが失われる前に、その状況を想像できなくて、失われてから困る例を選ぶ。

68 この部分と似た選択肢を選ぶ。

文字・語彙

文法

読解

聴解

□全般：entirety／全体，整体／ toàn thể (xã hội)

□肯定：affirmation／肯定／ đồng ý, công nhận

□頼る：to rely on ／依靠／ dựa vào

□失う：to lose (something)／失去／ đánh mất

□証拠、証：proof／证据，证明／ bằng chứng

□心理：mentality／心理／ tâm lý

□関心：concern／感兴趣／ sự quan tâm

□常に：always／经常，总是／ thường xuyên

□現状：current condition／现状／ trạng thái hiện tại

□予測する：to estimate／预测／ dự đoán

□機能：function／机能，功能／ chức năng

□高度：high-level／高度，高等／ mức độ cao

□才能：ability／才能，才华／ tài năng

問題12

69 2　70 4

A

　私が住む市の動物園に、ゾウ2頭がタイからやって来ることになったそうだ。市の動物園では、3年前に、40年以上市民に愛されてきたゾウが死んでしまって以来、ゾウが1頭もいなくなっていた。去年、私も動物園へ行ったが、入口からすぐの、何もいないゾウのエリアを見て、寂しさを感じた。動物園はさまざまな動物を実際に見られる貴重な場所であり、**69中でもゾウは、動物園のシンボル的な存在だ。**そんな中で、今回、外国から新たにゾウ2頭を受け入れるというニュースは、**70市民にとって喜ばしいニュースだ。**動物園も工事を行い、新しいゾウが快適に暮らせるよう、ゾウ舎の整備を進めているということである。

B

　動物園からゾウが姿を消しているそうだ。海外から輸入され、国内各地の動物園で親しまれてきたゾウだが、来日してから数十年が経ち、寿命を迎えていることに加えて、ワシントン条約により取引が厳しく制限されているためだ。確かに、**69ゾウは動物園の象徴的な動物で、**ゾウに限らず普段目にすることのできない動物を近くで見られる機会は貴重だ。しかし、**70私は動物園へ行くと、それが動物たちにとって本当に良い生活環境なのかと疑問に感じる。**特に、ゾウやキリンのように大きい動物が、あんなに小さい場所で育てられているのを見ると、苦しそうで見ていられない。動物園からゾウが減っているのを残念がる人もいるかもしれないが、今後、無理に外国から新たな動物を受け入れる必要はないのではないだろうか。

69 シンボル＝象徴的な存在

70 Aは「市民にとって喜ばしいニュース」と述べ、全体として肯定的な文になっている。Bは動物を小さい場所で育てることを疑問に感じている。

⭐覚えよう！

☐貴重な：valuable ／貴重／quí giá
☐快適：comfortable ／舒适／thoải mái
☐整備：maintenance ／整修／trang bị
☐経つ：to pass (time) ／（时间）流逝／trải qua
☐寿命：life span ／寿命／tuổi thọ
☐象徴的な：symbolic ／象征性的／mang tính biểu tượng

第1回

文字・語彙

文法

読解

聴解

□疑問：question ／疑问／ nghi ngờ
□苦しい：painful ／痛苦／ khổ sở

71 1　72 3　73 4

日本揮発油社長の鈴木義雄にインタビューのため、定刻かっきりにいったら、秘書の女の子がでてきて「すみませんが、二分間だけお待ち下さい」といった。

社長族の仕事が分刻みであることくらいはしっていたが、＜それにしても恐ろしく几帳面な会社だなぁ＞と、やや皮肉な気持で時計を眺めていたら、本当に二分かっきりに鈴木が現われた。

そこで、インタビューのきっかけに「私がお待ちしていた二分間に社長はどんな仕事をされたのですか?」と少々意地の悪い質問をぶつけてみた。

「実はあなたがこられる前に、経営上の問題で、ある部長と大激論をたたかわせていたのです。当然、**72** 嶮しい顔をしてやっていたでしょうから、その表情を残したままで、あなたに会うのは失礼だと思い、秘書に二分だけ暇をくれ、といったのです」

そして、その二分間に「姿見の前に立って、顔かたちを整えた」という。

71 自分で自分の顔つきをちゃんと知っていることは、自分自身を知るのと同じくらいに難しいだろう。

さすがなものだ、とひどく心を打たれた。

この鈴木よりも、もう一歩進んでいるのは「世界のブック・ストア」丸善相談役の司忠である。

72 司は出勤前に必ず鏡の前に立って、自分の顔をうつす。

じっと眺めていて、我ながら＜険悪な相だな＞と思った時には、一所懸命、顔の筋肉をゆるめて柔和な表情にする。

「人相は自らつくるもの」というのが司の信念だからだ。

司の六十年間の経験によれば「人相というものは朝と晩とでも変わる。自分の心の状態を恐ろしいほど敏感にうつし出す。だから、人相は始終変わる。（中略）自分の心がけ一つで、自らの相をなおして開運することができる。（中略）もし、嘘だと思うなら、早速、明日から鏡に写る自分と対話をはじめてみるといい。それはやがて、

文章の流れ

・鈴木社長 →インタビューの前に顔を整えた

・司社長 →毎朝、鏡に向かって自分の相を整える

71　すぐ前の文に書いてある。

72　二人とも、人に対して険しい顔で会ってしまいそうな感情を持っているとき、顔を整えている。

第1回

文字・語彙

文法

読解

聴解

自分の心との対決であることに気がつくだろう。私は、この鏡と自分との対決を六十余年間、一日として欠かしたことはない。それでもまだ、修業が足りないから、高僧のような風貌には達していないが、少なくとも前日の不快をもち越すようなことは絶対にない、と断言できる。また、人と折衝したり、人に注意を与える場合なども、まず鏡に向かって自分の相を整えるがよい。鏡は常に無言だが、人の心を赤裸々に写し出してくれる」という。

★覚えよう!

□ 分刻み：by the minute ／具体数到每一分钟／ tính theo từng phút

□ 恐ろしく：ここでは「とても」の意味

□ 皮肉：irony, sarcasm ／挖苦，讽刺／ nhục nhã, xấu hổ

□ 眺める：to gaze at ／凝视，注视；眺望／ ngắm nhìn

□ 険しい：grim ／严厉，可怕／ nguy hiểm, trắc trở

□ 表情：expression ／表情／ vẻ mặt

□ 我ながら：even if I say so myself ／连自己都…／ kiểu của chính mình

□ 筋肉：muscle ／肌肉／ cơ bắp

□ 始終：from beginning to end ／始终／ trước sau, toàn bộ

73 この文章では、自分の気持ちをコントロールして人相を整える二人の社長が書かれている。

74 1 75 4

ASKフィットネスクラブ

● 24時間営業　　● 年中無休　　● シャワールーム完備

● マシン使い放題　　● スタッフアワー　10：00 ～ 20：00

春の特別キャンペーン実施中!!

【特典①】 3月31日までにご入会された方は、入会金5400円が無料！

【特典②】 3月分会費もいただきません！　4月分会費は半額！

【特典③】 2名以上で同時にご入会された方は、初回手数料全員無料！

ぜひ、この機会にご家族やご友人をお誘いの上、ご入会ください！

見学はいつでも受け付けています。ご都合のよい日時をご連絡ください。

もちろん見学のみでもOK！

	会費（1か月）	
◆ 24時間会員	7,800円	24時間いつでも
◆ 平日昼間会員	4,800円	月～金、午前6時～午後5時（祝日除く）
◆ 平日夜間会員	6,500円	月～金、午後5時～翌日午前6時（祝日除く）
◆ 休日会員	6,800円	土日祝なら時間を問わず、いつでも

会費のほかに、入会金5,400円と初回手数料3,000円がかかります。

≪入会手続きに必要なもの≫

1. 住所がわかる身分証明書（運転免許証、健康保険証、在留カードなど）

2. 会費を引き落とす銀行のキャッシュカードもしくは通帳と印鑑

　　＊ご本人、またはご家族の名前のものに限ります。

3. 入会金と初回手数料および初回2か月分の会費

　　＊入会金と初回手数料、初回分の会費のお支払いは現金のみとさせていただきます。

　　＊本キャンペーン特典①～③は、初めて入会される方と退会後1年以上経った方に適用されます。

　　＊退会後1年未満で再入会される方は、本キャンペーン特典①～③の対象外です。

ASKフィットネスクラブ

まずはお気軽にお電話ください。　TEL：0120-××××-000

ネットからのお問い合わせもできます。　www.ask-cm.com

---

75 平日昼間会員　3月分会費0円（特典②）＋4月分会費半額2,400円（特典②）＋入会金0円（特典①）＋初回手数料3,000円（1人で入会したので特典③は適用されない）。

74 松本さんは再入会なので、キャンペーンの特典は受けられない。平日夜間会員会費2か月分13,000円＋入会金5,400円＋初回手数料3,000円＝21,400円。

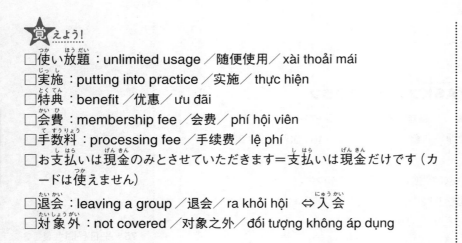

□使い放題：unlimited usage ／随便使用／ xài thoải mái

□実施：putting into practice ／实施／ thực hiện

□特典：benefit ／优惠／ ưu đãi

□会費：membership fee ／会费／ phí hội viên

□手数料：processing fee ／手续费／ lệ phí

□お支払いは現金のみとさせていただきます＝支払いは現金だけです（カードは使えません）

□退会：leaving a group ／退会／ ra khỏi hội　⇔入会

□対象外：not covered ／对象之外／ đối tượng không áp dụng

聴解

問題1

例　3

病院の受付で、女の人と男の人が話しています。男の人はこのあと
まず、何をしますか。

F：こんにちは。

M：すみません、予約はしていないんですが、いいですか。

F：大丈夫ですが、現在かなり混んでおりまして、1時間くらいお待
ちいただくことになるかもしれないのですが…。

M：1時間か…。大丈夫です、お願いします。

F：はい、承知しました。こちらは初めてですか。初めての方は、ま
ず診察券を作成していただくことになります。

M：診察券なら、持っています。

F：それでは、こちらの書類に症状などをご記入のうえ、保険証と
一緒に出してください。そのあと体温を測ってください。

M：わかりました。ありがとうございます。

男の人はこのあとまず、何をしますか。

会社で、男の人と女の人が話しています。女の人はこのあとまず何をしますか。

M：明日の部長の送別会なんだけど、田中さん、急な打ち合わせが入って来られなくなっちゃったんだって。聞いた?

F：え、そうなんですか。困ったなあ。もうレストラン、予約しちゃったんですよ。お金ってどうすればいいでしょう。

M：キャンセルできないの?　前日までなら、だいたいキャンセルできるんじゃない?

F：はい。でも、レストランの**1ホームページに「予約のキャンセルは二日前まで」**って書いてあって…。

M：そっかあ。あ、そういえば、山田さん、別の部署だけど、うちのメンバーも知ってるし、誘ってみる?　僕、連絡先、知ってるよ。

F：でも、うちの部署の送別会ですし、**2うちのメンバーだけのほうが**いいんじゃないでしょうか。

M：そうか、それもそうだね。じゃあ、田中さんには悪いけど、お金だけ出してもらう?

F：うーん、送別会には来ないのに、なんだか申し訳ないですよね。

M：一度、**4レストランに電話して、キャンセルできないか、聞いてみ**たら?

F：**はい、そうしてみます。**もし、キャンセルできなかったら、お金のこと、またご相談してもいいですか。

女の人はこのあとまず何をしますか。

1　前日（1日前）なので、インターネットでキャンセルできない。

2　山田さんは別の部署なので誘わない。

3　会話にない。

4　○

えよう!

□打ち合わせ：preparatory meeting ／磋商，商量／cuộc họp (ngắn)
□連絡先：contact information ／联系方式／địa chỉ liên lạc

第
1
回

大学で、女の人と男の人が話しています。女の人はこのあとまず何をしますか。

F：明後日までに提出のレポート、もう終わった？

M：うん。昨日先生に提出したよ。中山さんは？

F：うーん、思ってたより調べるのに時間がかかっちゃって、まだ全然。

M：中山さんのテーマって、「現代の若者の少子高齢化社会に対する意識」だっけ？　どうやって調べてるの？

F：1図書館で「少子高齢化」について書いてある専門的な本を検索して、たくさん読んでみたんだけど。でも、全然わからなくて…。私にとっては難しくってしょうがなかったよ。

M：そっかあ。じゃあ、専門的な本じゃなくて、入門書とか、2もっと簡単な本から読んでみたら？

F：うーん、大学のレポートだから専門の本がいいかなって思ったんだけど…。

M：まあね。でもわからなかったら意味ないからね。3インターネットで調べてみるのもいいと思うよ。怪しい情報には注意しなきゃいけないけど。

F：そうだね、そうする。ありがとう。書けるような気がしてきた。

女の人はこのあとまず何をしますか。

1　すでに探した。

2　男の人が提案したが、女の人は「読む」と言わなかった。

3　○

4　レポートを書くのは調べたあと。

★覚えよう！

□若者：young people ／年轻人／giới trẻ
□少子高齢化：declining birthrate and aging population ／少子老龄化／dân số già ít sinh con
□意識：awareness ／意识／ý thức
□検索する：to search ／检索，搜索／tìm kiếm

文字・語彙

文法

読解

聴解

デパートで男の人と店員が話しています。男の人はこのあといくら払いますか。

M：すみません。きのう、こちらのお店で財布を買ったものなんですが…。実は、間違えて別の財布を買ってしまいまして…まだ箱から出していないんですが、交換ってできますか。

F：はい、未使用でしたらできますよ。

M：そうですか。よかったです。それで、こちらの財布がほしかったものなんですが…。

F：昨日お買い求めいただいたのが20000円の財布で、こちらの商品が15000円ですので、差額の5000円をお返しします。レシートはお持ちですか。

M：はい。これです。

F：あ、クレジットカードでのお支払いでしたか。カードですと一度20000円お返しして、改めて商品代を全額頂戴することになりますがよろしいでしょうか。

M：はい。結構です。あ、昨日、1000円割引のクーポンをもらったんですが、これは使えますか。

F：そちらのクーポンは20000円以上の商品にしかお使いいただけないんです…申し訳ありません。

男の人はこのあといくら払いますか。

昨日買った財布は20000円。ほしかった財布は15000円。クレジットカードで払ったので、まず20000円を返してもらい、次に15000円を払う。1000円割引クーポンは使えない。→15000円払う

⭐覚えよう!
....
□未使用＝まだ使っていない
□差額：balance (price) ／差額／ tiền chênh lệch
□レシート：receipt ／收据／ hóa đơn
□改めて：once again ／重新／ (làm) lại
□全額：sum ／全额／ toàn bộ số tiền
□頂戴する：「もらう」のていねいな言い方。

男の人と女の人が話しています。男の人はこのあとまず、何をしますか。

M：来月から一人暮らしを始めるんですけど、小林さんって今、一人暮らしですよね。引っ越しのとき、気をつけることとかってありますか。

F：そうですね。私が引っ越しのとき大変だったのは、**1電気やガスの契約**でした。電気はすぐできたけど、ガスの契約は時間がかかりましたよ。**1引っ越しの三日前**までには連絡しておいたほうがいいと思います。

M：なるほど。ほかには？

F：あとは、**2新しい日用品を買っておくこと**かな。特にフライパンとか、キッチンのもの。実家には当たり前のようにあるから、つい忘れちゃうんですよね。あ、あと、引っ越し屋さんの予約はもうしましたか。

M：いえ、まだ何も。

F：**3引っ越し屋さんの予約**、早くしたほうがいいですよ。予約する日が引っ越す日に近ければ近いほど、値段も高くなるんです。**4段ボールに荷物をつめてからじゃ**間に合いませんよ。

M：そうなんですか。じゃあ、すぐしたほうがいいですね。ありがとうございます。

男の人はこのあとまず、何をしますか。

1・2・4　今すぐではない。

3　〇

⭐覚えよう!

□一人暮らし：living alone ／独自生活／ sống một mình
□日用品：daily necessities ／日用品／ nhu yếu phẩm
□実家：(one's parents') home ／父母家，老家／ nhà cha mẹ ruột
□予約をとる＝予約する
□〜ば〜ほど：〜とどんどん

文字・語彙　文法　読解　聴解

第1回

063

会社で、男の人と女の人が話しています。女の人はこのあとまず、何をしますか。

M：はぁ。もう最悪だよ。

F：どうしたんですか。

M：今日の夕方の会議の資料、一生懸命作ったはいいものの、載せる表を1つ間違えちゃってさ。100部も印刷したのに、全部ダメになっちゃったんだ。また印刷し直さなくちゃ。今日、これからすぐ営業で取引先に行かなきゃならないし……。

F：ええ、それは大変ですね。手伝いましょうか。

M：いいの!?　ありがとう。じゃあ、正しい**2資料のデータをメールで送る**から、それ、印刷してもらえるかな。100部。

F：わかりました。あ、でも、**310時から課長と面談**なんです。あと1時間くらいしかないので、その後でもいいですか。

M：うん。会議は4時からだから、**1午後で大丈夫**だよ。

F：わかりました。

M：あと、**4もうすぐ僕宛に荷物が届くんだ。代わりにサインもお願いしていいかな**。

F：わかりました。じゃあ、やっておきます。

M：ありがとう。よろしくね。

女の人はこのあとまず、何をしますか。

1　印刷は午後でいい。

2　データを送るのは男の人。

3　面談は10時から。

4　〇

⭐**覚えよう!**

☐ 最悪：worst ／最糟糕／ tệ nhất

☐ 載せる：to place on; to post ／登载／ chèn (hình ảnh)

☐ 面談：interview ／面谈／ gặp mặt thảo luận

☐ ～宛：to ~ ／寄给…／ (gửi) tới

問題2

例　4

テレビ番組で、女の司会者と男の俳優が話しています。男の俳優は、芝居のどんなところが一番大変だと言っていますか。

F：富田さん、今回の演劇『六人の物語』は、すごく評判がよくて、ネット上でも話題になっていますね。

M：ありがとうございます。今回は僕の初舞台で、たくさんの方々に観ていただいて本当にうれしいです。でも、まだまだ経験不足のところもあって、いろいろ苦労しました。

F：動きも多いし、かなり体力を使うでしょうね。

M：ええ。セリフもたくさんおぼえなきゃいけないから、つらかったです。

F：そうですよね。でもすごく自然に話していらっしゃいました。

M：ありがとうございます。空いている時間は全部練習に使ったんですよ。でも、間違えないでセリフを話せたとしても、キャラクターの性格を出せないとお芝居とは言えないので、そこが一番大変でしたね。

男の俳優は、芝居のどんなところが一番大変だと言っていますか。

1番　3

🔊 N2_1_11

会社で、女の人と男の人が話しています。女の人は男の人に何を注意しましたか。

F：佐藤さん。日本電気さんとの会議、お疲れさま。初めてにしてはなかなかていねいで、いい会議ができていたと思うよ。

M：ありがとうございます。

F：大事な開発費の話への運び方もスムーズで、そこも評価できるけど、**3予定より低めの金額をあちらに提示してたでしょ？**

M：はい、高めだとあちらも消極的になるかと思いまして。

F：もちろんそのやり方もいいんだけど、そうすると今から上げにくくなるでしょ？　だから、言いにくいかもしれないけど、最初からこ

1・2　先輩は言っていない。

3　○

ちらの希望を言うべきだったよね。

M：はい、わかりました。

F：4次の会議で話が変わると嫌がる会社が多いからね。まあ、気
をつけて。

M：はい、気をつけます。

女の人は男の人に何を注意しましたか。

4 今回の会議の中で、話は変わっていない。

⭐覚えよう！

☐開発：development ／开发／ phát triển, triển khai

☐スムーズ：smooth ／顺利，顺畅／ trôi chảy

☐評価する：to appraise, to evaluate ／评价／ đánh giá

☐金額：monetary amount ／金额／ số tiền

☐提示する：to propose, to present ／提出，出示／ chỉ định, đề nghị

☐〜べき：〜しなければならない

2番　1

🔊 N2_1_12

会社で、男の人と女の人が話しています。二人は何で京都へ行きますか。

M：林さん、来週の京都への出張なんだけど。私と林さんで行く予定の。何で行くかはもう決まってる？

F：あ、今ちょうど探しているところです。いちばん早いのは飛行機なんですけど、空港からのアクセスがいまいちなんですよね。

M：そう。着いたら車を借りて移動ってことね。ほかには？

F：2新幹線も見てみましたが、もう満席でした。さすがに立ちっぱなしで2時間はきついですよね。

M：そうだね。少し時間がかかるけど、バスは？

F：3夜行しかないみたいで、着くのが早すぎますね。ゆっくり休めませんし。

M：そうか。こっちから4車を借りて行くっていう手もあるけど、さすがに遠すぎるよね。じゃあ、1さっさとあっちまで行って、向こうで車を借りるしかなさそうだね。予約お願い。

1 新幹線、バス、車はどれも問題があるので、飛行機で行って、空港から車を借りて移動する。

F：わかりました。

<ruby>二人<rt>ふたり</rt></ruby>は<ruby>何<rt>なに</rt></ruby>で<ruby>京都<rt>きょうと</rt></ruby>へ<ruby>行<rt>い</rt></ruby>きますか。

⭐<ruby>覚<rt>おぼ</rt></ruby>えよう！

□アクセス：access ／连接某地点的交通／ giao thông
□<ruby>移動<rt>いどう</rt></ruby>：movement ／移动／ di chuyển
□<ruby>満席<rt>まんせき</rt></ruby>：all seats occupied ／满座／ kín chỗ
□<ruby>立<rt>た</rt></ruby>ちっぱなし：ずっと<ruby>立<rt>た</rt></ruby>っている
□<ruby>夜行<rt>やこう</rt></ruby>：night bus/train ／夜间火车，夜间巴士／ (xe) chạy đêm

3番　3　　　🔊 N2_1_13

<ruby>会社<rt>かいしゃ</rt></ruby>で、<ruby>男<rt>おとこ</rt></ruby>の<ruby>人<rt>ひと</rt></ruby>が<ruby>話<rt>はな</rt></ruby>しています。<ruby>男<rt>おとこ</rt></ruby>の<ruby>人<rt>ひと</rt></ruby>は、<ruby>来年<rt>らいねん</rt></ruby>、<ruby>会社<rt>かいしゃ</rt></ruby>はどうするべきだと<ruby>言<rt>い</rt></ruby>っていますか。

M：それでは、<ruby>今年度<rt>こんねんど</rt></ruby>の<ruby>反省<rt>はんせい</rt></ruby>と<ruby>来年度<rt>らいねんど</rt></ruby>の<ruby>方針<rt>ほうしん</rt></ruby>についてご<ruby>説明<rt>せつめい</rt></ruby>します。<ruby>今年度<rt>こんねんど</rt></ruby>、4<ruby>月<rt>がつ</rt></ruby>から9<ruby>月<rt>がつ</rt></ruby>の<ruby>上半期<rt>かみはんき</rt></ruby>は<ruby>安定<rt>あんてい</rt></ruby>した<ruby>販売数<rt>はんばいすう</rt></ruby>でしたが、11<ruby>月<rt>がつ</rt></ruby>から<ruby>徐々<rt>じょじょ</rt></ruby>に<ruby>売<rt>う</rt></ruby>り<ruby>上<rt>あ</rt></ruby>げが<ruby>減<rt>へ</rt></ruby>っています。その<ruby>原因<rt>げんいん</rt></ruby>として、お<ruby>客様<rt>きゃくさま</rt></ruby>が<ruby>他<rt>ほか</rt></ruby>の<ruby>会社<rt>かいしゃ</rt></ruby>へ<ruby>行<rt>い</rt></ruby>ってしまったこと、<ruby>材料<rt>ざいりょう</rt></ruby>の<ruby>値段<rt>ねだん</rt></ruby>が<ruby>上<rt>あ</rt></ruby>がってしまったことが<ruby>考<rt>かんが</rt></ruby>えられますが、<ruby>最大<rt>さいだい</rt></ruby>の<ruby>原因<rt>げんいん</rt></ruby>は<ruby>海外<rt>かいがい</rt></ruby>の<ruby>店舗<rt>てんぽ</rt></ruby>の<ruby>売<rt>う</rt></ruby>り<ruby>上<rt>あ</rt></ruby>げが<ruby>下<rt>さ</rt></ruby>がったことです。<ruby>来年度<rt>らいねんど</rt></ruby>は、<ruby>国<rt>くに</rt></ruby>と<ruby>国<rt>くに</rt></ruby>の<ruby>関係<rt>かんけい</rt></ruby>に<ruby>影響<rt>えいきょう</rt></ruby>を<ruby>受<rt>う</rt></ruby>けやすい**<ruby>海外市場<rt>かいがいしじょう</rt></ruby>を<ruby>縮小<rt>しゅくしょう</rt></ruby>し、<ruby>国内<rt>こくない</rt></ruby>の<ruby>店舗<rt>てんぽ</rt></ruby>を<ruby>増加<rt>ぞうか</rt></ruby>していくべき**だと<ruby>思<rt>おも</rt></ruby>います。そうすれば、<ruby>数年後<rt>すうねんご</rt></ruby>にはまた<ruby>海外<rt>かいがい</rt></ruby>の<ruby>店舗<rt>てんぽ</rt></ruby>を<ruby>増<rt>ふ</rt></ruby>やしていけると<ruby>思<rt>おも</rt></ruby>います。

<ruby>男<rt>おとこ</rt></ruby>の<ruby>人<rt>ひと</rt></ruby>は、<ruby>来年<rt>らいねん</rt></ruby>、<ruby>会社<rt>かいしゃ</rt></ruby>はどうするべきだと<ruby>言<rt>い</rt></ruby>っていますか。

———<ruby>海外<rt>かいがい</rt></ruby>の<ruby>店<rt>みせ</rt></ruby>を<ruby>減<rt>へ</rt></ruby>らし、<ruby>国内<rt>こくない</rt></ruby>の<ruby>店<rt>みせ</rt></ruby>を<ruby>増<rt>ふ</rt></ruby>やして、<ruby>売<rt>う</rt></ruby>り<ruby>上<rt>あ</rt></ruby>げを<ruby>上<rt>あ</rt></ruby>げるべきだと<ruby>言<rt>い</rt></ruby>っている。

⭐<ruby>覚<rt>おぼ</rt></ruby>えよう！

□<ruby>年度<rt>ねんど</rt></ruby>：fiscal year ／年度／ năm tài chính。<ruby>日本<rt>にほん</rt></ruby>では4<ruby>月<rt>がつ</rt></ruby>から<ruby>次<rt>つぎ</rt></ruby>の<ruby>年<rt>とし</rt></ruby>の3<ruby>月<rt>がつ</rt></ruby>であることが<ruby>多<rt>おお</rt></ruby>い。
□<ruby>反省<rt>はんせい</rt></ruby>：reflection ／反省／ kiểm điểm
□<ruby>方針<rt>ほうしん</rt></ruby>：policy ／方针／ phương châm
□<ruby>上半期<rt>かみはんき</rt></ruby>・<ruby>下半期<rt>しもはんき</rt></ruby>：ある<ruby>期間<rt>きかん</rt></ruby>の<ruby>前<rt>まえ</rt></ruby>の<ruby>半分<rt>はんぶん</rt></ruby>が「<ruby>上半期<rt>かみはんき</rt></ruby>」。あとが「<ruby>下半期<rt>しもはんき</rt></ruby>」。
□<ruby>安定<rt>あんてい</rt></ruby>する：to stabilize ／安定／ ổn định
□<ruby>販売<rt>はんばい</rt></ruby>：selling ／贩卖／ bán hàng
□<ruby>売<rt>う</rt></ruby>り<ruby>上<rt>あ</rt></ruby>げ：sales ／营业额／ doanh số
□<ruby>最大<rt>さいだい</rt></ruby>：biggest ／最大／ tối đa
□<ruby>店舗<rt>てんぽ</rt></ruby>：branch store ／店铺／ chi nhánh

□市場：market／市场／thị trường
□縮小する：to reduce／缩小／thu nhỏ, thu hẹp

4番　2

大学で、女の留学生と男の留学生が話しています。学生は、どんなレポートを出さなければいけませんか。

F：あ、キムさん、ちょっといい？　先週のゼミ、風邪で休んじゃって期末レポートの内容がわからないんだけど、教えてくれない？

M：うん。いいよ。<u>先月、日本の伝統文化についてレポートを書いたでしょ。今度はあれを発展させて、自分の出身地と日本を比較する</u>んだって。

F：そうなんだ。キムさんは、どんな伝統文化を選んだの？

M：日本のお祭りについて。リーさんは？

F：私は料理について。じゃあ、インターネットでもっと詳しく調べてみようかな。教えてくれてありがとう。

学生は、どんなレポートを出さなければいけませんか。

日本の伝統文化について書いたレポートを発展させて、自分の国の文化と比較させたレポートを書く。

⭐覚えよう！
□伝統：tradition／传统／truyền thống
□発展する：to develop／发展／phát triển
□出身地：hometown／出生地／quê quán
□比較する：to compare／比较／so sánh

5番　4

大学で、女の学生と男の学生が話しています。女の学生は卒業後、どうして海外へ行くと言っていますか。

F：あ、先輩、今ちょっとお時間ありますか。今後のことで迷っていて。

M：うん、いいよ。どうしたの？　佐藤さんは、卒業後、国内で就職するって言ってたよね？

F：はい、そのつもりだったんですけど、海外にも興味が出てきて…。

M：**1海外で働くってこと？**

F：ゆくゆくはそれもしたいんですけど…。私、海外の大学で行われている教育について卒業論文を書いたんですね。それが日本の教育とまったく違ってとても興味深かったんです。

M：じゃあ、留学するってこと？　確か、佐藤さんのご両親は海外にいらっしゃるよね。

F：あ、**2・4一つのところというよりは、いろいろな国の大学を見て回って教育の状況を知りたい**と思いまして。もちろん両親がいる国へも行くつもりですが。

M：そうなんだ。まあ、ビザの問題とか費用の問題とか具体的に調べてみて、もう一度考えたほうがいいと思うよ。

F：はい、そうしてみます。ありがとうございました。

女の学生は卒業後、どうして海外へ行くと言っていますか。

1　就職は将来のこと。今ではない。

2・4　1つの国に留学するのではなく、海外の大学を見て回りたい。

3　家族と一緒に生活したいとは言っていない。

⭐**覚えよう！**

□今後：this time; next time ／今后／ từ nay về sau
□状況：situation ／状況／ tình hình
□ビザ：visa ／签证／ visa (giấy thông hành)
□具体的に：concretely ／具体地／ mang tính cụ thể

6番　3
🔊 N2_1_16

大学で、女の学生と事務の人が話しています。女の学生があとから持ってこなければいけない書類はどんな書類ですか。

F：すみません。学費を安くするための書類を出したいんですが…。

M：学費の減額ですね。では、まず、**1申込書**をお願いします。

F：はい、書いてきました。

M：…はい、内容も問題ありません。次に、**2ご家族と申請者の収入を証明する書類**ですが、お持ちですか。

F：ええと、これなんですが。これが父ので、これが私のアルバイトの収入です。

M：ええと…はい、大丈夫です。次に、住民票をお願いします。

1・2・4　持ってきた。

第
1
回

文字・語彙

文
法

読
解

聴
解

F：はい、私（わたし）の住民票（じゅうみんひょう）です。

M：あれ？　今（いま）のお住（す）まいはご両親（りょうしん）と別（べつ）ですか。

F：はい、別々（べつべつ）に住（す）んでいます。

M：そうすると、**3ご両親（りょうしん）のご住所（じゅうしょ）がわかるように、ご両親（りょうしん）の住民（じゅうみん）票（ひょう）も必要（ひつよう）になります。**後日（ごじつ）でけっこうですから、窓口（まどぐち）までお持（も）ちください。あとは、**4申請（しんせい）の理由書（りゆうしょ）**ですが、ありますか。

F：はい、これです。

M：はい、では確（たし）かに受（う）け取（と）りました。足（た）りないものだけ提出（ていしゅつ）をお願（ねが）いします。

女（おんな）の学生（がくせい）があとから持（も）ってこなければいけない書類（しょるい）は何（なん）ですか。

3 両親（りょうしん）の住所（じゅうしょ）がわかる書類（しょるい）を持（も）ってこなければいけない。

★覚（おぼ）えよう！

☐ 申込書（もうしこみしょ）：application form ／申请书／đơn đăng ký
☐ 申請（しんせい）：application ／申请／yêu cầu。「申請者（しんせいしゃ）」は申請（しんせい）する人（ひと）
☐ 収入（しゅうにゅう）：income ／收入／thu nhập
☐ 証明（しょうめい）する：to verify ／证明／chứng minh
☐ 住民票（じゅうみんひょう）：certificate of residence ／居民卡／thẻ cư dân (căn cước)
☐ 後日（ごじつ）：in the future, another day ／日后，过些天／hôm sau

問題3

例　2

日本語学校で先生が話しています。

F：皆さん、カレーが食べたくなったら、レストランで食べますか、自分で作りますか。作り方はとても簡単です。じゃがいも、にんじん、玉ねぎなど、自分や家族の好きな野菜を食べやすい大きさに切って、ルウと一緒に煮込んだらすぐできあがります。できあがったばかりの熱々のカレーももちろんおいしいのですが、実は、冷蔵庫で一晩冷やしてからのほうがもっとおいしくなりますよ。それは、冷めるときに味が食材の奥まで入っていくからです。自分で作ったときは、ぜひ試してみてください。

先生が一番言いたいことは何ですか。

1　カレーを作る方法

2　カレーをおいしく食べる方法

3　カレーを作るときに必要な野菜

4　カレーのおいしいレストラン

1番　1

テレビで女の人が話しています。

F：今日のテーマは、「みんなのストレス解消法」です。最近は、ストレス社会と言われるほど、世の中にはストレスがあふれています。ストレスがたまったとき、みなさんはどうしていますか？　ストレス解消法って人によって違いますよね。私のストレス解消法は、カラオケです。大きな声で歌うと、気分がスッキリします。お腹から声を出すことを意識するんです。そうすれば、体の中にあるモヤモヤしたものが全部外に出たような気分になるので、オススメですよ。では、ゲストのみなさんのストレス解消法を聞いてみましょう。

女の人は何について話していますか。

1　女の人のストレス解消法

話の流れ

・今日のテーマの紹介

・女の人のストレス解消法

・（このあとでゲストにストレス解消法を聞く）

第1回

文字・語彙

文法

読解

聴解

2　ストレスがたまる<ruby>原因<rt>げんいん</rt></ruby>

3　ゲストのストレス<ruby>解消法<rt>かいしょうほう</rt></ruby>

4　<ruby>上手<rt>じょうず</rt></ruby>に<ruby>歌<rt>うた</rt></ruby>を<ruby>歌<rt>うた</rt></ruby>う<ruby>方法<rt>ほうほう</rt></ruby>

⭐ <ruby>覚<rt>おぼ</rt></ruby>えよう！

□ストレスを<ruby>解消<rt>かいしょう</rt></ruby>する：to reduce stress ／削减压力／ giảm stress

□ストレスがたまる：to have stress build ／压力积攒／ bị stress

□ゲスト：guest ／嘉宾／ khách mời

2番　3
🔊 N2_1_20

<ruby>大学<rt>だいがく</rt></ruby>で<ruby>先生<rt>せんせい</rt></ruby>が<ruby>話<rt>はな</rt></ruby>しています。

F：えー、この<ruby>授業<rt>じゅぎょう</rt></ruby>では、<ruby>日本語<rt>にほんご</rt></ruby>のレポートや<ruby>論文<rt>ろんぶん</rt></ruby>の<ruby>書<rt>か</rt></ruby>き<ruby>方<rt>かた</rt></ruby>について<ruby>勉強<rt>べんきょう</rt></ruby>します。<ruby>毎回<rt>まいかい</rt></ruby>、<ruby>事前<rt>じぜん</rt></ruby>に<ruby>課題<rt>かだい</rt></ruby>が<ruby>出<rt>で</rt></ruby>るので、<ruby>必<rt>かなら</rt></ruby>ずやってきてください。<ruby>課題<rt>かだい</rt></ruby>は、A4サイズ4ページくらいのレポートです。<ruby>課題<rt>かだい</rt></ruby>のテーマは、こちらで<ruby>指定<rt>してい</rt></ruby>します。テーマについて、<ruby>図書館<rt>としょかん</rt></ruby>などで<ruby>調<rt>しら</rt></ruby>べて、<ruby>自分<rt>じぶん</rt></ruby>の<ruby>意見<rt>いけん</rt></ruby>を<ruby>書<rt>か</rt></ruby>いてください。インターネットで<ruby>調<rt>しら</rt></ruby>べてもいいですが、あまりお<ruby>勧<rt>すす</rt></ruby>めしません。<ruby>授業<rt>じゅぎょう</rt></ruby>では、<ruby>事前<rt>じぜん</rt></ruby>にやってきた<ruby>課題<rt>かだい</rt></ruby>をグループで<ruby>読<rt>よ</rt></ruby>んで、どうすればいいレポートになるかを<ruby>話<rt>はな</rt></ruby>し<ruby>合<rt>あ</rt></ruby>ってもらいます。<ruby>休<rt>やす</rt></ruby>むと<ruby>周<rt>まわ</rt></ruby>りの<ruby>人<rt>ひと</rt></ruby>に<ruby>迷惑<rt>めいわく</rt></ruby>がかかるので、<ruby>休<rt>やす</rt></ruby>まずに<ruby>毎回<rt>まいかい</rt></ruby><ruby>来<rt>く</rt></ruby>るようにしてください。では、これから<ruby>第<rt>だい</rt></ruby>1<ruby>回<rt>かい</rt></ruby>の<ruby>事前<rt>じぜん</rt></ruby><ruby>課題<rt>かだい</rt></ruby>のテーマについて<ruby>話<rt>はな</rt></ruby>します。

<ruby>先生<rt>せんせい</rt></ruby>は、<ruby>何<rt>なに</rt></ruby>について<ruby>話<rt>はな</rt></ruby>していますか。

1　レポートや<ruby>論文<rt>ろんぶん</rt></ruby>の<ruby>書<rt>か</rt></ruby>き<ruby>方<rt>かた</rt></ruby>

2　<ruby>授業<rt>じゅぎょう</rt></ruby>の<ruby>課題<rt>かだい</rt></ruby>のテーマ

3　この<ruby>授業<rt>じゅぎょう</rt></ruby>の<ruby>流<rt>なが</rt></ruby>れ

4　いいレポートの<ruby>条件<rt>じょうけん</rt></ruby>

話の流れ

・<ruby>授業<rt>じゅぎょう</rt></ruby>のテーマは「<ruby>日本語<rt>にほんご</rt></ruby>のレポートや<ruby>論文<rt>ろんぶん</rt></ruby>の<ruby>書<rt>か</rt></ruby>き<ruby>方<rt>かた</rt></ruby>」

・<ruby>授業<rt>じゅぎょう</rt></ruby>の<ruby>事前<rt>じぜん</rt></ruby><ruby>課題<rt>かだい</rt></ruby>について

・<ruby>授業<rt>じゅぎょう</rt></ruby>の<ruby>進<rt>すす</rt></ruby>め<ruby>方<rt>かた</rt></ruby>

→<ruby>事前<rt>じぜん</rt></ruby><ruby>課題<rt>かだい</rt></ruby>も<ruby>含<rt>ふく</rt></ruby>めた<ruby>授業<rt>じゅぎょう</rt></ruby>の<ruby>流<rt>なが</rt></ruby>れについて<ruby>説明<rt>せつめい</rt></ruby>している。

⭐ <ruby>覚<rt>おぼ</rt></ruby>えよう！

□<ruby>事前<rt>じぜん</rt></ruby>：beforehand ／事前，事先／ (làm)trước (sự việc)

□<ruby>課題<rt>かだい</rt></ruby>：subject ／课题／ câu hỏi

□サイズ：size ／大小，尺寸／ kích cỡ

□<ruby>勧<rt>すす</rt></ruby>める：to suggest ／建议，推荐／ khuyến khích

ラジオで男の人が話しています。

M：みなさんは旅行の予約の際に、飛行機とホテルのパッケージツアーで、「飛行機の時間が自由に選べればいいのに」「いろいろなホテルから選べればいいのに」といったことを感じたことはありませんか。みどりトラベルはそういったみなさんのお悩みを解決します。弊社のサイトでは、1つのパッケージツアーに対して6つの飛行機の時間帯が選べるようになっています。また、ホテルも10以上と多数そろえていますよ。ホテルや飛行機の時間帯によって、値段が変わる旅行会社が多いですが、弊社はなんと、旅行の3か月前なら**3・4どの時間帯、ホテルでも値段は同じ**です。ぜひご利用くださいませ。

男の人がみどりトラベルについて一番言いたいことは何ですか。

1　ツアーの<u>値段が安い</u>

2　<u>いちばんいいツアー</u>を教えてくれる

3　時間帯によって<u>ツアーの値段が安くなる</u>

4　値段を気にせずホテルや飛行機を選べる

1　値段の安さは言っていない。

2　組み合わせは客が決める。

3　値段は変わらない。

4　○

⭐ 覚えよう!

□〜際に：〜ときに

□パッケージツアー：package tour ／包办旅行／ tour trọn gói

□解決する：to solve ／解决／ giải quyết

□時間帯：period of time ／时间带／ khoảng thời gian

□多数：many, large number ／多数／ nhiều

学校で先生が生徒に話しています。

M：明日から冬休みですね。みなさん、旅行や帰省など、いろいろ予定があると思います。ぜひ楽しんできてくださいね。でも、旅行先でけがをしないように気をつけてください。それから、人が多いところではポケットに入っている財布やケータイを盗まれることもあります。また、最近はレストランでかばんを席に置いたままトイレに行っている間に、かばんを盗られることもよくあると聞

先生は

・旅行先でけがをしないように

・財布や携帯電話を盗まれないように

という注意をしている。

いています。貴重品は必ずかばんの中に入れて、離さず持って
いてくださいね。それでは、楽しい冬休みにしてください。

先生は何について話していますか。

1　自分の冬休みの予定
2　旅行先で怪我をしたときの対処法
3　過去にかばんを盗まれた話
4　冬休み中に気をつけてほしいこと

⭐覚えよう!
□帰省：coming home ／返乡／ về quê
□旅行先：travel destination ／旅行目的地／ nơi du lịch
□貴重品：valuables ／贵重物品／ tài sản quí

女の人と男の人が話しています。二人は何について話していますか。

F：うわー、おいしそう。これ全部自分で作ったの？

M：うん、でもインターネットでレシピを検索して、その通りに作っただけだから簡単だったよ。それにほら、見て。おじさんが北海道からこんなに大きなかにを送ってくれたんだ。これを焼いて食べよう。

F：あー、実は私アレルギーがあって、ちょっと無理なんだ。

M：え、そうなの？

F：うん、子供の時はどんなに食べても平気だったんだけど、大人になってから急に…。ちょっとでも食べるとのどがかゆくなって、息が苦しくなるの。

M：そういえば、前にテレビでアレルギー専門の医者が話してたけど、ひどい人だとアレルギー食品に触っただけでも同じ症状が出ちゃうんだってね。

F：そうそう。かには大好きだったから、食べられるんなら食べたいんだけどね。

M：でもまぁ、仕方ないよ。

F：うん。でも本当にどの料理もおいしそう。今度私にもレシピ教えて。

二人は何について話していますか。

1　料理の作り方

2　アレルギーの症状

3　子供の時の病気

4　かにが好きな理由

話の流れ

・男の人の親せきがカニを送ってくれた

・女の人はアレルギーがあるから食べられない

・子供の頃は平気だったが、大人になってからアレルギー症状が出るようになった

第1回

文字・語彙

文法

読解

聴解

えよう！

□息が苦しい：having difficulty breathing ／呼吸困難／ khó thở

□症状：symptom ／症状／ triệu chứng

問題4

例　1

F：あれ、まだいたの？　とっくに帰ったかと思った。

M：1　うん、思ったより時間がかかって。

　　2　うん、予定より早く終わって。

　　3　うん、帰ったほうがいいと思って。

1番　3

M：がんばったところで、うまくいきっこないよ。

F：1　いや、ぜんぜんがんばってないよ。

　　2　いや、うまくできるわけないよ。

　　3　いや、そんなのわからないよ。

〜っこない：「〜はずがない」のカジュアルな言い方

2番　3

F：来週の出張、部長にかわって井上さんが行くことになったそうです。

M：1　部長になったんですか。

　　2　じゃあ、二人で行くんですね。

　　3　部長は別の仕事が入ったんですか。

〜にかわって＝〜のかわりに

ここでは、部長が行く予定だったが、部長は行かないで井上さんが行くことになった。

3番　1

M：来週のミーティングは、何に関してでしたっけ。

F：1　来月のイベントについてですよ。

　　2　水曜日の3時からですよ。

　　3　3階の会議室ですよ。

〜に関して＝〜について

4番　1

F：駅前のレストラン、時間を問わず予約がいっぱいなんですって。

M：1　一日中混んでるんですね。

　　2　え、あまり人気じゃないんですか。

　　3　あ、ランチは空いているんですね。

〜を問わず＝〜に関係なく

5番　1

M：松本さん、机の上のお茶は何用ですか。

F：1　明日の会議のためです。

　　2　30本です。

　　3　昨日買ったものです。

〜用＝〜のための

6番　2　◀)) N2_1_31

F：新しく入った川野さん、人前で話す
　　とき、はきはきしていますね。

M：1　かなり緊張していましたね。

　　2　ええ、聞きやすくていいですね。

　　3　あれだと遠くの人には聞こえませ
　　　　んね。

はきはきしている：明るくはっきりした話し方・
様子

7番　2　◀)) N2_1_32

F：書類のチェックは大宮くんにやっても
　　らってくれる？

M：1　確認はまだしてないんです。

　　2　会議のあとで頼んでみます。

　　3　はい、大宮くんにも頼まれまし
　　　　た。

書類のチェックを、男の人が大宮くんに頼む。

8番　1　◀)) N2_1_33

M：よかったらこれも持ってって。たくさん
　　あるから。

F：1　じゃ、遠慮なく。

　　2　自分で持てばいいのに。

　　3　ほんと、重そうだね。

〜てって：「〜て行って」を短くした言い方

9番　2　◀)) N2_1_34

M：少しぐらい古くても使えればいいん
　　じゃない？

F：1　やっぱり、古いだけのことはある
　　　　ね。

　　2　そうは言っても、新しいのがいい
　　　　よ。

　　3　いや、使えないってこともないで
　　　　しょう。

男の人は「少し古いが、使えるので問題ない」
と言った。

10番　3　◀)) N2_1_35

F：鈴木さん、社会人なら社会人らしくふ
　　るまってもらわないと。

M：1　いえ、もう学生じゃないので。

　　2　はい、4月から社会人になりまし
　　　　た。

　　3　すみません、これから気をつけま
　　　　す。

覚えよう！
□社会人＝学校を卒業し、働いている人
□ふるまう＝行動する

文字・語彙

文法

読解

聴解

11番　3

N2_1_36

> M：お昼買いに行くけど、斉藤さんのも
> 　　買ってきてあげようか？
>
> F：1　うん、お昼に買ってくるね。
>
> 　　2　ほんと？　一緒に行ってくれる？
>
> 　　3　いいの？　いつも悪いね。

男の人は「斉藤さんの分も（私が）買ってきま
しょうか？」と聞いた。

いつも悪いね＝いつもごめんね、ありがとう

12番　2

N2_1_37

> M：タクシー、拾いましょうか。
>
> F：1　そうですか、残念ですね。
>
> 　　2　あ、じゃあ反対側に渡りましょう。
>
> 　　3　それは、タイミングが悪かったで
> 　　　　すね。

「タクシーを拾う」は、走っているタクシーを止
めて乗ること。

問題 5

1番　2　<inline data-type="icon">🔊</inline> N2_1_39

デパートで男の店員と女の人が話しています。

M：お客様、何かお探しでしょうか。よろしければご案内いたします。

F：あ、えーと、新築祝いなんですけど。60代の上司なので、ちょっとよくわからなくて。

M：そうですね。世代を問わず人気があるのは、調理器具とか、家電とか、あとは食器類ですね。ご予算はいかほどでしょうか。

F：うーん、1万円くらいが相場ですかね。

M：では、こちらのお皿のセットはいかがでしょう。日本の若手デザイナーの作品なんです。意外と日常使いもしやすいんですよ。9,800円です。

F：へえ。色も伝統的な食器と違って、これはこれですてきですね。

M：あるいは、こちらのワイングラスのセットとか。こちらは日本に住んでいるオランダ人がデザインしたもので、価格は12,800円です。ほかに、家電ですと、コーヒーメーカーとか、ホットプレートなんかがよく出ます。海外ブランドのものだと、ホットプレートは1万円から、コーヒーメーカーは1万円台後半くらいからですね。

F：うーん、飲むのがお好きな方なんですよね。おしゃれな方だし、ちょっと予算オーバーだけど、これをいただこうかな。

M：かしこまりました。ただいまお包みしてまいります。

女の人は何を買いますか？

1　お皿のセット

2　ワイングラスのセット

3　コーヒーメーカー

4　ホットプレート

・お皿のセット　9,800円

・ワイングラスのセット 12,800円

・ホットプレート 10,000円〜

・コーヒーメーカー 15,000円〜

お酒が好きな上司なので、ワイングラスのセットを選んだ。

文字・語彙

文法

読解

聴解

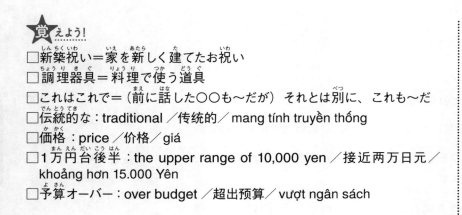

□新築祝い＝家を新しく建てたお祝い

□調理器具＝料理で使う道具

□これはこれで＝（前に話した〇〇も～だが）それとは別に、これも～だ

□伝統的な：traditional ／伝統的／ mang tính truyền thống

□価格：price ／价格／ giá

□1万円台後半：the upper range of 10,000 yen ／接近两万日元／
khoảng hơn 15.000 Yên

□予算オーバー：over budget ／超出预算／ vượt ngân sách

社員三人が、新しい商品について話しています。

F1：春に販売するこのブラウス、色はいいんだけど、ちょっとデザインがかわいすぎない?

F2：そうですか?　ターゲットが20代だから、悪くないと思うんですけど。でもそう言われてみるとさすがにかわいすぎるかな。

M：20代の女性って、かわいいの大好きじゃないですか。前回のリボンのついたのもよく売れたし。

F1：あれはリボンのかわいさと対照的に、デザインも色もうんと大人っぽくしたから。

F2：そもそも大人っぽい色ってどんな色?

M：暗い色とか?　要するに明るいピンクとかじゃない色ってことですか?

F2：うーん、ピンクだから子供っぽいかというと、そうとも言えないんですよねえ。色の問題じゃないのかな。**全体的にもう少しすっきりしたデザインにすれば、色はそのままでもいいかもしれない。**

色はそのまま、デザインはかわいらしさを残しつつ、すっきりしたデザインにする。

M：そうですね。多少かわいらしさを残しつつ、デザインを考えるということですね。

F1：そうね。じゃあ、その方向で進めましょう。

どのような方向で進めることになりましたか。

1　大人っぽい色のブラウスを考える

2　明るい色のブラウスを考える

3　すっきりしたデザインのブラウスを考える

4　かわいらしいデザインのブラウスを考える

⭐覚えよう!

□ターゲット：target ／销售对象；目标／ mục tiêu
□20代：20歳～29歳
□対照的：contrastive ／対照，対比／ mang tính đối chiếu, đối xứng
□うんと：すごく
□そもそも：in the first place, to begin with ／究竟，到底／ vốn là

□要^{よう}するに：in short, to sum up／总而言之／tóm gọn là
□全体的^{ぜんたいてき}に：overall, on the whole／全体／nhìn chung

3番　質問1　2　　質問2　1　　🔊 N2_1_42

ヨガ教室^{きょうしつ}で、夫婦^{ふうふ}が説明^{せつめい}を聞^きいています。

M：初心者^{しょしんしゃ}向^むけのコースは、複数^{ふくすう}ございます。まず、「デイタイムコース」です。こちらは、朝^{あさ}8時^じから夕方^{ゆうがた}6時^じまでのお好^すきな時間^{じかん}に来^きていただいて、レッスンを受^うけられるものです。予約^{よやく}は前日^{ぜんじつ}までにしていただければ大丈夫^{だいじょうぶ}です。それから「ナイトコース」ですが、こちらは、夕方^{ゆうがた}6時^じから夜^{よる}10時^じの時間帯^{じかんたい}になります。やはりお勤^{つと}めの方^{かた}が多^{おお}いので、多少^{たしょう}予約^{よやく}がとりにくいかもしれません。平日^{へいじつ}は難^{むずか}しいということであれば、「土日^{どにち}コース」をお勧^{すす}めします。こちらは土曜日^{どようび}と日曜日^{にちようび}の朝^{あさ}10時^じから夕方^{ゆうがた}4時^じまでの間^{あいだ}にレッスンを受^うけていただくものですが、ナイトコースよりは予約^{よやく}がとりやすくなっています。「朝^{あさ}ヨガコース」というのもありまして、こちらは朝^{あさ}7時^じから8時^じまでの1時間^{じかん}。お仕事^{しごと}にいらっしゃる前^{まえ}に受^うける方^{かた}が多^{おお}いですね。

F：どうする？　私^{わたし}は残業^{ざんぎょう}が多^{おお}いからなあ。

M：そうだよね。僕^{ぼく}は、ほとんど定時^{ていじ}で帰^{かえ}れるから、夜^{よる}でも大丈夫^{だいじょうぶ}かな。

F：会社^{かいしゃ}すぐ近^{ちか}くなんだから、ちょっと早起^{はやお}きして、ヨガやってから出勤^{しゅっきん}したら？　そうしたらアフターファイブも有効^{ゆうこう}に使^{つか}えるじゃない？

M：まあね。でも朝^{あさ}はお弁当^{べんとう}3人分^{にんぶん}作^{つく}らなきゃいけないだろ。けっこう忙^{いそが}しいんだよ。週末^{しゅうまつ}は子供^{こども}のサッカーがあるしなあ。

F：お弁当^{べんとう}、いつもありがとう。私^{わたし}は、残業^{ざんぎょう}で疲^{つか}れちゃって、早起^{はやお}きしてお弁当^{べんとう}作^{つく}るのも、ヨガ行^いくのも無理^{むり}だなあ。

M：水曜^{すいよう}と土曜^{どよう}が休^{やす}みなんだから、それを利用^{りよう}したら？

F：そうか。じゃ、休^{やす}みにゆっくり午後^{ごご}からレッスン受^うけようかな。そしたら、週末^{しゅうまつ}は混^こみそうだから平日^{へいじつ}がいいかな。

質問1^{おとこ　ひと}　男^{おとこ}の人^{ひと}はどのコースを選^{えら}びますか。

質問2^{おんな　ひと}　女^{おんな}の人^{ひと}はどのコースを選^{えら}びますか。

・デイタイムコース
AM8：00 ～ PM6：00

・ナイトコース
PM6：00 ～ PM10：00

・土日^{どにち}コース　土日^{どにち}
AM10：00 ～ PM4：00

・朝^{あさ}ヨガコース
AM7：00 ～ AM8：00

・男^{おとこ}の人^{ひと}は、朝^{あさ}も週末^{しゅうまつ}も忙^{いそが}しい。平日^{へいじつ}は定時^{ていじ}に帰^{かえ}れる→ナイトコース

・女^{おんな}の人^{ひと}は毎週水曜^{まいしゅうすいよう}と土曜^{どよう}が休^{やす}み。「平日^{へいじつ}」「ゆっくり午後^{ごご}から」→デイタイムコース

⭐ 覚えよう!

□初心者：beginner ／初学者／người mới bắt đầu
□複数：mutiple ／复数／nhiều
□お勤めの方＝勤めている人。会社員
□定時：決まった時刻。主に仕事の終わりの時刻
□出勤する：to commute to work ／出勤／đi làm
□アフターファイブ：after five。仕事が終わったあとの夜の時間
□有効な：valid, effective ／有效的／có hiệu lực
□残業：working overtime ／加班／làm thêm giờ

文字・語彙

文法

読解

聴解

第2回　解答・解説

Answers・Explanations／解答・解说／Đáp án・giải thích

合格模試　解答用紙

N2　言語知識（文字・語彙・文法）・読解

第2回

受験番号　Examinee Registration Number

名前　Name

問題1

番号	1	2	3	4
1	●	②	③	④
2	①	②	③	④
3	①	②	③	④
4	①	②	③	④
5	①	②	③	④

問題2

番号	1	2	3	4
6	①	②	③	④
7	①	②	③	④
8	①	②	③	④
9	①	②	③	④
10	①	②	③	④

問題3

番号	1	2	3	4
11	①	②	③	④
12	①	②	③	④
13	①	②	③	④
14	①	②	③	④
15	①	②	③	④

問題4

番号	1	2	3	4
16	①	②	③	④
17	①	②	③	④
18	①	②	③	④
19	①	②	③	④
20	①	②	③	④
21	①	②	③	④
22	①	②	③	④

問題5

番号	1	2	3	4
23	①	②	③	④
24	①	②	③	④
25	①	②	③	④
26	①	②	③	④
27	①	②	③	④

問題6

番号	1	2	3	4
28	①	②	③	④
29	①	②	③	④
30	①	②	③	④
31	①	②	③	④
32	①	②	③	④

問題7

番号	1	2	3	4
33	①	②	③	④
34	①	②	③	④
35	①	②	③	④
36	①	②	③	④
37	①	②	③	④
38	①	②	③	④
39	①	②	③	④
40	①	②	③	④
41	①	②	③	④
42	①	②	③	④
43	①	②	③	④
44	①	②	③	④

問題8

番号	1	2	3	4
45	①	②	③	④
46	①	②	③	④
47	①	②	③	④
48	①	②	③	④
49	①	②	③	④

問題9

番号	1	2	3	4
50	①	②	③	④
51	①	②	③	④
52	①	②	③	④
53	①	②	③	④
54	①	②	③	④

問題10

番号	1	2	3	4
55	①	②	③	④
56	①	②	③	④
57	①	②	③	④
58	①	②	③	④
59	①	②	③	④

問題11

番号	1	2	3	4
60	①	②	③	④
61	①	②	③	④
62	①	②	③	④
63	①	②	③	④
64	①	②	③	④
65	①	②	③	④
66	①	②	③	④
67	①	②	③	④
68	①	②	③	④

問題12

番号	1	2	3	4
69	①	②	③	④
70	①	②	③	④

問題13

番号	1	2	3	4
71	①	②	③	④
72	①	②	③	④
73	①	②	③	④

問題14

番号	1	2	3	4
74	①	②	③	④
75	①	②	③	④

合格模試　解答用紙

N2 聴解

第2回

受験番号
Examinee Registration Number

名前
Name

問題1

	1	2	3	4
例	①	②	●	④
1	①	②	③	●
2	①	●	③	④
3	①	②	③	●
4	●	②	③	④
5	①	②	③	●

問題2

	1	2	3	4
例	①	②	③	●
1	①	②	③	●
2	①	②	●	④
3	①	②	●	④
4	●	②	③	④
5	①	②	③	●
6	①	②	③	●

問題3

	1	2	3	4
例	●	②	③	④
1	①	②	③	●
2	①	②	●	④
3	①	②	●	④
4	①	②	●	④
5	①	②	●	④

問題4

	1	2	3
例	●	②	③
1	①	●	③
2	●	②	③
3	①	●	③
4	●	②	③
5	①	●	③
6	①	●	③
7	●	②	③
8	●	②	③
9	①	②	●
10	①	②	●
11	●	②	③
12	●	②	③

問題5

	1	2	3	4
1	①	●	③	④
2	①	●	③	④
3	(1)	●	②	③ ④
3	(2)	① ②	●	④

第2回　採点表と分析

文字・語彙・文法		配点	正答数	点数
	問題1	1点×5問	／5	／5
	問題2	1点×5問	／5	／5
	問題3	1点×5問	／5	／5
	問題4	1点×7問	／7	／7
	問題5	1点×5問	／5	／5
	問題6	1点×5問	／5	／5
	問題7	1点×12問	／12	／12
	問題8	1点×5問	／5	／5
	問題9	1点×5問	／5	／5
	合　計	54点		ⓐ ／54

60点になるように計算してみましょう。　ⓐ [　　　] 点÷54×60＝Ⓐ [　　　] 点

読解		配点	正答数	点数
	問題10	3点×5問	／5	／15
	問題11	3点×9問	／9	／27
	問題12	3点×2問	／2	／6
	問題13	3点×3問	／3	／9
	問題14	3点×2問	／2	／6
	合　計	63点		ⓑ ／63

ⓑ [　　　] 点÷63×60＝Ⓑ [　　　] 点

聴解		配点	正答数	点数
	問題1	2点×5問	／5	／10
	問題2	2点×6問	／6	／12
	問題3	2点×5問	／5	／10
	問題4	1点×12問	／12	／12
	問題5	3点×4問	／4	／12
	合　計	56点		ⓒ ／56

ⓒ [　　　] 点÷56×60＝Ⓒ [　　　] 点

Ⓐ Ⓑ Ⓒ のうち、48点以下の科目があれば
解説や対策を読んでもう一度チャレンジしましょう（48点はこの本の基準です）

※この採点表の得点は、アスク出版編集部が問題の難易度を判断して配点しました。

言語知識（文字・語彙・文法）・読解

◆ 文字・語彙・文法

問題1

1 1 こごえる

凍　トウ／こご-える
凍える：to freeze ／冻僵／đông cứng, đông đá

 2 おとろえる：to wither ／衰弱，衰败／suy yếu, xuống sức
3 煮える：to be boiled ／煮熟，煮烂／nấu nhừ, tức giận
4 震える：to shake ／发抖，抖动／run rẩy

2 4 ごうとう

盗　トウ／ぬす-む
強盗：robbery ／抢劫／(cướp) giật

3 4 そんちょう

尊　ソン
尊重：esteem ／尊重／tôn trọng

4 2 かつよう

活　カツ
活用：application, practical use ／有效利用／vận dụng, ứng dụng

 1 活躍：activity ／活跃／hoạt động(sôi nổi)
3 活動：action ／活动／phong trào, hoạt động
4 活発：vigorous ／活泼／sôi động, sôi nổi

5 4 ただち

直　チョク・ジキ／ただ-ちに・なお-す・なお-る
直ちに：immediately ／立刻，马上／ngay lập tức

1 すなわち：namely ／换言之／có nghĩa là, nói cách khác
2 たちまち：in an instant ／突然，眨眼间／trong lúc
3 せっかち：impatient ／急躁，性急／nôn nóng, nóng vội

※「すなわち」は［副詞］［接続詞］、「たちまち」は［副詞］、「せっかち」は［な形容詞］で、どれも「に」とつながらない。

問題2

6 2 性別

性　セイ・ショウ
性別：gender ／性别／giới tính

7 3 観測

観　カン
測　ソク／はか-る
観測：observation ／观测／quan sát, dự báo(thời tiết)

8 1 犯した

犯　ハン／おか-す
犯す：to commit (a crime) ／违犯／phạm tội

9 2 有効

効　コウ／き-く
有効：valid, effective ／有效／hiệu quả

10 4 移転

移　イ／うつ-る・うつ-す
移転：relocation ／迁移，搬家／di chuyển

問題3

11 4 無
無意味＝意味がない

12 4 おき
1週間おき＝2週間ごとに

13 4 副
副店長：店長の次にえらい人。ほかに「副社長」「副校長」など。

14 3 費
交通費：通学や通勤、出張などで、電車やバスなどの交通機関にかかるお金。

15 1 好
好印象＝いい印象

問題4

16 2 記念
記念：commemoration ／紀念／ kỷ niệm
 1 記号：symbol ／记号／ ký hiệu
3 記録：record ／记录／ ghi lục, báo cáo
4 記事：(news) article ／新闻报道／ bài báo

17 3 真っ赤
怒るときは顔が真っ赤になる。こわいときは顔が真っ青になる。
例 父が大切にしているグラスを割ってしまい、真っ青になった。

18 3 つい
つい：深く考えずにしてしまうこと。うっかり。
 1 まさに：certainly ／真正,的确；即将／ đúng (ngay) lúc
2 いかにも：indeed ／的确；果然；实在／ kiểu gì cũng

4 いっそ：preferably ／索性，干脆／ hơn nữa

19 2 幸運
幸運：good luck, fortune ／幸运／ may mắn
幸運にも：fortunately ／幸运的是／ lúc gặp may
「幸いにも」「幸運なことに」「運よく」ともいう。
 1 幸福：happiness ／幸福／ hạnh phúc
3 運命：fate ／命运／ vận mệnh
4 運動：exercise ／运动／ vận động

20 4 すっきり
すっきり：with a feeling of relief ／整洁；舒畅／ thông thoáng, thoải mái
 1 たっぷり：ample ／多,足够／ đầy, nhiều
2 うっかり：carelessly ／糊涂，马虎／ không để ý
3 めっきり：大きな変化に対して使う。
例 最近、めっきり寒くなった：it has gotten really cold lately ／最近天气明显变冷了／ dạo gần đây lạnh kỷ lục

21 1 接続
接続：connection ／连接／ tiếp xúc
 2 連続：continuous ／连续／ liên tục

22 2 換気
換気：ventilation ／换气／ thông gió, thay đổi không khí

問題5

23 1 話さないで
だまる＝何も言わない

24 3 うるさくて
さわがしい＝うるさい

25 2 問題
さしつかえがない＝問題がない

26 2 はっきりしない
あいまい＝はっきりしない

27 2 だんだん
次第に＝だんだん

問題6

28 4 今週は予定がぎっしりつまっている。
ぎっしりつまる：to be tight ／塞得满满的／
chen chúc, chật cứng
1 雨にぬれて服がびっしょりだ。
びっしょり：drenched ／湿透／ướt đẫm
3 父は私の話をしっかり聞いてくれた。

29 2 アイさんはよく遅刻するが、いつも平気な顔をしています。
平気な：calm ／不在乎的／tỉnh bơ, tỉnh rụi
1 戦争のない平和な世界になることを望んでいる。
平和な：peaceful ／和平的／hòa bình
3 …この季節としては平均的な気温です。
平均的な：average ／平均的／trung bình

30 2 兄は買ったばかりの携帯電話をもう使いこなしている。
使いこなす：to master (the use of) ／运用自如／xài hết tính năng, sử dụng triệt để

31 3 このページ数をざっと読むなら、1時間くらいだ。
ざっと読む⇔ていねいに読む
2 用事ができたので、さっさと帰った。
さっさと：ほかのことをしないで、早く行動する様子。

32 4 新しい社長が就任のあいさつを行った。
就任：inaguration ／就任，上任／nhậm chức
3 僕はこの会社に絶対就職したい。
就職：job hunting ／就职，就业／xin được việc

問題7

33 1 ものなら
～ものなら＝（たぶん～できないが）～できるなら

34 4 つつ
～つつ＝～ているのに
※「思いつつ」「知りつつ」「気になりつつ」「言いつつ」の形でよく使われる。後悔（regret／后悔／hối hận）の気持ちが含まれることが多い。
例 部長は「自由にやりなさい」と言いつつ、すべてのことに口を出してくる。
※「～つつ」には「～ながら」の使い方もある。
例 社内の状況も考えつつ、取引先とも話し合って決めた。

35 3 からして
～からして＝～からすると／～からみて

36 1 ばかりに
～ばかりに＝～せいで

37 4 どころじゃない
～どころではない＝～できる状況ではない

38 2 ようで
～ようで＝一見～ようで、実際は～（looks like ~, but is actually ~／虽然看上去…，但实际上…／kiểu như, hình như)

39 4 ことだから

[名詞] のことだから＝ [名詞] だからきっと
話し手も聞き手もよく知っている人物について、
その人の性格やいつもの行動などから判断した
ことをいう表現。(This is used when the
speaker is talking about someone both the
speaker and the listener know well to
express a judgement made based on that
person's personality or usual actions. ／从
性格、行为习惯等，对说话人和听话人都熟悉
的人物做出某种判断。／cách diễn đạt khi
đánh giá về nhận vật mà cả người nói và
người nghe đều biết thông qua tính cách và
hành động thường ngày của nhân vật đó.)

40 4 に限り

～に限り＝～だけは特別に

41 1 くせに

～くせに＝（不満の気持ちを持って） ～のに

42 2 走り出した

～たとたん＝～とすぐに

43 4 にともない

AにともないB＝AにともなってB：Aが変化す
ると、 Bも変化することを表す。(This
expresses that if A changes, B will change
too. ／表示当A发生变化时，B也随之变化。／
cách diễn đạt về việc A thay đổi thì B cũng
thay đổi)

44 2 はじめ

[名詞] をはじめ＝ [名詞] を代表例として、
その他にも (other than that ／以 [名詞] 为代
表，其他也…／đại diện là, tiêu biểu là)

問題8

45 3

…子供のころから何か　2につけ　4私　3に
対して　1文句　を言う。
～につけ＝～と、いつも
何かにつけ＝どんなことにでも・どんな場合で
も

46 1

服を買いに行ったが、2どれに　4しようか
1迷った　3あげく　何も買わなかった。
～あげく＝～した結果
いろいろやったが、結局だめだったというとき
の表現。(This is used to express that you
have tried many things, but it ultimately did
not work out. ／用于表示 "尽管做了很多，但
结果还是不行" 时。／cách diễn đạt khi làm
đủ cách rồi nhưng mà kết cuộc không được)
※「～」には、[動詞のた形] や [名詞＋の]
　が入る。

47 3

やっと梅雨が明けて、ようやく外で運動できる
と　4思ったら　1暑すぎて　3ランニング
2どころじゃ　なくなった。

48 3

…お金を自由に使えなくなる　4くらい　2な
ら　3独身で　1いたほう　がましだ。
AくらいならBほうがましだ／ほうがいい：「A
よりBがよい」ことを表す。

49 1

山を　2のぼりきった　3ところで　1言葉に
できないほど　4美しい景色が　見え、感動
のあまり涙が出ました。
～たところで：～したら／～した結果

言葉にできないほど：unable to be expressed in words／无法用语言表达的程度／không thể nói nên lời

問題9

50 **1 するのに対して**
～のに対して：対比的な二つのものを並べて示すのに使われる（used when presenting two contrasting things／用于同时列举两个具有对比性的事物时／được sử dụng khi thể hiện sự so sánh 2 việc đối lập nhau）。ここでは「フードドライブ」と「フードバンク」を並べて、その違いについて説明している。

51 **3 ないにもかかわらず**
～にもかかわらず＝～のに

52 **4 ほど**

53 **2 せざるを得ない**
～ざるを得ない＝～なければならない

54 **1 わけではない**

◆ 読解

問題10

(1) 55 4

> 人間というものは、自分のために働く時に生き生きしてくる。それが証明された。
>
> 強いられて行う残業は自分を滅ぼすものなのだ。
>
> しかし、**強いられずにやる残業は疲れ**ないし、楽しい。自分のためにやっているから残業だという実感もない。私が残業をしても疲れなかった時代は、自分が会社とともに伸びているという実感があったからだ。たとえ錯覚であっても身体は熱を発するほど元気だった。
>
> 今、作家になって原稿を書く時、深夜になっても残業だなどという意識はない。

⭐ 覚えよう！

- □ 生き生きする：to be lively ／生气勃勃／ hào hứng
- □ 証明する：to prove ／证明／ chứng minh
- □ 強いる：無理にやらせること
- □ ～ずに：～ないで
- □ 滅ぼす：to destroy ／毁灭／ làm giảm đi
- □ 実感：actual feeling ／实感／ cảm nhận thực, tự cảm nhận
- □ 伸びる：to extend, to stretch ／发展，进步／ tăng trưởng, lớn lên
- □ 錯覚：optical illusion ／错觉／ lầm tưởng
- □ 発する：to produce, to emit ／发出，散发／ phát ra
- □ 原稿：manuscript ／原稿／ bản thảo
- □ 意識：consciousness ／意识／ ý thức

強いられないで（＝自分のために）やる残業を選ぶ。選択肢1「上司の命令で」、2「仕方なく」、3「悪いと思い」は違う。

文字・語彙

文法

読解

聴解

(2) |56| 1

以下は、家のポストに入っていたチラシである。

●不用品回収のお知らせ●

10月4日（木）こちらの地区に回収に参ります。

当日午前8時半までに、**3このチラシとともに**、不用品を道路から見える場所にお出しください。晴雨に関わらず、回収いたします。

無料で回収させていただくものは、**2・4エアコン、冷蔵庫、洗濯機、テレビ以外の家電製品**とフライパンやなべなどの金属製品です。こわれていてもかまいません。

1パソコンと家具、自転車は有料で回収いたします。有料回収品については、当日、ご自宅まで取りにうかがいますので、**1前日までに、下記へご連絡ください。**

Yリサイクル　03-1234-5678

3 チラシをいっしょに出す必要がある。

2・4 テレビは有料回収品なので連絡が必要。逆に掃除機は無料回収品なので連絡はいらない。

1 パソコンは有料回収品なので、前日（10/3）までに電話をかける。

覚えよう!

□不用品：useless item ／不用的物品，廃品／ đồ vật bỏ đi
□回収：collection ／回収／ thu gom
□当日：current day, on that day ／当天／ hôm đó
□〜に関わらず：〜に関係なく
□家電製品：electrical appliance ／家用電器／ thiết bị điện gia dụng
□かまわない＝問題ない
□金属：metal ／金属／ kim loại
□下記：the following ／下述／ ghi dưới đây

(3) 57 4

人間は不完全なものです。医者も新発明の薬も全能ではありません。医者に見放された患者が、信心して健康になった例もあります。

しかしそれを信心したから霊験で救われたと短絡して考えるのはどうでしょう。

医者に見放された患者は絶望的です。絶望のなかでこそ人のはからいの外のものにすがる素直で純な心が生まれ、心の絶望に光りがさし、生きようとする活力が生まれます。人間に眠っていた自然治癒力が活発になってくるのです。

⭐ 覚えよう！

□完全：complete ／完全，完整／ hoàn hảo, đầy đủ　⇔不完全
□発明：invention ／发明／ phát minh
□絶望的：desperately ／绝望的／ tuyệt vọng
□活力：vitality ／活力，生命力／ sức sống, năng lượng

(4) 58 1

以下は、社内文書である。

> 3月4日
>
> 総務課
>
> 社員各位
>
> ### ノー残業デーのお知らせ
>
> 次年度を迎えるにあたって、経費削減のため、毎週金曜日はノー残業デーとし、全社員18：30までに退勤するようお願いします。また、各部署で仕事をより効率的に行えるよう、これまでの仕事のやり方を見直し、できるだけ定時で退勤できるようにしてください。また、ペーパーレス化を徹底するため、不必要な印刷やコピーは避け、パソコンでデータ共有できるものはパソコン上で閲覧するなど、資料のデジタル化も心がけてください。よろしくお願いします。

文章の内容

・神や仏を信じた人が健康になることがある

・それは神や仏の不思議な力によるものではない

・絶望→神や仏を信じる素直で純な心→生きようとする活力

選択肢2は、絶望が直接、自然治癒力を活発にするわけではないから×。

文章の内容

・ノー残業デー

・ペーパーレス化、資料のデジタル化

→コストをおさえる

※「ノー残業デー」はno残業day。残業をしないと決めた日

※「～レス」は、-less。～なしで。ペーパーレス化は、書類を印刷しないで、紙の使用量を減らすこと

文字・語彙

文法

読解

聴解

□年度：fiscal year ／年度／ năm tài chính。日本では4月から次の年の3月であることが多い。「次年度」は、次の年度。

□〜にあたって：〜するときに

□効率的に：efficiently ／有効率地／ mang tính hiệu quả

□定時：fixed time ／按时，准时／ đúng giờ

□徹底する：to be thorough ／徹底／ triệt để

□印刷：printing ／印刷／ in

□パソコン上で＝パソコンの画面の上で

□〜化：~ization ／〜化／ làm thành

□デジタル化：digitalization ／数字化／ chuyển thành kỹ thuật số

□コスト：cost ／成本／ chi phí

(5) 59 1

> われわれは、モノやコトが単独でリアリティをもつと考えがちだが、他のモノやコトとの関係性の方が重要なのかもしれない。お金だってそうだろう。お金が単独で価値（リアリティ）をもつわけではない。もし単独で価値をもつならば、ゲームで使われるおもちゃのお金だって、本物のお金と同じように価値をもつ可能性がある。実際にはお金の価値は、他の国のお金、株価やエネルギー埋蔵量など数え切れないほどのモノやコトとの関係で決まってくる。

★覚えよう!

□われわれ：「私たち」のかたい言い方

□単独：single ／単独／ đơn độc

□関係性：relationship ／关系性／ liên quan

□価値：value ／价值／ giá trị

□可能性：possibility ／可能性／ khả năng

□実際に：actually ／实际上，事实上／ thực tế

□エネルギー：energy ／能源／ năng lượng

□選挙：election ／选举／ tuyển cử

下線部の意味がわからなくても、ほかで言い換えられていることがヒントになる。＿＿＿をヒントに、ほかのモノやコトとの関係が価値を決める選択肢を選ぶ。1は、優勝しても、ほかの人に勝っていないので意味がないことから、これが正解。

問題11

(1) `60` 3　`61` 2　`62` 1

知人の例を挙げる。彼は分厚く難易度の高いある翻訳本をそれこそ数年がかりで訳して出版した。その間は、つき合いも一次会までと決め、二次会、三次会は断るというスタンスで通した。そのため、ちょっとつき合いの悪い人と思われていたわけだが、ある種の **60ライフワークとして彼はその翻訳に取り組むことにした。** 年齢的にはもう五十の坂を超えた彼が、なお生きがいとして①そのような孤独のひとときを大切にしていたことを知ったとき、②私は素直に感動した。

61一人きりの時間を利用して、一人でしかできない世界を楽しむ。 これができれば、四十代、五十代、六十代と年齢を重ねたときにも充実した日々が待っている。人といても楽しい。一人になっても充足できる。だが、それはある程度若いうちに孤独になる癖、つまり孤独の技を身につけておかないと、できないことなのだ。

仲間とつるんで日々を安楽に過ごしてきただけの人間は、急に一人になったときに寂しくてやり切れないだろう。そもそもやることが見つからないかもしれない。そうなると、飲み屋の常連として入り込み、「いつものやつ」「あれ、お願い」というとすっと好みの酒や肴が出てくることが喜びというような、発展性のない楽しみが人生の目的になってしまう。顔が利く飲み屋でひとしきり常連同士で会話を重ね、帰ったら眠るという人生は、**62孤独とは無縁かもしれないが、** 果たして「私は十分に生きた」という手応えが残るだろうか。

60 ①の直前の「生きがいとして」、その前の文の「ライフワークとして…翻訳」とある。

61 第1段落で知人の例を紹介し、第2段落で自分が感動したことと意見を述べている。

62 「果たして～か」は、疑問の形で、逆のことを強調している。「孤独と縁がない人は、人生に手応えが残らない。孤独な時間が人生を充実させる」と、著者は述べている。

⭐**覚えよう！**

- □訳す：to translate ／翻译／ dịch, chuyển ngữ
- □通す：to pass, ／貫徹／ trải qua
- □なお：furthermore ／依然／ bình thường
- □重ねる：to accumulate ／叠加，累加／ thêm (tuổi)
- □ある程度：to some degree ／某种程度／ mức độ nào đó
- □すっと：quickly ／迅速地／ thoải mái
- □人生：life ／人生／ đời người, cuộc đời
- □目的：goal ／目的／ mục đích
- □果たして：actually ／到底／ kết quả, kết cuộc

文字・語彙

文法

読解

聴解

63人間が成長するのは、なんといっても仕事だと思うんです。仕事とは、イヤなことも我慢して、他人と折り合いをつけながら自己主張していくことでもある。ずっとその試練に立ち向かい続けている人は、人間としての強さも確実に身につけていきます。

家庭生活や子育てで人間が成長するということ自体は否定しません。しかし、それは仕事での成長の比ではない。(中略) 仕事でイヤなことにも堪えていく胆力を鍛えていれば、子どもが泣いたくらいでうろたえない人間力は自然に身についているのです。(中略)

女性も働き続けたほうがいい理由は、精神論に拠るだけではありません。少なくとも私にとっては、人が稼いできたお金に頼って生きていく人生は考えにくい――自分の欲しい物を、自分の稼いだお金で買えるということは、当たり前に必要なことなんです。

もちろん、それは万人の感覚ではないでしょう。「自分が家庭をしっかり守っているから、夫は何の心配もせずに仕事ができる。だから私は養われて当然なのだ」と考える人がたくさんいるのも知っていますし、それを否定する気は毛頭ありません。でも、自分の食い扶持は自分で稼ぎ、もしも、64夫といるのがイヤになったらすぐに離婚できる経済状況の中で結婚生活を続けているからこそ確認できる、夫婦の愛情ってあると思うんです。

63　「人間が成長するのは」「仕事」、「仕事とは、イヤなことも我慢」しながら強さを身につけることとある。

64　直前の文に注目し、意味が近い選択肢3を選ぶ。

65　全体を通して、人間がいちばん成長できるのは仕事であり、育児でも成長はするが仕事のほうが重要だと言っている。

★覚えよう!

□自己主張する：to be self-assertive ／自我主张／ thể hiện cá nhân
□確実に：certainly ／确实地／ xác thực
□否定する：to negate, to deny ／否定／ phủ định
□堪える：ここでは「耐える、我慢する」の意味
□精神論：spiritualism ／精神论／ lý thuyết về tinh thần
□感覚：feeling ／感觉／ cảm giác
□養う：to nourish ／养，供养；养育；培养／ nuôi dưỡng
□状況：condition, situation ／状况／ tình hình

(3) **66** 1 **67** 4 **68** 2

　子供たちを「〜ちゃん」や「〜君」ではなく、みんなが集まる場や掲示物などでは「〜さん」と呼ぶ保育園がある。そこには、**66子供たちを一人の個人として尊重し、互いに対等な立場で接したいという方針**があるのだそうだ。そして園長先生自身も子供たちに「〜さん」と呼んでほしいとお願いしているそうだ。確かに日本語では「〜ちゃん」「〜君」「〜さん」「〜先生」「〜様」「〜氏」など、時と場合、また互いの距離感、人間関係に応じていろいろな呼び方をする。しかし、それによって、**67呼ばれる方は知らず知らずのうちに、その呼ばれ方のイメージに合わせて行動する**のではないだろうか。すなわち、子供たちは「〜ちゃん」「〜君」と呼ばれることで、「子供」として周囲と接し、周囲も彼らを「子供」として扱うのである。

　こんな話も聞いたことがある。ある病院では、ある時から患者を「〜さま」と呼ぶようになった。すると、患者の中には、横柄で暴力的になる人が現れ、その後、「〜さん」という呼び方に戻したところ、彼らの態度も元に戻ったというのである。

　言葉を使っているのは、もちろん私たち人間だが、**68一方で私たち人間自身が言葉に使われている側面もあるのである。**

66「一人の個人として尊重する」とは、「子供らしく」「大人のように」ということではなく、一人の人間として接すること。

67呼ばれる方がイメージに合わせて行動するようになった＝患者が「〜さま」という呼ばれ方に合わせてえらそうになった。

68下線部の前に「一方で」とあるので、さらに前に反対のことが書いてあることがわかる。「人間が言葉を使う」の逆の選択肢2が〇。

⭐覚えよう！

□尊重する：to respect ／尊重／ tôn trọng

□接する：to come in contact with ／接触／ tiếp xúc

□自身：oneself ／自身，自己／ tự mình, chính mình

□距離感：sense of distance ／距离感／ cảm giác về khoảng cách

□人間関係：interpersonal relationship ／人际关系／ quan hệ con người

□知らず知らずのうちに＝自分でも気づかない間に

□イメージ：image ／印象／ hình dung

□行動する：to act, to behave ／行动／ hành động

□周囲：surroundings ／周围／ xung quanh

□扱う：to deal with ／对待，待人／ đối xử, cư xử

□暴力的：violent ／暴力的／ mang tính bạo lực

□甘やかす：to spoil ／娇惯纵容，溺爱／ chiều chuộng, cưng chiều

文字・語彙

文法

読解

聴解

問題12

69 2 **70** 4

A

　自分で車を持たずに、必要なときだけ借りたり、1台の車を多くの人と共有したりする人が増えている。特に、最近の10代から20代の若者は、以前の若者に比べて、車をほしいと思わないと考える人が、半数近くいるという調査結果もある。

　車を持つと、車を買う費用だけでなく、保険料やガソリン代、整備費用などさまざまな費用がかかる。その上、都会では車の必要性も低いし、むしろ車のほうが渋滞に巻き込まれるから不便だともいえる。しかし、以前のように、**70自分の憧れの車を買うために、一生懸命働いて、お金を稼ごうと考える若者**が減り、必要最低限のお金さえあれば良いと考える若者が増えているのは、**69社会から活気がなくなっていくようで、寂しい**気がする。

> 70　Aには「物欲」ということばはないので、言い換えている部分を探す。

> 69　A寂しい→残念だ、B賢い選択→合理的

B

　最近の若者は、昔より物欲がなくなっているようだ。昔は、給料をもらったら、あれを買いたいとか、貯金して憧れの車に乗りたいとか思ったものだ。しかし、今は車など買わなくてもいいと思っている若者も多いそうだ。

　車を持つには、お金がかかる。都会に住んでいれば、車がなくても、十分に生活ができるのだから、車以外に、お金をもっと有効に使いたいという考えもある。確かに、**70物欲は働く原動力になる**だろう。しかし、物を持つことばかりにこだわらずに、家族や友人と過ごす時間や、趣味や勉強などの経験にお金を使ったほうが豊かな人生を送れるのかもしれない。そう考えると、最近の若者が車を所有しないことも**69賢い選択といえる**だろう。

覚えよう！

- ☐ 調査：investigation ／调查／ khảo sát
- ☐ 整備：maintanence ／维修，保养／ trang bị
- ☐ 必要性：necessity ／必要性／ tính cần thiết
- ☐ 必要最低限：basic amount necessary ／必要的最低限度／ cần thiết ở mức thấp nhất
- ☐ 活気：liveliness ／生机，活力／ sôi động, sôi nổi
- ☐ 原動力：driving force ／原动力／ sức mạnh lôi cuốn, động lực khuyến khích
- ☐ こだわる：to be particular about ／拘泥，纠结／ cầu kỳ, chăm chút
- ☐ 豊かな：abundant ／丰富的／ phong phú
- ☐ 人生：life ／人生／ đời người
- ☐ 選択：choice ／选择／ lựa chọn
- ☐ 述べる：to state ／陈述／ thuật lại, kể lại
- ☐ 合理的：rational ／合理的／ tính hợp lý
- ☐ 意欲：will ／积极性，热情／ ý muốn, mong muốn

問題13

71 3 **72** 1 **73** 4

　とかく人は、相手に好意を抱けば抱くほどに、自分の気に入る方向にその人を導き寄せたいと望みます。付き合い始めた最初の頃こそ、相手のことを知らないから、「ああ、この部分は自分と似ているな。ほほお、こういうところは自分とぜんぜん違うな」などと客観的に解釈する余裕がありますが、しだいに互いの付き合いの距離が近くなるにつれ、**71自分の気に入るところに重点を置き、許容できない部分はあえて目に入れず、全面的に気が合っているという錯覚を持ち始める。**ところがある日、自分の許容を超えた行動を相手がしたとします。

　たとえば、仲良しのマルコちゃんがちょっと不良っぽい仲間と遊び出したとします。大丈夫かしら、あんな連中と夜遅くまで遊んで。昔はあんなことするマルコちゃんじゃなかったのに。心配のあまり、マルコちゃんを呼び出して、

　「あんな連中と仲良くするなんて、ぜったいあなたらしくない！　やめたほうがいいと思う」

　それは友達として正しい助言だったかもしれません。でもその助言をする際に、「あなたらしくない」と言われたマルコちゃんは、心外に思うでしょう。

　72いったいあなたがどれほど私のことを知っているというの？不良っぽいとあなたが言う彼らのことだって、ぜんぜん知らないくせに。つき合ってみたら本当に仲間を大事にするいい人ばかりよ。私は彼らといるときのほうが、あなたと真面目ぶっているときより、はるかに自分らしいと思っているの。勝手に決めつけないで」

　なんだか青春映画のような展開になってまいりましたが、**73つまり私が言いたいのは、他人が他人のことを百パーセント理解するなんて、不可能ということです。**自分のことすら理解できないのに、他人のすべてを知ったつもりになってはいけないと思うのです。

　「お、あんな意外性があったのか。真面目そうな顔して、案外、剛胆な人だったのね」

　そう驚くのは自由です。そして自分の知らない危険な世界へ引き込まれていく親友がどうしても心配なら、

　「気をつけてね。私、心配してるのよ」と自分の気持をストレートに伝えるほうがいいと思います。「あなたらしくない」という言葉は、驕った印象を相手に与えかねません。それがその人「らしい」か「らしくない」かは、所詮、他人にはわかりゃしないんですから。

71 最初は相手を客観的に見る余裕があるが、だんだん主観的（subjective／主观的／tính chủ quan）になる。

72 下線部のすぐあとの「　　」がヒントになる。

73 「つまり私が言いたいのは」のあとに、筆者がいちばん言いたいことが書かれている。

□抱く＝（感情などを）持つ

□〜ば〜ほど：〜すると、もっと

□客観的に：objectively ／客观地／ mang tính khách quan

□解釈する：to interpret ／解释，说明／ lý giải, hiểu

□余裕：surplus, leeway ／余裕，从容／ có thời gian

□重点を置く：to put emphasis on ／把重点放在…／ đặt trọng tâm

□いったい：(used before an interrogative to add emphasis) ／究竟，到底／ kết cuộc

□仲間：companion ／伙伴，同伴／ đồng bọn, bạn thân

□はるかに：by far ／远远，远比／ có phần hơn

□展開：development ／展开／ mở ra, triển khai

□意外性：unpredictability ／意外性／ tính bất ngờ

□案外：unexpected ／出乎意料／ ngoài dự đoán

□印象：impression ／印象／ ấn tượng

問題14

74 3　75 2

健康診断のおしらせ

市では国民健康保険の加入者を対象に、年に1回、定期健診を実施しています。糖尿病などの生活習慣病の予防のためにも、健診を受けることをお勧めします。

対象	自己負担額	検査項目
40歳〜74歳の国民健康保険に加入している方	600円	身体測定・視力・聴力・尿検査・心電図・血液検査・血圧・レントゲン検査 ＊別途1,000円で胃ガン検査ができます。

受診方法
●要予約（受診を希望する医療機関に直接お申込みください。）
●検査当日は、保険証が必要です。
●所要時間はおよそ90分です。
●検査結果は、受診した医療機関を通じて、3週間から4週間以内にお知らせします。
●胃ガン検査を受診される方は、検査前日21時以降は絶飲食でお願いします。

受診場所
●実施日や時間帯は、各医療機関によって異なりますので、ご希望の医療機関にお問い合わせください。（受診可能な医療機関は市のホームページで確認できます。）
●平日のみ各町の健康センターでも受診できます。
　青木町（9：00〜11：00）黒木町（12：30〜14：30）緑町（14：00〜16：00）
　※上記の時間は受付時間です。
　※事前に問診票などを送付しますので、受診希望の3週間前までに各町の健康センターに電話でご連絡ください。
　※黒木町では胃ガン検査を実施しておりません。
●市の健診センターでは、土曜日と日曜日の健診を受け付けております。
　※4週間前までに市の健診センターに、電話またはインターネットの申込ページより予約してください。
　※申し込み状況によっては、ご希望の日に受診できない場合もございます。
　健診実施時間：＜土曜日＞9時から12時まで（受付は11時まで）
　　　　　　　　＜日曜日＞13時から16時まで（受付は15時まで）
実施日は、月によって替わります。5月と6月の実施日は下記の通りです。

5月	第2・第4土曜日	第1・第3日曜日
6月	第1・第2土曜日	第3・第4日曜日

74　平日の午後に受けられるのは黒木町と緑町の健康センター。ただし、黒木町では胃がん検診をやっていない。

75　市の検診センターでは、土曜日は午前中しかやっていない。各町の健康センターは平日しかやっていない。なので、医療機関に問い合わせが必要。

覚えよう！
□実施する：to execute, to implement ／実施／ thực hiện
□時間帯：period of time ／时间带／ khoảng thời gian
□受診：medical examination ／就诊／ được khám bệnh
□医療機関：medical institution ／医疗机构／ cơ sở y tế　※交通機関＝電車、バス、飛行機など
□異なる：to differ ／不同，相异／ khác nhau
□上記：above-mentioned ／上述／ ghi ở trên
□事前に：beforehand ／事前，事先／ trước (sự việc nào) đó
□送付する：to send ／发送，寄送／ gửi

聴解

問題1

例　3

◀))N2_2_03

病院の受付で、女の人と男の人が話しています。男の人はこのあとまず、何をしますか。

F：こんにちは。

M：すみません、予約はしていないんですが、いいですか。

F：大丈夫ですが、現在かなり混んでおりまして、1時間くらいお待ちいただくことになるかもしれないのですが…。

M：1時間か…。大丈夫です、お願いします。

F：はい、承知しました。こちらは初めてですか。初めての方は、まず診察券を作成していただくことになります。

M：診察券なら、持っています。

F：それでは、こちらの書類に症状などをご記入のうえ、保険証と一緒に出してください。そのあと体温を測ってください。

M：わかりました。ありがとうございます。

男の人はこのあとまず、何をしますか。

電話で母親と息子が話しています。息子はこのあとまずどうしますか。

F：あ、もしもし、お母さんだけど…。

M：何？　どうしたの？

F：来週、おじさんとおばさんがこちらに遊びに来るって言ってたじゃない？　それがね、予定が変わって、今晩こちらに来るんだって。

M：ええ？　すごく急だな…。じゃあ今晩はうちに泊まるの？　**1もし泊まるんだったら、掃除しないと。** ─────── 1　泊まるのは明日なので、すぐに掃除しなくていい。

F：ううん、今日はホテルに泊まって、明日うちに遊びに来るんだって。悪いんだけど、**2今日大学に行った帰りに、おいしそうなお菓子、買ってきてくれない？** ─────── 2　大学の帰りにお菓子を買う。

M：うん、わかった。

F：明日からはうちに泊まるらしいから、お客様用の布団と枕、二人分出しておいて。

M：ええ、**3お客用の布団なんてどこにあるかわかんないよ。** ─────── 3　お客用の布団はどこにあるかわからないから出さない。

F：もう。じゃあ、いいわ。あ、それと、**4雨が降りそうだから洗濯物、中にとりこんでおいて。** ─────── 4　○

M：はいはい。

F：お母さんは5時くらいに帰るから、とにかくよろしくね。

息子はこのあとまずどうしますか。

 えよう！

□洗濯物をとりこむ：外に干した洗濯物を家の中に入れること

□とにかく：anyhow ／総之／ trước mắt, tạm thời

2番　1

女の人と男の人が引っ越しのときのベッドの処分について話しています。男の人は、このあとまずどうしますか。

F：金山くん、引っ越しの荷造り、全然、進んでないじゃない。

M：今、一生懸命やってるところ。

F：大変だね。ねえ、このベッドどうするの？

M：粗大ごみに出すよ。引っ越し会社に聞いたら、ベッド1つ運ぶのに追加料金が1万円かかるって言われちゃってさ。それなら新しいベッドを買ったほうがいいかなって思って。

F：えー、使えるのにもったいないね。リサイクルショップに売ったらどう？

M：3この前、リサイクルショップには電話したよ。そうしたらさ、ベッドは大きすぎるので、引き取れませんって言われちゃったんだ。

F：無料だったらほしい人がいるんじゃない？　ほら、このサイト見て。いらないものの写真を撮ってこのサイトにアップすると、ほしい人からメッセージが来るの。

M：へー、そんな便利なサイトがあるんだ。全然知らなかった。

F：4私がこのベッドの写真を撮って、サイトにアップしてあげる。金山くんは続きをやったら？

M：そうだね。ありがとう。

男の人は、このあとまずどうしますか。

1　○

2　粗大ごみに出そうと思っていたが、女の人に止められた。

3　もう電話した。

4　女の人がやってくれる。

覚えよう！

□処分：disposal ／処理／ xử lý, loại bỏ

□粗大ごみ：oversized garbage ／大型垃圾／ rác quá khổ, rác ngoại cỡ (bàn, ghế)

□リサイクルショップ：second-hand shop ／旧货商店／ cửa hàng bán đồ tái chế

□サイトにアップする：to upload to a website ／上传到网上，挂到网上／ đăng lên trang thông tin

第2回　文字・語彙　文法　読解　聴解

レストランで、店長と女の店員が話しています。店長はこのあとまず
何をしますか。

M：あ、関口さん。すみません、今ちょっと、いいですか？

F：はい。何ですか。

M：明日、団体のお客様からご予約いただいたんですけど、人手が
　　足りないんです。もし、さしつかえなければ、明日、入っていた
　　だけますか。7時からなんですけど。

F：ああ、申し訳ないんですけど、明日は大学の授業があって、7時
　　には間に合わないんです。8時なら、間に合うと思うんですけど。

M：そっかあ。それは仕方ないですね。明日入れそうな人、心当たり
　　ありませんか。みなさんにも、**1メールはしてみたんですけど、誰** ── 1　すでに頼んだ。
　　からも返事がなくて……。

F：木村さんはどうですか。木村さん、明日は午前の授業しかないと
　　思いますよ。

M：それが、**2木村さんは明日の午後から旅行で、こっちにいないら**
　　しくて……。 ── 2　木村さんは旅行中。

F：他の店舗から、誰かに来ていただけないんですか。

M：そうですね。空いている人がいないか、聞いてみてもいいんです
　　けど。でも、今はどの店も忘年会シーズンで忙しいから、言いに
　　くいんですよねぇ。

F：ええ、誰か来てくれるかもしれないので、**3聞くだけ聞いてみたら** ── 3　○
　　どうですか。私も8時に来ますよ。 4　話に出てこない。

M：うん、じゃあ、そうします。忙しいところ、すみません。

店長はこのあとまず何をしますか。

⭐覚えよう!

□団体（客）：group (of customers) ／团体（游客）／ (khách) đoàn
□人手：hand, labor ／人手，劳力／người làm việc
□さしつかえなければ＝問題がなければ
□入る：ここでは「バイトをする」ということ
□心当たり：happening to know of ／头绪，线索／quan tâm

□忘年会：年末にある飲み会。

□シーズン：season ／季节，旺季／ mùa (làm dịch vụ)。「忘年会シーズン」は、忘年会がよく行われる時期のこと。12月。

4番　2

会社で男の人が新入社員に会社について説明しています。新入社員は明日の朝、会社に来たらはじめに何をしなければなりませんか。

M：ここが明日から安田さんに来てもらう部署です。**1朝来たらまず、出勤時刻を記録します。**まず各自のパソコンをつけて、IDとパスワードを入力してログインすれば、自動的に出勤時間が記録されます。安田さんには明日、ログインの方法とID、パスワードを教えますから、**1明日の朝はしなくてけっこうです。**それから、うちの部署では朝の仕事が始まる前に、**2机や窓を拭いたりする掃除の時間**を設けています。それが終わったら、**3社員全員で朝礼といって、今日の仕事内容のチェックやスケジュールの確認などを行います。**そのとき、安田さんには**4部署のみんなに自己紹介**をしてもらおうと思っています。では、明日からよろしくお願いします。

新入社員は明日の朝、会社に来たらはじめに何をしなければなりませんか。

1　明日はしなくていい。

2　○

3・4　掃除の後の朝礼でする。

⭐覚えよう!

□記録する：to record ／记录／ ghi lại
□各自：each person ／各自／ mỗi người, từng người
□ログイン：log in ／登录／ đăng nhập

会議室で男の人と女の人が明日の会議の準備をしています。女の
人はこのあと何をしますか。

M：明日の会議の準備、どれくらい進んでる？

F：机といすはすべて並べ終えたところです。それから、パソコンがち
ゃんと動くかのチェックをしようと思っています。

M：パソコンってこのパソコンのこと？　実はさっき高橋君から、**1明**
　　日の会議では自分のパソコンを使うから、そちらで用意してい
　　ただかなくてけっこうですって連絡があったんだ。だからそれはい
　　いよ。 ————————————————————————— 1　高橋君がする。

F：そうなんですね。でもパソコンとスクリーンをつなぐケーブルは必
　　要ですよね。

M：うーん、それも高橋君が持ってくるとは思うけど、念のためここ
　　に置いておいて。あ、ケーブルは印刷室の棚にまとめておいてあ
　　るから。

F：わかりました。じゃあ、印刷室に資料を取りに行くついでに取っ
　　てきます。

M：**3資料は何部印刷したの？**

F：**予備もあわせて100部です。** ———————————————— 3　もう印刷した。

M：重くて、女の人じゃ大変だな。じゃあ、**2僕が印刷室に行って全** ————— 2　ケーブルは印刷室
　　部取ってくるから、この**4ペットボトルの飲み物、全部机の上に**　　　の棚に置いてある。男
　　並べておいて。　　　　　　　　　　　　　　　　　　　　　　　　　の人が資料といっしょ
　　　　　　　　　　　　　　　　　　　　　　　　　　　　　　　　　　　にとってくる。

F：ありがとうございます。助かります。 ———————————————— 4　○

女の人はこのあと何をしますか。

⭐覚えよう！

□念のため：just in case ／慎重起见，以防万一／để cho chắc ăn, để
đề phòng
□予備：extra ／备品；预备／dự phòng

問題2

例　4

テレビ番組で、女の司会者と男の俳優が話しています。男の俳優は、芝居のどんなところが一番大変だと言っていますか。

F：富田さん、今回の舞台劇『六人の物語』は、すごく評判がよくて、ネット上でも話題になっていますね。

M：ありがとうございます。今回は僕の初舞台で、たくさんの方々に観ていただいて本当にうれしいです。でも、まだまだ経験不足のところもあって、いろいろ苦労しました。

F：動きも多いし、かなり体力を使うでしょうね。

M：ええ。セリフもたくさんおぼえなきゃいけないから、つらかったです。

F：そうですよね。でもすごく自然に話していらっしゃいました。

M：ありがとうございます。空いている時間は全部練習に使ったんですよ。でも、間違えないでセリフを話せたとしても、キャラクターの性格を出せないとお芝居とは言えないので、そこが一番大変でしたね。

男の俳優は、芝居のどんなところが一番大変だと言っていますか。

夫婦が話しています。夫はどうして午後から会社に行くことにしたのですか。

F：ちょっと、いつまで寝てるの？　もう8時だよ？　いい加減起きないと会社、遅刻しちゃうじゃん。

M：あー、今日は会社、午後から行くことにしたから。

F：え？　なんで？　風邪？

M：いや、健康そのもの。まぁ、ちょっと喉は痛いけど…。

F：それは昨日の飲み会で飲みすぎたからでしょ。

M：しょうがないじゃん。退職する人の送別会だったんだから。**本当は今日、出張の予定だったんだけど、お客さんの都合でキャンセルになってさ。**だから、今日は午前中休みをいただいてもいいですかって上司に言ってみたら、いいよって。ほんとついてるよ。

F：そうなの。まあ、最近働きすぎじゃないかって心配してたから、たまにはいいんじゃない？

M：すごく特別な気分。

F：あー、うらやましい。あ、もうこんな時間。じゃあ、私行ってくるね。

夫はどうして午後から会社に行くことにしたのですか。

→ 出張の予定がなくなったので休みにした。

⭐ 覚えよう！

□いい加減：considerably ／适可而止／đúng lúc, thích hợp
□ついている：to be in luck ／运气好，走运／may mắn

病院で医者が検査について話しています。患者が検査の前にしても
いいことは何ですか。

M：えー、検査を受けるにあたって、いくつか注意事項がございます。
　　まず、検査前日ですが、**1・2夕食は、午後8時までに済ませて、**
　　それ以降は飲み物以外は一切取ってはいけません。 アルコール、
　　たばこも同様に、午後8時以降禁止です。そして検査当日は、
　　朝食を抜き、**3飲み物もお控えになってください。** また、当病
　　院では検査を行う際、いくつかの薬を使用いたします。これら
　　の薬は、検査後に、眠気や頭痛、体のだるさを引き起こすおそ
　　れがあるため、検査当日は、車、バイク、自転車の運転をご遠
　　慮いただいております。ご理解ください。

患者が検査の前にしてもいいことは何ですか。

1・2 夕食（＝晩ご
飯）は前日の午後8時
まで。飲み物はアルコ
ール以外なら飲んでも
いい。

3 当日は飲み物も飲
んではいけない。

4 たばこを吸ってはい
けない。

えよう!

□一切〜ない：no ~ at all ／完全不／ tuyệt đối không

□同様に：similarly ／同样／ cũng giống vậy

□禁止：prohibition ／禁止／ cấm

□控える：to refrain from ／节制，控制／ giảm, tránh

□〜おそれがある：there is a risk of ~ ／有可能…／ lo ngại rằng, e rằng
　※悪いことが起こる可能性があるときに使う。

第2回

文字・語彙

文法

読解

聴解

115

会社で女の人と男の人が海外出張について話しています。男の人
は海外出張で何が大変だったと言っていますか。

F：お疲れ様です。海外出張いかがでしたか。

M：あーあ、とにかく疲れた、疲れた。

F：何かあったんですか。お客さんから何か言われたとか…。

M：**1**いつもお世話になっている会社だから、緊張せずに行けたよ。
　　そのせいで油断してしまって、持っていくべきだった**2**資料を忘れ
　　てしまって。

F：それは大変でしたね。大丈夫だったんですか。

M：もう、冷や汗が出るくらい慌てたんだけど、向こうの方が、あと
　　でかまいませんよ、って言ってくださって**2**大きなトラブルにはな
　　らなかった。それよりも問題は飛行機。

F：もしかして飛行機が飛ばなかったとか？

M：確かに**3**出発は30分遅れたけど、そんなこと大したことじゃな
　　い。とにかく隣の人のいびきがうるさくて、たまらなかったんだ。
　　48時間のフライト中ずっとひどいいびきに悩まされてちっとも
　　眠れなかった。そのまま会社に来たから、もうやってられない
　　よ。

男の人は海外出張で何が一番大変だったと言っていますか。

1 緊張しないでいけた。

2 資料を忘れたが大きなトラブルにはならなかった。

3 出発は30分遅れたが、大きな問題ではない。

4 ○

えよう!

□油断する：to be careless ／疏忽大意／ sơ suất

□たまらない：irresistible ／难以忍受／ không chịu được, không chịu nổi

テレビで男の人と先生が話しています。先生は子供の成長のために
は何をするといいと言っていますか。

M：親はいつの時代も「いい子に育てたい」と考え、一生懸命子供
　　と向き合っています。子供の成長のためには、親はどのようなこ
　　とに気をつければいいでしょうか。

F：そうですね。最近の親を見ていて思うんですが、まだ小さいうち
　　から英語やピアノ、スイミング、運動教室などに行かせている人
　　があまりに多いことが気になっています。もちろん、小さいうちか
　　らいろんな習い事をさせることが必ずしも悪いわけではありませ
　　ん。ただ、**1習い事をたくさんさせようとした結果、親子のコミ
　　ュニケーションの時間が無くなってしまうのは残念**なことです。

M：子供のうちに海外旅行など、特別な経験をさせたほうがいいとい
　　う意見もありますが、いかがですか。

F：**3・4家族での海外旅行が子供にとって素晴らしい経験になること
　　は間違いないでしょう。しかし、毎日毎日特別な経験を用意して
　　あげられるわけではありませんよね。**

M：確かにそうですね。

F：だったら、**2毎日の生活で子供とゆっくり話をする時間を作ると
　　か、一緒に遊んであげる時間を作ることのほうがずっと大切**だと
　　思います。

M：なるほど。たった1度だけの特別な経験よりも、毎日のコミュニ
　　ケーションが大切だということですね。

先生は子供の成長のためには何をするといいと言っていますか。

1 習い事をさせすぎ
て親とのコミュニケーシ
ョンの時間がなくなる
のはよくない。

2 ○

3・4 海外旅行などの
特別な経験は、毎日で
きることではない。

第2回

文字・語彙

文法

読解

聴解

⭐ 覚えよう!

□あまりに（も）: too much ／太，过于／ (cũng) quá
□必ずしも～ない: not necessarily ~ ／未必，不一定／ cũng không hẳn
□コミュニケーション: communication ／交流，沟通／ giao tiếp
□～にとって: for ~ ／对于…来说／ đối với

大学で女の学生と先生が話しています。先生は女の学生の発表の何がよくなかったと言っていますか。

F：先生、私の研究発表、何か問題がありましたか。先生が難しい顔で見ていらっしゃったので…。

M：いやいや、**4 表情を除けば、内容は完璧**だったと言ってもいいんじゃないでしょうか。

F：本当ですか。

M：一番よかった点は、なぜこのテーマの研究をやる必要があるのかが明確に説明できていた点です。**1・2 学生の発表で多いのが、研究する意味をはっきり説明しないまま、だらだらと話し続けるパターンです。**松田さんの発表は、最初に研究の目的と必要性を述べ、それから具体的な内容に入っていったところがとてもよかったと思います。 ── **1・2** 松田さんの話ではない。

F：ありがとうございます。**3 実は、先輩に発表の練習に付き合っていただいたんです。** ── **3** 練習した。

M：なるほど。実際の発表の前に、友人や鏡の前などで何回か練習しておくと、内容が頭に入り、自信もつきます。松田さんの発表の内容はいいんですから、**4 もっとリラックスして、緊張しなければ、今よりももっと素晴らしい発表ができる**と思いますよ。 ── **4** ○

F：はい。頑張ります。

先生は女の学生の発表の何がよくなかったと言っていますか。

⭐覚えよう！

□発表：presentation ／发表／ phát biểu, trình bày

□除く：to exclude ／除了／ không kể, loại trừ

□完璧：perfect ／完美／ hoàn hảo

□明確に：clearly ／明确地／ rõ ràng

□だらだら：sluggishly ／冗长／ rề rà, dài lê thê

□パターン：pattern ／模式／ kiểu

□述べる：to state ／陈述／ trình bày, nêu lên

第
2
回

文字・語彙

文
法

読
解

聴
解

女の人と男の人が話しています。男の人はどうして遅くなったのです
か。

F：もう、１時間も遅刻！

M：ごめんごめん。

F：道路がひどい渋滞だったから？　でもさ、今日から**1三連休だか
ら道路が渋滞するなんてわかりきってた**じゃん。

M：**1そう思っていつもより30分早く出たよ。**昨日降った**2雪がまだ
溶けてなくって、**どの車もいつもよりゆっくり走ってたから、け
っこう時間がかかるかな、と思ったけどそうでもなかった。

F：そうなんだ。意外だね。

M：これなら約束の時間より早く着くかな、と思って安心してたら、
**3・4前を走ってたトラックが急にコントロールを失って、道路の
脇の街路樹にぶつかったんだよ。**すごい音でもうびっくりした
よ。

F：ええ、怖い。それで大丈夫だったの？

M：思いっきりブレーキ踏んだから、まあ、なんとか…。運転手も自
分で歩けていたから誰もけが人はでなかったみたい。それから警
察に電話して、警察から事故の状況を聞かれたりして、いろい
ろ大変だったんだよ。

F：あらら。面倒くさいことに巻き込まれちゃったってわけね。

男の人はどうして遅くなったのですか。

1 渋滞すると思って
30分早く家を出た。

2 雪は残っていたが、
時間はあまりかからな
かった。

3・4 目の前を走って
いたトラックが事故を
起こした。自分が事故
を起こしたわけではな
い。

⭐覚えよう！
□溶ける：to melt ／融化；溶化／ tan, chảy
□脇：to the side ／旁边／ lề đường, vệ đường
□状況：condition, situation ／状況／ tình hình

問題3

日本語学校で先生が話しています。

F：皆さん、カレーが食べたくなったら、レストランで食べますか、自分で作りますか。作り方はとても簡単です。じゃがいも、にんじん、玉ねぎなど、自分や家族の好きな野菜を食べやすい大きさに切って、ルウと一緒に煮込んだらすぐできあがります。できあがったばかりの熱々のカレーももちろんおいしいのですが、実は、冷蔵庫で一晩冷やしてからのほうがもっとおいしくなりますよ。それは、冷めるときに味が食材の奥まで入っていくからです。自分で作ったときは、ぜひ試してみてください。

先生が一番言いたいことは何ですか。

1　カレーを作る方法

2　カレーをおいしく食べる方法

3　カレーを作るときに必要な野菜

4　カレーのおいしいレストラン

ニュースで専門家が話しています。専門家は若者の何について話していますか。

M：最近、若い人の間で車を持たない「車離れ」が進んでいると言われています。ある調査によると、「車を持っていない」「車を持つつもりはない」と回答した若者は54％に達したということです。これは、レンタカーやカーシェアリングなどのサービスが広がり、自分の車を持つ必要が低下したという理由のほか、若者に十分なお金がないという問題も関係しています。自分の収入のほとんどを貯金に回し、お金を使わないようにしている若者が増えているという調査結果もあるそうです。若者が自由にお金を使える社会にしていくために、今の社会のあり方を考える必要があると思います。

専門家は若者の何について話していますか。

1　調査の結果

2　お金の使い方

3　貯金の仕方

4　抱えている問題

⭐覚えよう！

□低下する：to decline／低下／giảm sút

□収入：income／収入／thu nhập

□貯金に回す＝（お金を使わないで）貯金する

□抱える：to have／承担，負担（不好的事物）／mang theo, ôm trong lòng

話の流れ
・車を持たない若者が増えている
・理由①：自分の車をもつ必要がない
・理由②：将来お金が足りなくなることが不安→車を買うお金がない
・結論：今の社会のあり方を考える必要がある

第2回

文字・語彙

文法

読解

聴解

男の人がケーキ屋に電話をかけています。

M：昨日そちらでフルーツケーキを注文した山本というものなんですが…。

F：山本様、いつもご利用いただきありがとうございます。

M：フルーツケーキを注文するときに、子供にアレルギーがあるからキウイは抜いてほしいってお願いしてたんですよ。その上で、ケーキを受け取るときにも今回はキウイは入ってないですよね？　って再度確認もしたんですけど、実際にケーキを切ってみたら中に入ってて…。

F：そんな…。まことに申し訳ございませんでした。

M：いやね、おたくのケーキは本当においしくて、僕も子供も大好きだから何度も注文していたんだけど、お願いしたことをやってもらえないとなると、もうおたくでケーキを購入する気にはなれませんよ。

F：おっしゃる通りでございます。大変申し訳ございませんでした。ただちに返金させていただきます。

M：いや、もういいですよ。ずっとお世話になってきているし、子供はケーキを食べなかったから問題も起きなかったですし。でも、これからは気をつけてくださいよ。

F：はい。わざわざご連絡をいただきありがとうございます。今後、このようなことのないように十分注意いたします。

男の人は何について不満を言っていますか。

1　ケーキの味

2　ケーキの注文方法

3　注文内容の間違い

4　店員の態度

話の流れ

・ケーキを注文したときに、キウイは抜いてほしいと頼んだ

・受け取るときにも確認した

・それなのにケーキを切ったらキウイが入っていた

・返金は必要ない

・今後は気を付けてほしい

⭐ 覚えよう!

☐ 実際に：in actuality ／的确，真的 ／ thực ra là

☐ 返金する：to refund ／退款 ／ hoàn tiền lại

テレビで女の人がある商品について話しています。

F：この商品は大阪の小さな会社が作ったもので、開発に3年もの長い時間がかかりました。しかし、販売当初はほとんど売れず、会社はつぶれる寸前までになったそうです。それでも社長だけは、必ずこの商品は売れるはずだと信じて商品を作り続けました。小さな会社ですし、資金もほとんどありませんから、広告やCMなどの宣伝はできません。ところが、あるテレビ番組で、今人気の俳優がこの商品を愛用していると紹介したところ、若い人を中心に急に売れ始め、今では若い人だけでなく、幅広い年代で使われるようになりました。

女の人は商品の何について話していますか。

1 会社の歴史

2 社長の性格

3 商品が売れたきっかけ

4 商品の宣伝方法

えよう！

□ところが：however／然而，可是／nhưng mà, tuy nhiên
□年代：generation／年代，年齢段／độ tuổi

話の流れ

・ある商品をつくったとき、最初はほとんど売れなかった

・社長は売れると信じて作り続けた

・テレビ番組で俳優が紹介→売れ始めた

・現在は幅広い年代で使われている

第2回

文字・語彙

文法

読解

聴解

ラジオで女の人が話しています。

F：寒い季節がやってきました。寒くなると手の乾燥、気になりませんか。かさかさになった手って、乾燥で切れちゃったりしてけがにつながりやすいですし、どうにかしたいですよね。手がかさかさにならないように、みなさんが行っていることを調査しました。その結果、やはり「ハンドクリームを塗る」というのが圧倒的に多かったです。他にもオリーブオイルを塗る人や、化粧水を塗る人もいるようです。主婦の方の中には、洗い物をするときにゴム手袋をして、予防をする人もいるとのことでした。主婦の方は、水をよく使うので大変ですよね。

女の人は何について話していますか。

1　手が乾燥する理由

2　乾燥による手のけが

3　手の乾燥を防ぐ方法

4　主婦の大変さ

乾燥で手がかさかさにならないように、みんながどういうことをしているか話している。

・ハンドクリームなどを塗る

・洗い物をするときにゴム手袋をする

⭐覚えよう！

□かさかさ（な）：dry and rough ／干燥，干巴巴／(da khô)thô ráp

□どうにかする：to do something, to manage ／想办法解决／ làm sao đó

□調査する：to investigate ／调查／ khảo sát, điều tra

□洗い物をする：使ったあとの食器などを洗う

□ゴム手袋：rubber gloves ／橡胶手套／ bao tay bằng cao su

□予防：prevention ／预防／ phòng tránh

会社で男の人が話しています。男の人は何について話していますか。

M：私は約10年間、弊社に就職を希望する学生たちを見てきました。最近、特に頭が良い学生が、入社後、仕事がうまくいかない、と泣き出すことがあります。外国語ができたり、一流大学を卒業したりしているのにどうしてだろう、と。でも、そうしたことは仕事で活躍できるかどうかとあまり関係がありません。私たちの会社が求める人は、外国語や勉強はさほどできなくても、人の話をよく聞き、自分で考える人です。もし、今、自分は能力があまり高くないから、と自信が持てずにいるなら、そんなこと少しも気にすることはありません。この会社で、一緒に成長していきましょう。

男の人は何について話していますか。

1　最近の学生の様子

2　頭がいい学生の傾向

3　この会社に入ってほしい学生の条件

4　自分の能力に自信を持つ方法

えよう！

□弊社：「自分の会社」の謙譲の表現

□さほど＝それほど

話の流れ

・頭がいい学生が、会社に入ってから「うまくいかない」と泣くことがある

・私たちの会社では、外国語や勉強はよくできなくてもOK

・人の話をよく聞き、自分で考えることができる人に来てもらいたい

第2回

文字・語彙

文法

読解

聴解

問題4

F：あれ、まだいたの？　とっくに帰ったかと思った。

M：1　うん、思ったより時間がかかって。

　　2　うん、思ったより早く終わって。

　　3　うん、帰ったほうがいいと思って。

1番　2　　🔊 N2_2_26

M：納豆って、混ぜれば混ぜるほどおいしくなるって知ってた？

F：1　へえ、混ぜる必要がないね。

　　2　へえ、今度やってみるよ。

　　3　へえ、ずっと続けたいね。

〜ば〜ほど：〜と、もっと

2番　1　　🔊 N2_2_27

M：足がないからさすがにそこまでは行けないな。

F：1　そうか、残念だな。

　　2　それはかわいそうだよね。

　　3　ちゃんと行けばよかったね。

「足」は、ここでは交通手段のこと。

3番　3　　🔊 N2_2_28

F：あとちょっとだったのに、惜しかったね。

M：1　ちょっとだけでもだめでしょうか。

　　2　私はあまりおいしいと思いませんでした。

　　3　あと2点とれば、合格だったのに…。

⭐覚えよう！

□惜しい：regrettable ／可惜，遺憾／tiếc

4番　2　　🔊 N2_2_29

M：何にやにやしてるの？

F：1　今日中にレポートを出さないといけないから。

　　2　実は、昨日彼からプロポーズされたんだ。

　　3　昨日の夜、全然寝られなかったんだ。

⭐覚えよう！

□にやにやする：to smirk ／咧嘴笑，得意地笑／cười (hở răng)

5番　1

> F：あまりに失礼な態度だったから、文句を言わないではいられなかったよ。
>
> M：1　そんなにひどかったなら、文句を言って当然だね。
>
> 　　2　はっきりと相手に文句を言うべきだったね。
>
> 　　3　文句を言うどころか何もしなかったの？

〜ないではいられない：どうしても〜してしまう

Aどころか B：Aという予想や期待と逆に、実際はB

6番　1

> M：子供服はお2階でございます。
>
> F：1　ありがとうございます。
>
> 　　2　それは怖いですね。
>
> 　　3　じゃあ、買います。

建物の階数をいうときに、2階だけ「お」をつけることがある。「にかい」と「おにかい」でアクセントの位置が変わるため、聞き取りに注意。

7番　3

> M：明日、ピクニックに行くって約束したじゃん。
>
> F：1　ピクニックには何を持っていくんだっけ？
>
> 　　2　明日は8時に出発するよ。
>
> 　　3　台風が来るんだから仕方ないでしょ？

〜じゃん：「〜じゃない」がさらにカジュアルになった言い方。ここでは抗議（objection ／抗议 / phản đối）の意味。

8番　3

> F：もしよければ、これも全部もらっていただけませんか。
>
> M：1　いいえ、さすがにそんなようでは…。
>
> 　　2　いいえ、さすがにそんなはずでは…。
>
> 　　3　いいえ、さすがにそんなわけには…。

〜わけにはいかない：〜できない

さすがに〜わけにはいかない：遠慮するときの文。「〜」に、相手がしてくれることを入れる。

※選択肢1「そんなようでは困ります」、選択肢2「そんなはずではないのですが」、選択肢3「そんなわけにはいきません」の略。

M：彼と一緒に仕事をするなんてごめんだね。

F：1　彼、いつもいばっていて嫌な感じだもんね。

　　2　彼に直接謝ったほうがいいんじゃない？

　　3　彼と一緒に仕事できるなんてうらやましい。

～なんて：「なんか」と同じ。「～」がいやだという気持ちを表す。
ごめんだ＝いやだ

M：彼と別れたんだって？

F：1　ちょっと気が合わなくって。

　　2　なんだか気が進まないんだ。

　　3　気を落としちゃだめだよ。

★覚えよう！

□気が合う：to get along ／合得来／ hợp tính

🔖 **2** 気が進まない：to be reluctant ／提不起劲／ không muốn làm

3 気を落とす：to be discouraged ／灰心丧气／ thất vọng

F：締め切りにぎりぎり間に合いましたね。

M：1　いったいどういうつもりなんだろう。

　　2　うん、どうなることかと思ったよ。

　　3　君がどうしてもって言うなら…。

★覚えよう！

□どうなることか＝どうなってしまうんだろう（とても悪いことになりそうだ）

🔖 **1**（いったい）どういうつもり＝どういう考えなんだろう（それがわからないくらいひどく悪い）

3 どうしてもって言うなら…：どうしても（してほしい）と言うなら、本当はしたくないけどそうするよ。

M：ご無沙汰しております。お変わりありませんか。

F：1　ええ、おかげさまで。

　　2　どうぞ、おかまいなく。

　　3　いいえ、どういたしまして。

ご無沙汰しております。お変わりありませんか。：久しぶりに会った人とのていねいな挨拶。
返事は「おかげさまで」など。

問題5

1番　2　　　　　　　　　　　　　　　　　🔊 N2_2_39

保育園で、男の先生と園長先生が話しています。

M：園長先生、秋の遠足の行き先について、4つの候補を調べてみ
　　ました。

F：ありがとうございます。どうですか。

M：保育園からみんなで移動するなら近いほうがいいですよね。それ
　　なら、バスで10分のうみかぜ水族館か、バスで30分のみらい
　　科学館がいいと思います。

F：確かに、おおぞら動物園は電車で1時間弱かかりますからね。
　　あおば公園はどうですか。電車で20分くらいでしょう。

M：でも最寄駅からのバスが廃止されちゃって、15分くらい歩かなき
　　ゃいけないんです。大人ならまだしも、子供連れだとたいへんか
　　なと。

F：そうですね。料金はどうですか。

M：うみかぜ水族館は大人1500円、子供500円、みらい科学館
　　は大人500円、子供は無料です。おおぞら動物園は大人800
　　円、子供300円、あおば公園は無料で入園できます。

F：大人と子供が一人ずつとして1000円を超えるところは避けたい
　　ですね。参加者にとって負担になるといけないので。

M：わかりました。

F：そのうえで、いちばん近いところに決めましょう。

秋の遠足はどこに行きますか。

1　うみかぜ水族館

2　みらい科学館

3　おおぞら動物園

4　あおば公園

・うみかぜ水族館
大人1500円、子供
500円。バスで10分。

・みらい科学館　大人
500円、子供は無料。
バスで30分。

・おおぞら動物園
大人800円、子供
300円。電車で1時間
弱。

・あおば公園　無料。
電車で20分＋徒歩15
分。

2番　2

学校で学生たちが話しています。

F1：ねえ、来週が先生の60歳の誕生日なんだけど、何かみんなでお祝いしない？

F2：いいね。60歳なら「還暦」で、特別な誕生日だもんね。

F1：そうそう。それに普段お世話になってるんだし、花束でも送ろうよ。

M：特別な誕生日なら、花束より、毎日使ってもらえるもののほうがいいんじゃないかな。財布とか。

F1：それはちょっと予算オーバーかな。せいぜい一人1000円くらいしか出せないと思う。

F2：じゃあペンは？　仕事で毎日使うじゃない？

M：あ、確か、ペンを買うと無料で名前を入れてくれるサービスをやってるお店があった気がする。ちょっと調べてみよう。

F1：いいね、それ。自分の名前が入ったペンなんて、きっと喜ばれると思う。

M：あった！　これと花束を一緒に渡せば、華やかになるよ。

F1：あ、私、いいこと思いついちゃった。花束をやめてケーキを買ってきて、一緒に食べてお祝いするのはどう？

M：それって自分が食べたいだけじゃないの？

F2：でも、先生ならそっちのほうが喜んでくれるかもね。

F1：じゃあ、そうしようよ。

三人は誕生日プレゼントに何を買いますか。

1　財布とケーキ

2　ペンとケーキ

3　花束と財布

4　花束とペン

えよう！

□華やか：gorgeous ／华丽／ hoành tráng

動物病院で三人が話しています。

F1：まず、犬をおうちに迎えるにあたって、いくつかやらなければいけないことがあります。一番大切なことは、犬の健康管理です。うちから犬をお譲りする場合は、予防接種はすませてありますから、飼い主の方がもう一度予防接種を受けさせなくて大丈夫です。必要なのは、市役所での犬の登録です。これを忘れると20万円以下の罰金がある場合があります。そして、犬を家に迎える際の注意ですが、犬は新しい生活が始まると、とても不安になります。できるだけ不安にさせないように、食べなれている餌やおやつをあげてください。うちの病院で与えていた餌やおやつは、病院の隣にあるドラックストアで買うことができます。家に帰る前に、公園など外に連れて行って犬を遊ばせて、リラックスさせてから家に入れるというのも、犬のストレスを減らすためにいい方法だと思います。

M：なるほど、やらなきゃいけないことがたくさんだ。

F2：そうね。二人で手分けしましょう。**1私は犬の登録に行ってくる**から、あなたは犬と一緒に先に帰ってて。

M：わかった。先生に言われた通り、公園に連れて行ってから帰るよ。

F2：でも昨日大雨だったから、ぬかるんでてぐちゃぐちゃよ。今日はタオル持ってきてないし…。

M：それもそうだな。じゃあ、**3餌やおかしをたくさん買っておこう。**あと、好きそうなおもちゃもたくさん買って、家で遊ばせよう。

質問1　女の人は今からどこに行きますか。

質問2　男の人は今からどこに行きますか。

話の流れ

犬を飼うとき

・動物病院から譲ってもらう場合、予防接種は必要ない

・市役所で登録する

・食べなれている餌やおやつをあげる。病院の隣のドラッグストアで売っている

・帰る前に外で遊ばせる→雨が降ったから今日はできない

1　女の人は市役所へ登録に行く。

3　男の人は公園で遊ばせる→雨が降ったから今日はできない→ドラッグストアで餌やおやつを買う。

⭐覚えよう!

□〜にあたって：on the occasion of ／在…的时候，值…之际／nhân dip

□予防接種：vaccination ／接种疫苗／ tiêm phòng

□餌：pet food; feed ／饵食／ thức ăn cho thú cưng

□ストレスを減らす：to reduce stress ／削减压力／ giảm stress

第3回　解答・解説

Answers・Explanations／解答・解说／Đáp án・giải thích

合格模試　解答用紙

N2 言語知識（文字・語彙・文法）・読解

第3回

受験番号
Examinee Registration Number

名前
Name

〈ちゅうい Notes〉

1. くろいえんぴつ (HB、No.2) でかいてください。
   Use a black medium soft (HB or No.2) pencil.
   （ペンやボールペンではかかないでください。）
   (Do not use any kind of pen.)

2. かきなおすときは、けしゴムできれいにけしてください。
   Erase any unintended marks completely.

3. きたなくしたり、おったりしないでください。
   Do not soil or bend this sheet.

4. マークれい Marking Examples

よいれい Correct Example	わるいれい Incorrect Examples
●	⊗ ○ ○ ○ ◑ ① ◒

問題1　問題2　問題3　問題4　問題5　問題6　問題7　問題8　問題9　問題10　問題11　問題12　問題13　問題14

（解答欄 1〜75、各設問の選択肢 ① ② ③ ④）

135

合格模試 解答用紙

N2 聴解

受験番号
Examinee Registration Number

名前
Name

〈ちゅうい　Notes〉

1. 〈ろいえんぴつ (HB、No.2) でかいて
ください。
Use a black medium soft (HB or No.2)
pencil.
(ペンやボールペンではかかないでくだ
さい。)
(Do not use any kind of pen.)

2. かきなおすときは、けしゴムできれい
にけしてください。
Erase any unintended marks completely.

3. きたなくしたり、おったりしないでくだ
さい。
Do not soil or bend this sheet.

4. マークれい Marking Examples

よいれい Correct Example	わるいれい Incorrect Examples
●	⊘ ◯ ◯ ● ⊖ ⊗ ◍

問題1

例	①	②	●	④
1	①	②	●	④
2	①	②	③	●
3	①	●	③	④
4	●	②	③	④
5	●	②	③	④

問題2

例	①	②	●	④
1	①	②	●	④
2	①	●	③	④
3	①	②	③	●
4	●	②	③	④
5	①	②	③	●
6	①	②	③	●

問題3

例	①	②	●	④
1	①	②	●	④
2	①	②	●	④
3	①	②	●	④
4	●	②	③	④
5	●	②	③	④

問題4

例	●	②	③
1	①	●	③
2	●	②	③
3	①	●	③
4	①	●	③
5	①	②	③
6	●	②	③
7	①	②	③
8	●	②	③
9	①	●	③
10	①	●	③
11	①	●	③
12	●	②	③

問題5

1	①	●	③	④
2	①	●	③	④
3 (1)	①	●	③	④
3 (2)	①	②	●	④

136

第3回　採点表と分析

		配点	正答数	点数
文字・語彙・文法	問題1	1点×5問	／5	／5
	問題2	1点×5問	／5	／5
	問題3	1点×5問	／5	／5
	問題4	1点×7問	／7	／7
	問題5	1点×5問	／5	／5
	問題6	1点×5問	／5	／5
	問題7	1点×12問	／12	／12
	問題8	1点×5問	／5	／5
	問題9	1点×5問	／5	／5
	合　計	54点		ⓐ ／54

60点になるように計算してみましょう。　ⓐ ☐ 点÷54×60＝ Ⓐ ☐ 点

		配点	正答数	点数
読解	問題10	3点×5問	／5	／15
	問題11	3点×9問	／9	／27
	問題12	3点×2問	／2	／6
	問題13	3点×3問	／3	／9
	問題14	3点×2問	／2	／6
	合　計	63点		ⓑ ／63

ⓑ ☐ 点÷63×60＝ Ⓑ ☐ 点

		配点	正答数	点数
聴解	問題1	2点×5問	／5	／10
	問題2	2点×6問	／6	／12
	問題3	2点×5問	／5	／10
	問題4	1点×12問	／12	／12
	問題5	3点×4問	／4	／12
	合　計	56点		ⓒ ／56

ⓒ ☐ 点÷56×60＝ Ⓒ ☐ 点

Ⓐ Ⓑ Ⓒ のうち、48点以下の科目があれば
解説や対策を読んでもう一度チャレンジしましょう（48点はこの本の基準です）

※この採点表の得点は、アスク出版編集部が問題の難易度を判断して配点しました。

言語知識（文字・語彙・文法）・読解

◆ 文字・語彙・文法

問題1

1 4 しつど
湿　シツ／しめ-る・しめ-す
湿度（しつど）：humidity ／湿度／độ ẩm
🖊 1 温度（おんど）：temperature ／温度／nhiệt độ
　　2 濃度（のうど）：thickness ／浓度／nồng độ
　　3 角度（かくど）：angle ／角度／góc độ

2 1 ほす
干　カン／ほ-す・ひ-る
干す（ほす）：to air; to dry ／晒，晾晒／phơi khô
🖊 2 蒸す（むす）：to steam ／蒸／hấp
　　3 押す（おす）：to push ／按；推／đẩy
　　4 越す（こす）：to cross over ／越过；超过／vượt qua (ranh giới)

3 3 しゅちょう
主　シュ・ス／ぬし・おも
張　チョウ／は-る
主張（しゅちょう）：assertion ／主张／chủ trương

4 3 おぎなう
補　ホ／おぎな-う
補う（おぎなう）：to compensate for ／补充／bổ sung, lấp đầy
🖊 1 敬う（うやまう）：to show respect for ／尊敬／tôn kính, kínhtrọng
　　2 ともなう：to accompany ／伴随／đồng hành, dẫn theo
　　4 整う（ととのう）：to be prepared ／齐整，齐备／sửa soạn, trang bị

5 2 ごういん
強　キョウ・ゴウ／つよ-い・つよ-まる・し-いる
引　イン／ひ-く・ひ-ける
強引（ごういん）：forcible ／强行，强制／cưỡng ép

問題2

6 3 感心
感　カン
感心（かんしん）：admiration ／佩服，钦佩／quan tâm

7 2 否定
否　ヒ・いな
否定（ひてい）：negative ／否定／phủ định

8 2 生地
生地（きじ）：fabric; dough ／质地，材料／vải, nguyên liệu may
🖊 3 記事（きじ）：news article ／新闻报道／bài báo

9 4 覚めて
覚　カク・おぼ-える・さ-ます・さ-める
覚める（さめる）：to memorize; to learn ／醒／tỉnh giấc, tỉnh rượu, tỉnh táo
🖊 1 冷める（さめる）：to get cold ／变冷，变凉／nguội lạnh

10 1 課税
課　カ
税　ゼイ
課税（かぜい）：taxation ／征税／thuế

問題3

11 4 真
真夜中：dead of night ／深夜／ giữa đêm

12 4 ぞい
川沿い：riverside ／河边／ dọc bờ sông

13 1 再
再開発：redevelopment ／再度开发／ khai thác trở lại

14 2 家
写真家：photographer ／摄影师／ nhiếp ảnh gia
※「家」がつくと職業の名前になる。「作家」「小説家」「漫画家」など。

15 1 非
非常識：lack of common sense ／没有常识／ thiếu kiến thức

問題4

16 1 いっさい
いっさい＝まったく

17 3 ふざけて
ふざける：to jest ／玩闹／ trêu chọc
　🖊 1 あきらめる：to give up ／放弃／ từ bỏ
　　2 おこたる：to be negligent in doing something ／疏漏，疏忽大意／ lười biếng
　　4 つまずく：to stumble; to suffer a setback ／绊倒；挫折／ ngán đường,thất bại giữa chừng

18 4 現代
現代：nowadays; modern era ／现代／ hiện đại
文化：culture ／文化／ văn hóa

19 2 ばったり
ばったり会う：to meet unexpectedly ／突然相遇／ bất ngờ gặp

20 1 続々と
続々と：one after another ／源源不断／ lũ lượt, ùn ùn (kéo tới)
　🖊 2 着々と：steadily ／稳步顺利／ từng bước từng bước một
　　3 転々と：moving from place to place ／辗转不停／ vòng vòng
　　4 別々に：separately ／各自分开／ riêng biệt

21 1 わりと
わりと：comparatively ／意外；比较／ so ra thì, tính ra thì
　🖊 2 わざと：intentional ／故意／ cố ý
　　3 思わず：unconsciously ／不禁, 不由得／ không ngờ
　　4 きっと：surely ／一定, 肯定／ chắc chắn

22 4 任意
任意：optional ／任意，随意／ tùy chọn
　🖊 1 同意：agreement ／同意／ đồng ý
　　2 熱意：enthusiasm ／热情／ nhiệt huyết, nhiệt tình
　　3 誠意：sincerity ／诚意／ thành ý

問題5

23 2 危険だ
物騒：悪いことが起きそうな危険な様子

24 1 一度にみんな
いっせいに＝一度にみんな

25 2 用意
支度＝用意、準備

26 **2 あちこち**
ほうぼう＝あちこち

27 **4 広がれば**
普及する＝広く使われるようになる

問題6

28 **4 彼女は仕事はできるが、礼儀やマナーを知らない。**
礼儀：manners, etiquette ／礼仪，礼节／ lễ nghi

1 …必ず挨拶をしよう。
挨拶：greeting ／寒暄，打招呼／ chào hỏi
3 …今度お礼をしよう。
お礼：gratitude; manners ／谢意，感谢／ cám ơn , đáp lễ

29 **3 学校の前に、なだらかな坂道がある。**
なだらか：gently sloping ／平缓／ thoai thoải
2 …彼はおだやかな人なので、友達が多い。
おだやか：calm ／温和／ hiền lành, hiền hậu

30 **2 会社は何年働いても給料が変わらない。もううんざりだ。**
うんざり：tedious ／厌倦，厌烦／ ngán, chán

31 **2 ひらがなを漢字に変換します。**
変換＝変えること
1 旅行の予定を変更します。
変更：change ／变更，改变／ thay đổi
4 購入金額を変更します。
変更：change ／变更，改变／ thay đổi

32 **1 転んでケガをしたので、病院で手当てしてもらった。**
手当て：treatment ／包扎，治疗／ băng bó vết thương

2 彼女が手作りのケーキを作ってくれた。
手作り：handmade ／手制／ làm bằng tay
3 パソコンでなく手書きで手紙を書いた。
手書き：handwriting ／手写／ viết tay
4 私の父は毎日庭の手入れをしている。
手入れ：looking after ／修整／ chăm sóc

問題7

33 **1 きり**
[動詞のた形] きり～ない＝～したのが最後で、そのあとずっと～ない

34 **3 しかねます**
[動詞のます形] かねる＝（話し手の立場・気持ちから）～できない

35 **4 どころか**
AどころかB＝AとぜんぜんちがってB

36 **3 以上**
～以上＝～だから当然

37 **2 ものの**
～ものの＝～けれども

38 **3 あったからにほかならない**
～からにほかならない＝絶対に～だ

39 **1 ところだった**
～ところだった＝実際にはそうなっていないが、もう少しでそうなりそうだった

40 **3 がち**
病気がち＝病気になることが多い
くもりがち＝くもりの日が多い

41 **2 しないわけにはいかない**
～ないわけにはいかない＝～なければならない

42 **3 遊んでいる場合じゃない**
〜ている場合じゃない＝〜できる状況ではない

43 **2 はおろか**
AはおろかBも／さえ＝Aはもちろんのこと、B
も

44 **2 あえて**
あえて＝難しいとわかった上で、わざわざ

問題8

45 **1**
こんなに探し回っても　4見つからない　2な
ら　1あきらめる　3ほかはない　ようだ。
〜ほかはない＝〜しかない

46 **2**
山田さんが作ったこの資料、130分　3で　2作
った　4にしては　よくできている。
〜にしては＝〜から予想される結果と違って

47 **2**
ビザが出るまで　11週間くらい　4かと思った
が　2それどころか　32週間　もかかった。
それどころか：「予想と同じよりもっと」と強
調する表現。

48 **3**
仕事は、日曜・祝日　2は　1もちろん　3土
曜日　4も　休みです。
Aはもちろん（Bも）＝Aは当然として（Bも）

49 **1**
…資料を作成　3しているとき　2一文の文字
数を　1意識するのと　4しないのとでは　読
みやすさがぜんぜんちがいます。

問題9

50 **3 得るようになりました**
「大学の数がふえた」ことで起こることは、「大
卒の資格を得る人」がふえたという変化なので、
3が正しい。

51 **2 こともなく**
[動詞の辞書形] こと（も）なく＝〜ないで

52 **2 といわれても仕方がありません**
この文の前半部分に「自分たちで競争率を高
めておいて、採用されない」とある。これは、
自業自得となるので、反対の意味になる3と4
は間違い。1の「〜だけのことはある」は、「さ
すがに、やっぱり」などと感心したり納得した
りするときに使う。

53 **4 ですから**
[接続詞（conjunction／接续词／liên từ)]
の問題では、前後をよく見ること。
この問題では、「人気がないゆえに学生が集ま
らない企業がある」ことが理由で、「まず考え
なければならない」という順当な結果
(reasonable results／理所当然的結果／kết
quả hiển nhiên) が来ているので、「ですから」
が正しい。

54 **1 かならずしも**
かならずしも〜ない＝かならず〜というわけでは
ない

◆ 読解

問題10

(1) 55 4

人間は一定時間、沈黙していることができなければならない。それと同時に、喋りたくない時でも、あたりの空気を重くしないために、適当な会話を続ける必要のある時もある。沈黙を守れない人で、きちんとした思想のある人物は見たことがない。それと同時に、会食の席などでは、相手を立てながら、会話を続ける技術もなくて一人前とは言いがたい。

— 二つのことが同時に必要だと言っている。

⭐ **覚えよう！**

- □ 人間：human ／人类／ người ta, con người
- □ 喋る：to talk, to chat ／说话／ nói chuyện, trò chuyện
- □ あたり：vicinity ／周围／ xung quanh, lân cận
- □ 守る：protect: uphold ／保守，遵守／ giữ, tuân thủ
- □ 思想：thought ／思想／ suy nghĩ
- □ 人物：character, figure ／人物／ người, nhân vật
- □ ～がたい：difficult to ~ ／难以…／ khó ~, không thể ~

(2) 56 3

健康第一というのは、健康なときにはわからない。健康はふつうのときには当たり前のことだからだ。体をこわしてやっと、健康第一なんだとつくづく思う。だから健康とは、空気みたいなものだといえる。あって当たり前で、ふつうは意識もされない。だから健康の中には、いろんなものが隠されている。ふだんは見えない体の秘密が、健康を害したときにはじめていろいろ見えてくる。病気は体ののぞき穴だ。

— ふだんは見えない体の秘密→ふつうは意識しない体の秘密

⭐ **覚えよう！**

- □ 意識する：to be aware, to be conscious ／意识／ hiểu được , ý thức được
- □ 隠す：to hide ／隐藏／ che giấu
- □ のぞく：to peek ／窥视，窥探／ nhìn vào, soi vào

(3) 57 2

（若い世代に）自分の思いをまっすぐにぶつければ、必ずや共通項を見出すことができるだろう。

若い世代とつきあうからといって、意識したり、かまえたりすると、それはそのまま伝わってしまうから、自然体で対するに限る。

とても理解できない、ついていけないと思ったら、想像力をたくましくすること。自分がこのくらいの年代のときはどうだっただろうか、自分の若い頃、年上の人をどう見ていただろうかと考えてみる。

そこから答えが出てくるかもしれない。

「～に限る」は、「～がいちばんよい」という意味。自然体、つまりありのままの自分で対するのがいいと考えている。

⭐ 覚えよう！

□共通項：point in common ／共通項目，相同之处／điểm chung
□年代：generation ／年代，年齢段／độ tuổi
□年上：年齢が上であること

(4) 58 4

いつもピアノレッスンにご参加頂き、御礼申し上げます。おかげさまで、当教室は、5月で10周年を迎えることとなりました。これもひとえにご参加くださる皆様のおかげであると心より感謝しております。

さて、10月から消費税の増税が決定いたしました。今までレッスン料金を値上げせずにやってまいりましたが、今回の増税に伴いまして、ついに料金の見直しをせざるを得なくなりました。そのため、下記の通り料金の改定を実施させていただくこととなりましたのでお知らせいたします。

皆様にご迷惑をおかけするのは心苦しい限りでございますが、ご理解くださいますよう、よろしくお願い申し上げます。

ビジネス文書の場合、最初と最後の段落はあいさつであることが多い。「さて」の後に注目して考える。

★覚えよう！

□感謝する：to be grateful ／感謝／ biết ơn, cám ơn
□さて：ほかの話題に移るときに使う表現。
□消費税：consumption tax ／消费税／ thuế tiêu thụ
□決定する：to decide ／决定／ quyết định
□料金：fee ／费用／ thù lao, phí
□〜にともない：〜と一緒に、〜に合わせて
□ついに：at last ／终于／ đành phải
□〜限り：as long as 〜, as far as 〜／极度，极限／ hết mực, hết mức

(5) 59 1

現代社会は物理学がないと何もできません。たとえば時計にしても、昔は機械仕掛けの世界でしたが、ちょっと時計が趣味の人は簡単な修理くらいはできた。ある程度手で触れることができたのですね。しかし、科学技術は細分化の果てに、普通の人には触れられない「何か」に変貌を遂げました。時計でいうと、今はクオーツ時計や電波時計があります。でも、そういった最先端技術を駆使した時計の中身について、ふつうの人はほとんど何もイメージできないし、触ることもできません。

> **話の流れ**
>
> 昔の時計：手で触れられる、修理できる
>
> ↓
>
> 今の時計：最先端技術が使われていて、イメージできないし、触れられない

★覚えよう！

□修理：repair ／修理／ sửa chữa
□ある程度：to some degree ／某种程度／ mức độ nào đó, chừng mực nào đó
□触れる：to touch ／触碰，触摸／ sờ vào, đụng vào
□〜化：そのように、またそのものにすること。
□中身：contents ／内容物，里面的东西／ bên trong
□イメージする：to imagine, to picture ／想象／ hình dung

問題11

(1) 60 3　61 1　62 2

「おひとりさま」の数が急増している。「おひとりさま」とは、本来「一人」をていねいにいう言葉で、飲食店などの一人客を指すが、最近では独身の男女という意味から、一人で食事や旅行、趣味を楽しむなど一人の時間を謳歌している人たちのことまで幅広く意味するようになった。かくいう私もずっとおひとりさまで、**60以前はレストランに一人で行くと、周りのカップルや家族に囲まれて肩身が狭い思いをすることがあったが、仲間が増え、大変①心強く思っている。**

おひとりさまが増えた背景には、**61独身女性の増加だけでなく、働く女性が増えたことも大きい理由にあげられる。**経済的に自立した女性が、結婚後も自分で稼いだお金で自分だけの時間を楽しむことが増えたのだ。私の姉が②良い例で、子供の手が離れたことを良いことに、一人で登山や海外旅行に行くなど、充実した毎日を送っている。

また、おひとりさま増加に伴い、それに対応した商品やサービスも広がりを見せている。ひとり用の炊飯器や電気ポットなどが店頭に並ぶようになった。旅行会社のひとり旅プランや、焼き肉屋のひとり焼き肉用カウンター席の設置など、一人客をターゲットにしたサービスも充実してきている。**62おひとりさま道まっしぐらの私にとって**は、これからどんなサービスが増えていくか、楽しみである。

60 この「仲間」は、筆者と同じように一人で外で食事をする人という意味。

61 独身ではない（＝結婚している）女性もおひとりさまを楽しんでいる。

62 おひとりさま向けサービスの充実を楽しんでいる。

⭐覚えよう!
....
□本来：primarily ／本来，原来／ từ trước tới giờ
□指す：to indicate ／指代／ chỉ, nói đến
□増加：increase ／増加／ tăng lên
□経済的：economic ／経済上／ về mặt tài chính
□広がり＝広がること

(2) **63** 1　**64** 4　**65** 3

　　私がものごころついた頃は、もう日本は日本でなくなりはじめていた。着物を着ている人もいるにはいたが、洋服が主流になっていた。畳の間はまだあったけれど、人々は椅子の暮らしの方が楽だと思いはじめていた。人々あるいは日本全体が、欧米のものをよしとして、それを追っていた。

　　身近に欧米のものが溢れだし、日本のものはだんだんと後方に押しやられてゆく。そんな中で、われわれは育った。人のせいにするわけではないが、そこでどうやって日本の美にふれられようか。日本の心にふれて、日本人になれようか。われわれは日本よりも欧米文化を身近に感じ、それを素直に吸収していったのであって、①その結果がこれなのだ。

　　でも何かがきっかけで、日本のものにふれることがある。あるいは、何かを機に日本のものを、ということになるのかもしれない。それだけ日本のものが特別なものになっているということなのだが、私もまた大学卒業を機に、一念発起してお茶を始めた。（中略）

　　そのはずなのだが、いつか、こうした感覚が懐かしいものに思えてきたのはどうしたことか。**65**知らないはずなのに、新しいと思っていたはずなのに、知っているような気がする。自分の奥底の何かが振れた、そんな感じ。**64**私は、やっぱり、日本人なのだ。そして②その感覚が快いから、こうしてお茶も続いているのだろう。

63　着物→洋服、畳→椅子の暮らしという変化があり、日本文化にふれることが減った。

64　直前の「私は、やっぱり、日本人なのだ」を言い換えた選択肢4を選ぶ。

65　第1・2段落で日本のものにふれる機会が減ったことを書き、第4段落で「そのはずなのだが」「懐かしい」「知っているような気がする」と述べている。

⭐覚えよう!
- □欧米：Europe and America, the West／欧美／châu Âu
- □ふれる：to touch on／触碰，接触／chạm vào
- □吸収する：to absorb／吸收／hấp thu
- □～を機に：using ～ as an opportunity／以…为契机／nhân cơ hội
- □感覚：sensation／感觉／cảm giác
- □奥底：depths, bottom／深处／đáy lòng,sâu trong tim
- □振れる：to shake／振动／rung động

(3) 66 2 67 1 68 4

日本には科学館・博物館・プラネタリウム・天文台など科学に関わる展示や講演会などを行いつつ、訪問者が実験や観測に参加できるような施設が多く存在する（欧米に比べても遜色ないどころか、その数は上回っている）。そこには当然学芸員がいて、**66展示物の解説をしたり、それに関する質問に答えたりしてくれる**。学芸員がいわば①科学ソムリエの役割を果たしているのである。私が教えた大学院生が学芸員として就職し、時折その苦労話を聞くが**並大抵な仕事ではない**ことがよくわかる。

第一は、毎月のように出し物の中身を変え、新しいトピックに敏感に反応しないとすぐに飽きられてしまうから、先を読んで展示物を工夫することが絶えず求められる点だろう。予算の関係もあって年度当初に展示計画を組んでいるのだが、日本人のノーベル賞受賞のような想定していなかった事態が生じると急遽それに変え**ねばならない**。

それに伴って、どんな分野についても専門家並みの知識を身に付ける必要があるのも**苦労すること**らしい。学芸員それぞれは一つの分野の専門家ではあるけれど、それでカバーできる範囲は狭く、数少ない人数でどんどん専門分化する科学の全領域をカバーし**なければならない**。そのためインターネットで知識を得ただけであっても、②いかにもその専門家であるかのように振る舞うことになる。

66 「学芸員がいわば科学ソムリエの役割を果たしている」とあるので、学芸員の役割について書かれたここがヒントになる。

67 選択肢2「プライドが高い」、選択肢3「ごまかせる」、選択肢4「インターネットさえあれば…できる」という学芸員に対してネガティブな表現がある選択肢は選ばない。

68 苦労の多いたいへんな仕事だということが繰り返し述べられている。

第3回

文字・語彙

文法

読解

聴解

⭐覚えよう!

□〜に関わる：to be involved in 〜／关于…／liên quan

□受賞：to receive a prize/award／获奖／đoạt giải thưởng

□〜つつ：while; despite／一边…一边…／vừa...vừa

□解説：explanation／解说，讲解／giải thích

□いわば：so to speak／换言之，可以说…／còn gọi là

□工夫する：to devise／想方设法／chuẩn bị kỹ

□絶えず：constantly／不断，无休无止／không bỏ cuộc giữa chừng

□事態：state of affairs／事态，情势／sự tình, tình huống

□生じる：to cause／发生／phát sinh

□分野：field (of study)／领域／lãnh vực

□範囲：range／范围／phạm vi

□振る舞う：to conduct oneself／动作，行动／hành vi, phản ứng

問題12

69 4　70 4

A

最近は子供にスマートフォンを渡して、自由に使わせる親が増えているという。いわゆる「スマホ育児」というやつだ。私が子育てをしていた時代には、そんな物などなかったので、静かにしてほしい場所で子供が泣き出したり、動き回ったりしたときは、必死になだめたものだ。そんな状態では子供がかわいいだなんてとても思えなかった。だから親が疲れ果て、子供にイライラしてしまう前に、便利なものに頼ってもいいと思う。70確かに、**長時間の利用は視力を低下させる、発達を妨げるなど懸念もある**。それらをしっかり理解したうえで、便利なものを取り入れながら、心に余裕を持って子供と向かい合えるなら、スマホ育児は決して悪いものではないと思う。

70　AもBも、発達への悪影響について述べている。

B

この前、食事に行ったとき、若い夫婦が3歳くらいの子供にスマホを持たせ、自分たちはゆっくりと食事をとっていた。確かに子供がいると、親は満足に食事すらできない。しかし、子供の社会性やコミュニケーション能力を育てるためには、積極的なコミュニケーションをとるべきであり、それこそが親の責任というものだろう。そもそも脳が未発達の70**幼少期にスマホを使わせすぎれば、子供に悪影響を及ぼす**ことは様々な専門家が指摘している事実である。長い人生において、子育てする時間は短い。子供の将来を思えば、ほんのわずかな時間、親が楽しみたいからという理由で、簡単にスマホを与えてはならないと思う。

148

☐いわゆる：so-called ／所谓的，通常说的／ hay còn gọi là

☐必死に：desperately ／拼命地／ hết sức

☐頼る：to rely on ／依靠，借助／ ỷ lại, trông chờ vào

☐低下する：to decline ／低下／ tệ đi, xấu đi

☐発達：development ／发育，发展／ phát triển

☐妨げる：to disturb ／妨碍／ gây cản trở

☐取り入れる：to take in ／引进，采取／ sử dụng

☐余裕：surplus ／余裕，从容／ thư thả

☐満足：satisfaction ／满足／ trọn vẹn, hài lòng

☐コミュニケーション：communication ／交流，沟通／ giao tiếp

☐及ぼす：to exert ／波及／ gây ra

☐事実：fact ／事实／ sự thực

☐人生：life ／人生／ đời người

☐～において：regarding ／在…，于…／ trong

☐ほんのわずか：small amount ／一星半点／ chỉ chút xíu

問題13

　若い時には視野に入らないのに、人生の後半に差し掛かった辺りで徐々に姿を現す壁がある。例えば、親の老化。この問題の大変さを多くの人が味わうことになるのだが、実際に直面するまではなかなかぴんとこないものだ。

　思春期くらいの頃、親のやることなすことにいちいちイラッときた。一緒にテレビを観ている時に笑うタイミングが気に入らない。「おへそ出てるよ」「へー、そう」という会話に大喜びしている両親の姿を見ると、心がドライアイスのように冷たくなった。あーやだ、どうしてうちの親はこんなにダサいんだろう。そのくせこっちの生活にあれこれ口を出してくる。当時の自分にとって、**71親とは永遠にダサくて元気で邪魔な存在**だった。

　だが、71**その永遠**に、①<u>小さな亀裂が入る日</u>が来る。大学生の時だった。私は実家から遠い大学に入ってすっかり羽を伸ばしていた。親のダサさも口出しもここまでは届かない。そんな或る日、一年ぶりに実家に帰って彼らの顔を見た瞬間に、あれ？　と思った。なんか、老けてる？　でも、そりゃそうか、とすぐに思い直す。もう歳だもんな。でも、相変わらずうるさいし、ぴんぴんしてるから、まあいいや。

　本当の恐怖を味わったのは、それから二十数年後だった。或る夕方、居間に二人でいた時のこと。母親が私に云った。

　「今は昼かい？　夜かい？」

　②<u>ぞっとした</u>。夕方だよ、と投げつけるように答えてしまった。彼女は呆けていたわけではない。ただ持病の手術で入院していて、家に戻ったばかりだったのだ。そんな場合は昼夜の区別が曖昧になることがある、と後から聞かされたのだが、その時はひたすらこわかった。母が壊れてしまった、と思った。

　親に対する意識は激変した。ダサくてもうるさくても、とにかく元気でさえいてくれればいい。だが、母は少しずつ確実に弱っていった。彼女の持病は糖尿病だった。徐々に目が見えなくなり、腎臓の機能が落ちて透析も始まった。

話の流れ

・若いころ、親とは永遠にダサくて元気で邪魔な存在だった

・親の老いを感じて、親が永遠に元気なわけではないと気づいた

・「私」は母親の老いから目を背けた。父親が母親の世話をした

71　直前の「その永遠」とは、親が元気でいること。

72　「ぞっとする」は寒さや怖さで、一瞬、体が震えること。筆者は、簡単なこともできない母を見て、母の老いに気づき、怖くなった。

73　話の流れがわかっていれば答えられる。

でも、「今は昼かい？　夜かい？」の後、真のこわさに直面することはなかった。私は彼女の老いから目を背けていた。それができたのは、全ての面倒を父が看ていたからだ。病院への付き添い、介護、家事、その他を、彼は一人でこなしていた。妻を守ると同時に子供である私をも守ろうとしていたのだろう。

⭐覚えよう！

□（お）へそ：navel ／肚脐／ rốn

□大喜び：great joy ／欢欣雀跃，非常欢喜／ rất vui mừng

□そのくせ：that habit ／尽管；而且／ thói quen đó

□あれこれ：this and that ／处处，种种／ cái này cái kia

□口を出す：to meddle ／插嘴／ xen vô

□〜にとって：for 〜 ／对于…来说／ đối với

□永遠に：eternally ／永远／ luôn là, mãi mãi

□羽を伸ばす：to spread one's wings ／自由自在，无拘无束／ vươn cánh, bay xa

□瞬間：moment ／瞬间／ khoảnh khắc

□とにかく：at any rate ／总之／ trước mắt

□さえ：if only ／只要…就行／ chỉ cần

□確実に：certainly ／确实／ thực sự

□機能：function ／功能，机能／ chức năng

□こなす：to perform ／包办，做完／ làm hết, làm tới nơi tới chốn

文字・語彙

文法

読解

聴解

問題14

74 2　75 2

ひまわり市 公共施設利用予約について

市民のみなさんが、テニスやバスケットボール等のスポーツをしたり、茶道や合唱等の趣味を楽しんだり、会議などを開くときに、市内の公共施設がご利用いただけます。利用できる施設は、集会施設、公園施設、スポーツ施設、市民ホールです。

● **利用方法について**
　　初めて利用される方は、事前に地域課の窓口で利用者登録が必要となります。
　　※　利用者登録に必要なもの
　　　✓　住所・氏名・生年月日がわかる身分証明書（運転免許証・パスポート・健康保険証等）をお持ちください。
　　　✓　学生の方は、身分証明書（運転免許証・パスポート・健康保険証等）とあわせて学生証が必要です。
　　　✓　利用者登録料1,500円
　　利用者登録後、利用者登録カードを発行いたします。利用者登録カードは、施設予約、利用の際に必要になります。

● **施設の予約について**
　　インターネットまたは地域課の窓口で予約が可能です。
　　インターネット予約をご利用の際は、ひまわり市のホームページにアクセスし、利用者登録カードに書かれた利用者IDとパスワードを入力してください。市内各所の施設予約や予約の確認および空き状況を確認することができます。

● **使用料の支払いについて**
　　使用料は、利用する前までに地域課または各施設の窓口でお支払いください。
　　使用料は、施設によって異なります。地域課または各施設にお問い合わせください。

● **キャンセルについて**
　　利用2日前まではインターネットからのキャンセルが可能です。利用前日、利用当日のキャンセルは、ご利用予定の施設で手続きを行います。必ず各施設へ電話連絡をお願いします。利用2日前までにキャンセルの手続きをされた方には、事前にお支払いいただいた使用料を返金いたします。インターネットまたは地域課の窓口で返金手続きを行います。当日および前日に自己都合で利用を取り消す場合は、キャンセル料として使用料をいただきますのでご注意ください。

　　　　　　　　　　　　　　　　　　　　ひまわり市役所　　　地域課
　　　　　　　　　　　　　　　　　　　　電話：0678-12-9876

74 利用者登録には身分証明書と1,500円が必要。学生は学生証も必要。

75 「キャンセルについて」に注目する。利用当日にキャンセルする場合、「電話連絡をお願いします」とある。

⭐覚えよう！

☐ 施設：facility ／设施／ cơ sở, cơ quan
☐ 集会：meeting, assembly ／集会／ tập họp
☐ 利用者登録：user registration ／用户登记／ đăng ký người sử dụng
☐ 身分証明書：personal identification ／身份证明／ giấy chứng nhận nhân thân, thẻ căn cước
☐ 運転免許証：driver's license ／驾驶证，驾照／ bằng lái xe
☐ 健康保険証：health insurance card ／医保卡／ thẻ bảo hiểm sức khỏe
☐ 在学証明書：student ID card ／在读证明／ chứng nhận đang học
☐ 可能：possibility ／可能／ khả năng
☐ アクセス：access ／登录，连接／ cách đi
☐ 返金する：to refund ／退款／ hoàn tiền
☐ 自己都合：personal circumstances ／个人原因／ lý do cá nhân

聴解

問題1

例　3　　　　　　　　　　　　　　　　　　　　　　◀))N2_3_03

病院の受付で、女の人と男の人が話しています。男の人はこのあと
まず、何をしますか。

F：こんにちは。

M：すみません、予約はしていないんですが、いいですか。

F：大丈夫ですが、現在かなり混んでおりまして、1時間くらいお待
　　ちいただくことになるかもしれないのですが…。

M：1時間か…。大丈夫です、お願いします。

F：はい、承知しました。こちらは初めてですか。初めての方は、ま
　　ず診察券を作成していただくことになります。

M：診察券なら、持っています。

F：それでは、こちらの書類に症状などをご記入のうえ、保険証と
　　一緒に出してください。そのあと体温を測ってください。

M：わかりました。ありがとうございます。

男の人はこのあとまず、何をしますか。

女^{おんな}の人^{ひと}と男^{おとこ}の人^{ひと}が天気予報^{てんきよほう}を見^みながら話^{はな}しています。女^{おんな}の人^{ひと}はこの
あとまず何^{なに}をしますか。

F：今回^{こんかい}の台風^{たいふう}、かなり強^{つよ}いんだね。50年^{ねん}に一度^{いちど}の超大型台風^{ちょうおおがたたいふう}だ
　　って。

M：明日^{あした}の明^あけ方^{がた}に上陸^{じょうりく}するから、電車^{でんしゃ}は終日運休^{しゅうじつうんきゅう}になりそうだ
　　ね。

F：明日^{あした}は出勤^{しゅっきん}できないんじゃない？

M：様子^{ようす}を見^みて、**1無理^{むり}そうだったら上司^{じょうし}に連絡^{れんらく}するよ**。そういえば、
　　洗濯物^{せんたくもの}は中^{なか}に取^とり込^こんだ？　もうかなり風^{かぜ}が強^{つよ}くなってるけど。

F：あ、いけない！　完全^{かんぜん}に忘^{わす}れてた。

M：しょうがないな。手伝^{てつだ}うよ。あ、それと台風^{たいふう}が来^くる前^{まえ}に食料^{しょくりょう}を
　　買^かい込^こんだほうがいいかも。この前^{まえ}台風^{たいふう}が来^きたあと、どの店^{みせ}も
　　閉^しまってて困^{こま}ってたでしょう。

F：そうだね。三日分^{みっかぶん}あればなんとかなると思^{おも}う。**4おかずの作^{つく}り置^お
　　き**もあるし。

M：早^{はや}く買^かいに行^いかないとお店^{みせ}閉^しまっちゃうかも。**3スーパーに行^いっ
　　て来^くる**から、悪^{わる}いんだけど、**2洗濯物^{せんたくもの}は任^{まか}せてもいい？**

F：うん。わかった。気^きをつけて。

女^{おんな}の人^{ひと}はこのあとまず何^{なに}をしますか。

1　明日^{あした}、様子^{ようす}を見^みて
　する。

2　○

3　男^{おとこ}の人^{ひと}が行^いく。

4　「作^{つく}り置^おき」は、
　料理^{りょうり}を作^{つく}って保存^{ほぞん}して
　おくこと。今^{いま}は作^{つく}らな
　い。

⭐ 覚^{おぼ}えよう!

□明^あけ方^{がた}：dawn ／黎明／rạng sáng
□出勤^{しゅっきん}：commuting to work ／出勤，上班／đi làm
□任^{まか}せる：to entrust ／委托，交给／giao phó, giao nhiệm vụ

大学で、男の学生と女の学生が話しています。女の学生はこのあと
まず、何をしますか。

M：松川さん、卒業論文の研究どう？　進んでる？　もう、論文書
　　いてるの？

F：それが、全然進んでなくて…。論文は、初めのほうは書いたんだ
　　けど。それより今、大学生対象のアンケート調査をしているんだ
　　けど、人数が少ないからか、傾向が出なくて…。

M：そっかあ。今から追加でアンケート調査したら？

F：それも考えたんだけど、もうやってくれそうな知り合いがいないん
　　だ。時間もあまりないし。

M：うーん、ゼミの先生には相談した？

F：うん。でも、先生にもやっぱり調査人数を増やしたほうがいいっ
　　て言われたよ。

M：そっか…。あ、**3僕のサークルの後輩で、やってくれそうな人がい**　————　3　男の学生が調査し
　　ないか、探してみようか？　　　　　　　　　　　　　　　　　　　　　てくれる人を探す。

F：え、いいの？
　　　　　　　　　　　　　　　　　　　　　　　　　　　　　　　　　　—— 4　女の人は、男の人
M：うん、後輩、たくさんいるし、時間もあるから、やってくれると思　　　　の後輩に調査をお願い
　　うよ。今、連絡して、今日中にまた松川さんに連絡するよ。**4す**　　　できるよう準備をして
　　ぐ調査できるように準備しておいて。　　　　　　　　　　　　　　　おく。

F：ありがとう。助かるよ。

女の人はこのあとまず、何をしますか。

えよう!

□論文：essay ／论文／ khóa luận (tốt nghiệp)
□研究：research ／研究／ nghiên cứu
□傾向：trend ／倾向／ phương hướng

第3回

文字・語彙

文法

読解

聴解

会社で、女の人と男の人が話しています。男の人はこのあとまず何をしますか。

F：大山さん、今朝お願いした資料、もうコピーしました？

M：さっきコピーしようと思ったらコピー機が壊れちゃって…。業者さんに修理に来てもらおうと思って、今、電話するところです。

F：それが、資料に差し替えなければいけない箇所が見つかって作り直すことになったんです。50部もコピーする前に止めなきゃって…。

M：え、そうですか。危なかった…。いいタイミングに壊れましたね。

F：本当ですね。あ、コピー機の修理ってけっこう時間かかるんですよ。業者さんもすぐに来られるとは限らないので、**1すぐに連絡したほうがいい**ですよ。　　　　　　　　　　　　——**1**　○

2　コピー機が壊れているのでコピーできない。

M：そうですね。そうします。

F：あ、あと、すみません、資料の作り直し、一人だと来週の会議に間に合わないので、手伝っていただけませんか。

M：いいですよ。**3・4午後一で打ち合わせが入っていていろいろ準備しないといけないんで、そのあと**でもいいですか。　　　　——**3・4**　業者への電話→打ち合わせの準備→打ち合わせ→手伝い

F：大丈夫です。ありがとうございます。

男の人はこのあとまず何をしますか。

⭐覚えよう!

☐業者：subcontractor ／相关行业的工作人员／công ty dịch vụ

☐箇所：point ／地方，部分／chỗ, vị trí

☐打ち合わせ：preparatory meeting ／商量，磋商／cuộc họp ngắn

学校で、男の学生と女の学生が話しています。女の学生はこのあと
すぐ何をしますか。

M：体調、悪そうだね。大丈夫？

F：うーん。熱っぽくて。**1朝、薬を飲んだ**ら、ちょっとましになったん
　　だけど。　　　　　　　　　　　　　　　　　　　　　　　　　　——**1**　薬はもう飲んだ。

M：そうなんだ。無理しないで、今日はもう帰って寝たら？　病院に
　　はもう行ったの？

F：ううん、まだ。この授業のあと、行こうと思ってるんだけど…。

M：行ったほうがいいよ。富士病院って知ってる？　うちの大学の
　　学生だと、安くみてくれるよ。

F：そうなの？　知らなかった。じゃあ、その病院に行こうかな。

M：あ、でもあの病院、予約しないといけないんだった。当日予約
　　するんだけど、朝一番でしないと、遅くまで待つことになるんだよ
　　ね。

F：そっかあ、今日たくさん待つのはちょっとやだなぁ。こうしている
　　間にも、頭が痛くなってきたし。**3・4病院は明日の朝、予約して**　——**3・4**　病院は今日行か
　　いくことにするよ。　　　　　　　　　　　　　　　　　　　　　　　ない。明日予約して行
　　　　　　　　　　　　　　　　　　　　　　　　　　　　　　　　　　く。

M：わかった。**2今日はもう無理しないで。先生には伝えておくから。**　——**2**　○
　　寝たほうがいいよ。

F：ありがとう。じゃあ、今日はもう行くね。

女の学生はこのあとすぐ何をしますか。

⭐覚えよう!

□体調：physical condition ／身体状況／ tình hình sức khỏe
□熱っぽい：feverish ／有点发烧／ hơi sốt
□当日 ：current day, on that day ／当天／ trong ngày
□朝一番：朝、最初にすること。「朝イチ」ともいう。

介護施設で、施設のスタッフと女の人が話しています。女の人はこのあと何をしますか。

M：今日は当施設にボランティアに来ていただきありがとうございます。かんたんに一日の流れを説明しますね。

F：はい。

M：今日は中村さんという80代の女性のサポートをしていただきます。**1まず、自己紹介して、しばらくおしゃべりしていてください。**中村さんは歌がお好きなので、一緒に歌うのもいいと思いますよ。

F：正直、歌は自信がないのですが…。動画サイトの曲を一緒に聞いてもいいですか。

M；ええ。**2説明のあとで、ここのWi-fiのパスワードを教えますね。**

F：お願いします。

M：食事はお手伝いが必要なので、まずお昼ご飯を食べさせてあげて、それからご自分の分を召し上がってください。食堂に用意しておきます。

F：はい。

M：午後はイベントがあるので、一緒に参加していただいて終わりです。あ、最後にレポートの記入もありますね。だから**4サポートの合間に気づいたことをメモしておくといい**かもしれません。

F：わかりました。一日、よろしくお願いいたします。

女の人はこのあと何をしますか。

1・2　説明→Wi-fi（インターネット）の設定→中村さんに挨拶して自己紹介

3　昼食の準備はしない。

4　サポートの合間にメモを書く。

⭐覚えよう！

□介護：nursing, caregiving ／护理，看护／ chăm sóc sức khỏe
□施設：facility, institution ／设施／ cơ sở
□流れ：flow ／流程／ thứ tự công việc
□パスワード：password ／密码／ mật khẩu
□サポート：support ／支持，支援／ hỗ trợ

問題2

例　4

🔊 N2_3_10

テレビ番組で、女の司会者と男の俳優が話しています。男の俳優は、芝居のどんなところが一番大変だと言っていますか。

F：富田さん、今回の舞台劇『六人の物語』は、すごく評判がよくて、ネット上でも話題になっていますね。

M：ありがとうございます。今回は僕の初舞台で、たくさんの方々に観ていただいて本当にうれしいです。でも、まだまだ経験不足のところもあって、いろいろ苦労しました。

F：動きも多いし、かなり体力を使うでしょうね。

M：ええ。セリフもたくさんおぼえなきゃいけないから、つらかったです。

F：そうですよね。でもすごく自然に話していらっしゃいました。

M：ありがとうございます。空いている時間は全部練習に使ったんですよ。でも、間違えないでセリフを話せたとしても、キャラクターの性格を出せないとお芝居とは言えないので、そこが一番大変でしたね。

男の俳優は、芝居のどんなところが一番大変だと言っていますか。

1番　3

🔊 N2_3_11

デパートのアナウンスを聞いています。赤ちゃんと一緒に使えるトイレは何階にありますか。

F：（ピンポンパンポーン）本日は、東京デパートをご利用いただき、まことにありがとうございます。館内のご案内をいたします。当館は、地下2階から4階までの6フロアございます。駐車場は地下2階、地下1階は食品売り場、1階から3階は衣料品やアクセサリー、スポーツ用品などを扱っております。4階はレストランフロアです。お手洗いは各フロアにございますが、<u>小さなお子様とご利用いただけるお手洗いは地上の偶数階のみ</u>となっております。ご了承ください。

赤ちゃんと一緒に使えるトイレは何階にありますか。

地上4階建てなので、偶数階は2階と4階。

□アナウンス：announcement ／广播／ loa thông báo
□フロア：floor ／楼层／ tầng
□扱う：to deal with ／经营，販卖／ bán, trưng bày
□偶数：even number ／偶数／ số chẵn　⇔奇数

2番　1

🔊 N2_3_12

工場で男の人と女の人が話しています。男の人は仕事の何が変わったと言っていますか。

M：新井さん、少しいい？　今やっている仕事のことでちょっと話が。

F：はい、何でしょうか。

M：今、車の部品の生産をしてるけど、来週から変更があるんだ。**納品の日程が前倒しになって、1週早く仕上げないといけなくなっちゃってね。**

F：そうですか。早くなるっていうことは数なども変更があるんですか。

M：残念だけど、それは変更なしなんだよね。だから、みんなには少し急いで作業をしてもらいたくて。

F：そうすると、作業する人を増やしていただきたいんですが。

M：そうだね…。他の部署も忙しそうだけど、ちょっと聞いてみるかなあ。たいへんな分、ボーナスを出してくれるよう社長に相談してみるよ。とりあえずそういうことだから、いっしょに頑張ろう。

男の人は仕事の何が変わったと言っていますか。

「前倒し」は予定を早くすること。生産の予定が早くなることについて話している。数、人、給料については変更がない。

□部品：part ／零件／ phụ tùng
□生産：production ／生产／ sản xuất
□変更：change ／变更／ thay đổi
□納品：delivery ／交货／ giao hàng
□日程：schedule ／日程／ lịch trình
□仕上げる：to finish up ／完成／ làm xong
□作業：work, operation ／工作，劳动／ công việc

日本語学校で女の人と男の人が話しています。男の人は日本語学校のイベントで何が一番よかったと言っていますか。男の人です。

F：ダンさん。3月でもう卒業だけど、学校生活、どうだった？

M：そうだな。去年の夏に行った大阪旅行はとってもよかったね。

F：ああ、あれは私も一番楽しかった。大阪は東京とは町も人も全然違っててほんとに驚いたよ。じゃあ旅行が一番よかった？

M：一番かと聞かれるとどうかな…。ほかにも、工場見学とか、文化祭とかあったでしょ？　工場は普段見られないものが見られて貴重な体験だったし、文化祭もみんなでお店を出したのは忘れられない思い出だよ。でも、意外って言われるかもしれないけど、秋に介護施設のボランティアに行ったでしょ？　僕の中では何と言ってもあれかな。

F：え、そう？　私はあんまりおもしろくなかったけど。

M：僕の国ってああいう施設があんまりなくてね、ショックだったのと、国の両親がもう年だからいろいろ考えさせられたよ。

男の人は日本語学校のイベントで何が一番よかったと言っていますか。

「何と言っても」は、一番であることを強調する言い方。→介護施設が一番よかった

⭐覚えよう!
□貴重な：valuable ／貴重的，宝贵的／đáng quí
□体験：(hands-on) experience ／体验，经验／trải nghiệm
□思い出：memory ／回忆／kỷ niệm

文字・語彙

文法

読解

聴解

学校で男の学生と女の学生が話しています。女の学生はこのあと、どこへ行きますか。

M：おはよう。今日提出のレポートは何ページくらいになった？

F：グラフや写真を入れたら6ページにもなっちゃった。ほら、これ…あれ？

M：どうしたの？　まさか忘れちゃった？

F：あれ？　おかしいな。さっき図書館でプリントアウトしたのに。

M：それからどうしたの？

F：そのあとは…コンビニにコーヒーを買いに行ったんだけど、その時はちゃんと手に持ってたはずだし…。**それでコーヒーこぼしちゃったから、トイレに行って**…うーん、おぼえてない。

M：もう一回図書館に行ってプリントアウトしてきたら？

F：でも、もうすぐ授業が始まっちゃう。

M：先生の研究室に行って、理由を言えば許してくれるんじゃない？

F：授業のはじめにレポートを回収して、それ以降はどんな理由があっても受け取らないって先生言ってたでしょ？　いつも期限を守るようにって厳しく言ってるんだから無理に決まってる。

M：ずっと手に持ってたんなら、どこかに置いたときわかるんじゃない？

F：あ、そうだ！　**濡れるといけないからと思って、鏡の前に置いた**んだった。急いで取ってくる。

女の学生はこのあとどこへ行きますか。

> これまで行ったところと、「濡れるといけないからと思って、鏡の前に置いた」という情報から、トイレの鏡の前に忘れたとわかる。

えよう!

□プリントアウト：print out ／打印／ in ra
□期限を守る：to make a deadline ／遵守期限／ tuân thủ kỳ hạn

駅のアナウンスを聞いています。明日の朝、電車は何時から乗ることができますか。

F：いつも東駅をご利用いただき、まことにありがとうございます。明日の朝の計画運休についてご案内します。明日の朝、台風の接近が予想されております。それにともない、6時の始発から、すべての線で運休となります。9時から雨が弱まった場合は運転を再開しますが、その場合も南駅まではまいりませんのでご注意ください。手前の駅までの折り返し運転となります。すべての線の運転再開は12時を見込んでおります。なお、15時からは再び雨風が強くなるという予報が出ており、再度運休のおそれもございます。あらかじめご了承ください。

明日の朝、電車は何時から乗ることができますか。

「計画運休」とは、計画的に電車や飛行機などを止めること。

話の内容

・東駅〜南駅の電車は、朝からすべて休み

・9時に雨が弱くなったら、途中の駅まで行って帰ってくる

・東駅〜南駅まで電車が走るのは12時ごろ

・15時頃、再び運休の可能性がある

第3回

⭐覚えよう!

□接近：approaching／接近／đến gần
□始発：first train/bus／始发，首发／(chuyến tàu) khởi hành đầu tiên
□再開する：to reopen／再开，恢复／chạy lại
□手前：in front of oneself／前，跟前／(ga)trước
□見込む：ここでは「〜と予想している」という意味
□〜のおそれがある＝（悪いこと）〜の可能性がある
□あらかじめ：in advance／事先，预先／trước, sẵn

文字・語彙

文法

読解

聴解

会社の面接で、男の人が話しています。男の人は、自分の良くない
ところはどこだと言っていますか。

F：えー、それでは、次に自分の性格について話してください。

M：はい。私は、小さい頃から決断力がない、なかなか自分の意見
を決められない人だと言われてきました。決めるまで時間がかか
り、周りの人が先に意見を出すと、ついそれに従ってしまいま
す。ただ、自分で何も考えていないかといえばそうではなく、考
えをまとめるまで時間がかかるだけなのです。私の中では、**短所**
は決断力のなさというよりは、考え抜くことを諦めてしまう性
格だと思っています。ただ、自分の考えにこだわらないことは仕
事上での変化に柔軟に合わせられ、同時に長所にもなるのでは
ないかと思っています。以上です。

男の人は、自分の良くないところはどこだと言っていますか。

「考え抜く」は「最後ま
で考えること」。

⭐覚えよう!
....
□面接：interview ／面试／ phỏng vấn
□性格：personality ／性格／ tính cách
□従う：to obey ／顺从，遵从／ theo, tuân theo
□同時に：simultaneously ／同时／ đồng thời

問題3

例　2

日本語学校で先生が話しています。

F：皆さん、カレーが食べたくなったら、レストランで食べますか、自分で作りますか。作り方はとても簡単です。じゃがいも、にんじん、玉ねぎなど、自分や家族の好きな野菜を食べやすい大きさに切って、ルウと一緒に煮込んだらすぐできあがります。できあがったばかりの熱々のカレーももちろんおいしいのですが、実は、冷蔵庫で一晩冷やしてからのほうがもっとおいしくなりますよ。それは、冷めるときに味が食材の奥まで入っていくからです。自分で作ったときは、ぜひ試してみてください。

先生が一番言いたいことは何ですか。

1　カレーを作る方法

2　カレーをおいしく食べる方法

3　カレーを作るときに必要な野菜

4　カレーのおいしいレストラン

学校で先生が話しています。

M：お子さんの成績が落ちた時についてですが、お母さま、お父さまが<u>一生懸命励ますより、そっと見守ってあげるのが効果的</u>だと私は考えています。叱ったほうがいいんじゃないか、声をかけて励ましたり、一緒に勉強してあげるのがいいんじゃないかとお考えになる方もたくさんいらっしゃるかと思います。しかし、うちの学校の生徒のように、普段から真面目に取り組んでいる子供にいろいろと言うのは子供たちのプレッシャーになりかねません。実際にそれが原因で、受験や成長に悪い影響を与えてしまったケースも少なくないのです。

先生が伝えたいことは何ですか。

1　子供を一生懸命励ますべきだ

2　子供をそっと見守るべきだ

3　子供を叱るべきだ

4　子供と一緒に勉強するべきだ

⭐覚えよう！
- □励ます：to encourage ／鼓励／ khuyến khích
- □見守る：to watch over ／关怀，照料／ coi chừng, trông chừng
- □効果的：effective ／有效果的／ mang tính hiệu quả
- □取り組む：to engage ／致力，埋头苦干／ áp dụng
- □〜かねない：〜の可能性がある（※いいことには使わない）

1励ます、3叱る、4一緒に勉強するなどをすると、子供たちのプレッシャーになる。そっと見守るのがよい。

女の人と男の人が話しています。

F：もうすぐ、お父さんの誕生日でしょ。プレゼント、悩んでたみた
　　いだけど、結局何にした？

M：あぁ、それなんだけど、手紙だけでいいかなって。

F：えぇ、あんなにいろいろ考えてたのに？

M：うん。はじめは高価なものを何か一つって考えてたんだけど、思
　　ったよりお金がなくてさ…。

F：まあ気持ちが一番っていうのはその通りだと思うけど…。

M：手紙だけだとやっぱ物足りないかな。社会人になって初めての誕
　　生日だし、**何か少しでもいいものをあげたほうがいいとは思う**───
　　んだけどさ。

F：いいものじゃなくても、例えば食事をごちそうして、いろいろ話す
　　時間を作るとか、そういうのでもいいんじゃない？　学生のとき、
　　お父さんにしてこなかったことをしてあげるとか。

M：え、そう？　うーん、もう少し考えてみるよ。

男の人は、親へのプレゼントについてどう思っていますか。

1　手紙だけあげればいい

2　気持ちだけでいい

3　高いものをあげるのがいい

4　してこなかったことをしてあげるのがいい

男の人は、お金がないので手紙だけあげると言ったが、本当は何か少しでもいいものをあげたほうがいいと思っている。

第3回　文字・語彙　文法　読解　聴解

⭐覚えよう！

□高価な：expensive／高价的，价格高的／giá trị cao
□物足りない：insufficient／不够，不足／thiếu thiếu gì đó

大学の授業で先生が話しています。

M：はい、では、今日の授業はこれで終わりです。来週ですが、今日出した課題、忘れずにやってきてください。課題の調査対象ですが、見つからなかった場合は、みなさんのサークル仲間やアルバイト仲間など、仲が良い友達にお願いしてみてください。もし、それでも集まらないようでしたら、私に相談してください。私の知り合いの学生を紹介します。調査をしていないのに、したように嘘を書くのは絶対にやめてください。わかった時点で単位はあげられません。では、大変だと思いますが、頑張ってくださいね。

先生は何について話していますか。

1　先生の知り合いの学生

2　調査対象にお願いする内容

3　調査対象の探し方

4　嘘をつかないことの大切さ

⭐ 覚えよう!

□課題：topic ／课题／ bài tập

□単位：credit ／学分／ tín chỉ

話の流れ

・来週までに課題で調査をしなければならない

・対象は友達に頼む

・見つからないときは、先生に紹介してもらう

・嘘をついたら単位がもらえない

◀)) N2_3_22

男の人と女の人が話しています。

M：あの映画、面白かったでしょ。

F：ああ、あれね。この前見に行ったけど、とっても良かった。**1何と いっても音と映像がすばらしくて。**私、映画を見にいくといつも 眠くなっちゃうんだけど、あの映画は全然。内容が面白かったの も大きかったかな。

M：あと、あの俳優さん。綺麗だし、演技も上手だったでしょ。あ の俳優さんが出てる映画ってどれもヒットしてるんだ。

F：確かにそうだね。あの俳優さんが出てる作品って、監督も同じじ ゃない？　監督もすごいんだろうね。

M：そうかもね。僕は**1音とか映像とかっていう技術的な部分**じゃ なくて、**3やっぱ俳優さんが大事。**個人的には、一昨年彼女が主 演で出てた映画が一番好きだな。監督は別の人だったけど。

F：私は俳優さんの演技も大切だけど、**1新しい技術を活かした映画** がいいなあ。私はこの前見た映画が今まで見た中で一番よかっ たよ。

女の人は、映画についてどう思っていますか。

1　音や映像が大切

2　内容の面白さが重要

3　出演している俳優の演技が大切

4　映画を作っている監督が重要

女の人は、音と映像（＝技術的な部分）が優れている映画が好き。

男の人は出演している俳優が大切だと考えている。

文字・語彙

文法

読解

聴解

☆覚えよう!

□演技：acting／演技／diễn xuất

□作品：creation, work／作品／tác phẩm

□活かす：to put to good use／活用，有効利用／vận dụng

ラジオで女の人が話しています。

F：こんにちは。「お悩み相談コーナー」の時間です。今日は25歳の男性からのお悩みです。「僕は今、転職活動をしているのですが、面接のときに緊張してしまい、上手く話せません。どうしたらいいでしょうか」ということです。実は私も毎回ラジオでは緊張してるんですよ。**自信を持って話すっていうのが一番大切**だと思います。いつも本番前に大きく息を吸って吐いたり、温かいものを飲んでリラックスしたり。仲のいい友達に電話することもあります。そうすることで、気持ちも落ち着いて、面接も少しはリラックスして受けられるんじゃないでしょうか。それに、友達に「大丈夫」って言われると、自信もつきますしね。

女の人は男の人の悩みについてどう答えていますか。

1　自信を持って話すといい

2　大きく息を吸って吐くといい

3　温かいものを飲むといい

4　友達に電話するといい

話の流れ

自信を持って話すためにはリラックスが大切。そのために女の人がしているのが

・大きく息を吸って吐く

・温かいものを飲む

・仲のいい友達に電話する

⭐ 覚えよう!

□転職：career change ／換工作，改行／ thay đổi chỗ làm

□本番：performance ／正式／ chương trình chính

問題4

例　1

🔊 N2_3_25

F：あれ、まだいたの？　とっくに帰ったかと思った。

M：1　うん、思ったより時間がかかって。

　　2　うん、予定より早く終わって。

　　3　うん、帰ったほうがいいと思って。

1番　2

🔊 N2_3_26

F：どうも、すっかりご無沙汰してしまいまして。

M：1　そうしていただければ幸いです。

　　2　こちらこそご無沙汰しております。

　　3　いえいえ、光栄です。

久しぶりに会った人とのていねいなあいさつ。

2番　1

🔊 N2_3_27

F：このプロジェクト、せっかくここまでやってきたんですけどね…。

M：1　途中で終わるなんて、残念ですね。

　　2　無事に終わってよかったですね。

　　3　がんばったかいがありましたね。

せっかく〜のに＝努力して・時間をかけて〜したのに、その結果・効果が出ない

3番　2

🔊 N2_3_28

F：このテーブルを捨てるの、手伝ってくれるとうれしいんだけど。

M：1　ちょうどほしかったんだ。

　　2　もちろん、やるよ。

　　3　そうなるといいね。

⭐ 覚えよう！

□〜てくれるとうれしい：人に何かを頼むときの表現

4番　3

🔊 N2_3_29

F：お飲み物はいつお持ちしましょうか。

M：1　あとでお持ちします。

　　2　コーヒーお願いします。

　　3　食後にお願いできますか。

レストランでの会話。Fは店員で、飲み物は食事といっしょに持ってくるか、食事のあとで持ってくるか質問している。

5番　2

🔊 N2_3_30

M：やるやるとは聞いてたけど、まさかほんとにねえ…

F：1　うん、ほんとによく伝わったよね。

　　2　うん、やるとは思わなかったよね。

　　3　うん、やめておいてよかったよね。

⭐ 覚えよう！

□まさか＝絶対〜ないだろう

第3回

文字・語彙

文法

読解

聴解

ここでは「まさか本当に（やるとは思わなかった）」の略。

6番　1

M：ねえ、今日は大雪だっていうのに仕事に行かなきゃいけないの？

F：1　うん、行かないわけにはいかないんだ。

　　2　うん、雪が降らないかぎり仕事に行くよ。

　　3　うん、休むといったら休むよ。

～わけにはいかない＝～しなければならない

7番　3

F：この前のテスト、目標の点数まであとわずかでした。

M：1　目標以上でよかったですね。

　　2　全然足りませんでしたか…。

　　3　もうちょっとでしたね。

えよう！

□わずか＝少し

8番　1

M：（咳）あー、昨日から鼻水と咳が出てしょうがない。

F：1　風邪ひいたっぽいね。

　　2　あきらめるしかないね。

　　3　しょうがは風邪に効くっていうからね。

～てしょうがない：（感情や体の感覚が）とても～

えよう！

□しょうが：ginger ／姜，生姜／gừng

9番　2

F：田中さん、いつも朝ご飯抜きなんですか。

M：1　ええ、毎朝食べますよ。

　　2　食べる時間がなくて…。

　　3　パンとサラダが多いですね。

えよう！

□朝ご飯抜き＝朝ご飯を食べない

10番　2　🔊 N2_3_35

M：旅行するとしたら、どこへ行きたいで
　　すか。

F：1　温泉へ行きましたよ。

　　2　海外ならどこでもいいです。

　　3　大阪がおすすめですよ。

旅行するとしたら＝旅行するなら

11番　3　🔊 N2_3_36

F：去年に比べて、今年は雨の日が多い
　　そうですよ。

M：1　今年も多いんですか。

　　2　去年ほど雨は降らないんですか。

　　3　去年が少なかったようですね。

～に比べて＝～より

12番　1　🔊 N2_3_37

F：このお店、味はともかく安くていいで
　　すね。

M：1　これでおいしかったら最高です
　　ね。

　　2　安くておいしい、いい店ですね。

　　3　高いお店は、味もいいですね。

～はともかく＝～は別にして

文字・語彙

文法

読解

聴解

問題5

1番　2

二人の女の人が話しています。

F1：ねえ、今何か習い事してる？

F2：ううん。特には。なんで？

F1：フラダンス興味ない？　体験レッスンがあるんだけど、一緒に行かないかなと思って。

F2：えー。私、運動神経ゼロ。

F1：私も運動得意じゃないけど、そういう人いっぱいいるって。

F2：そうなんだ。じゃあ、やってみてもいいかな。

F1：行こうよ。このサイト見て。体験レッスンは1回1時間。で、今週空いてるのが、水曜日の11時からと2時からと、あと、土曜日の1時からも空いてる。

F2：水曜日の午前中はバイトで、土曜日は終日予定あり。

F1：あ、日曜日の9時も空いてるけど。

F2：うーん、朝早いね。ちょっと見せて。それなら、やっぱりここがいいかな。バイト終わってから急げばギリギリ間に合いそう。

F1：ほんと？　じゃあ、そうする？　教室の場所、URL送っておくね。

F2：うん、ありがとう。もし遅れたら待たなくていいから。

F1：あ、ごめん、木曜日の2時っていうのもあった。

F2：いい、大丈夫。もう、これで決めちゃおう。

二人はいつ体験レッスンに行くことにしましたか？

1　水曜日の11時

2　水曜日の2時

3　木曜日の2時

4　日曜日の9時

体験レッスン

①水曜 11：00 〜

②水曜 2：00 〜

③土曜 1：00 〜

④日曜 9：00 〜

女の人は水曜午前中と土曜日一日中バイトがあるので、①③は行けない。④は朝が早いので、②にする。

□運動神経：motor nerve ／运动神经／ dây thần kinh vận động
□終日：all day ／一整天／ cả ngày

会社で三人が話しています。

M1：来週の鈴木建設でのプレゼンで使う資料どうなってる？

M2：はい。だいたい完成していますが、売り上げデータはこれから
　　いちばん新しいものにします。

F：あと、商品のロゴですが、鈴木建設からデザイン修正の要望が
　　あったので、制作部のほうに回しました。

M1：売り上げデータは、いつ出る？　前回ミスがあったから数字の
　　ダブルチェックは必ずしてね。

M2：はい。データは今日の午後には出るはずです。

M1：ロゴのほうは？

F：それが、担当の森本さんが体調悪くて休んでいて、明日も出社
　　できるかわからないと…。

M1：修正したものを鈴木建設に確認とらないといけないでしょ？
　　間に合う？

F：明日中に修正してもらえればなんとか。鈴木建設に一日で見て
　　もらうとして、ぎりぎりです。

M1：うーん、じゃあ、データはがんばってもらうとして、デザインの
　　ほうは時間かかりそうだから、とりあえず修正前のものを入れ
　　ておくことにしよう。そこだけ追加資料を配布すればいいから。

F：わかりました。一応、明日の朝、制作部に確認してみて、間に
　　合いそうだったら入れ替えますか？

M1：ううん。修正が多いとミスにつながるから、そのままにしておこ
　　う。

プレゼンのために、まず何をしますか？

1　売り上げデータの数字をチェックする。

2　ロゴのデザインを修正する。

3　ロゴのデザインを鈴木建設に確認する。

4　追加資料を作成する。

プレゼンに向け、①売り上げデータと②商品のロゴのデザインを準備している。

①売り上げデータ：今日の午後に出る→すぐにダブルチェックする

②商品のロゴのデザイン：制作部に修正を依頼した。担当者が休み→ぎりぎり間に合っても資料には入れない。追加資料を作る

覚えよう!

□プレゼン（テーション）：presentation ／发表，演说／ thuyết trình
□資料：materials ／资料／ tài liệu
□完成する：to complete ／完成／ hoàn thành
□売り上げ：sales ／营业额／ doanh số
□データ：data ／数据，资料／ dữ liệu
□ロゴ：logo ／商标，标志／ logo, thương hiệu
□デザイン：design ／设计／ thiết kế
□修正：correction ／修正，修改／ chỉnh sửa
□要望：request ／要求，希望／ yêu cầu
□ダブルチェック：double check ／双重检查／ kiểm tra lần nữa
□体調：physical condition ／身体状况／ tình hình sức khỏe
□配布する：to distribute ／分发／ phát

文字・語彙

文法

読解

聴解

パソコン売り場で、男の人と女の人が説明を聞いています。

F1：大きさや重さはいろいろありますので、どこで使いたいのかを考えてからお決めになるのがいいと思います。まず、こちらの15インチのもの。軽くはありませんが、家の中だけでお使いになるなら画面が大きいほうがいいですよね。家のパソコンとは別に、外出先で使いたいという場合は、こちらの12インチのものがおすすめです。なんと800gを切っていて、持ち運びも苦になりません。ただし画面が小さいです。家でも外でも同じパソコンを使いたいという人にはこちらの13インチのものがぴったりです。重さは1kgを少し越えますが、この大きさなら作業もしやすいです。また、動画を見たりインターネットを使う程度なら、この10インチのもので十分だと思います。重さは約650gです。資料の作成などは難しいのですが、軽いし、バッテリーも長持ちしますしね。

M：仕事で持ち歩くから、できるだけ軽いほうがいいな。

F2：私も同じ。でも、画面が小さいと書類を作るとき困るな。ただでさえ目が悪くなってるし。

M：書類は大きいパソコンで作ればいいんじゃない？　小さいパソコンでは資料を見せるだけにしたら。

F2：そうか。でも、いちいちデータを移すのも面倒だな。どこでも同じパソコンが使えるほうがいいかな。1kgはちょっと重いけど、しかたないね。

M：女性にはそうかもね。僕はいつも荷物が多いから少しでも軽いほうがいいな。外出先で資料をちょっと修正するとか、インターネットで調べものができればいいんだ。

F2：確かに、資料を直したりするなら、こっちのほうがいいね。なんて言っても軽いしね。

質問1　女の人はどのパソコンを買いますか。
質問2　男の人はどのパソコンを買いますか。

①15インチ　持ち運びできない

②13インチ　1kgより重い。家でも外出先でも使いたい人向け

③12インチ　800gより軽い

④10インチ　約650g。資料の作成はできない

女の人：家でも外出先でも使いたいので②

男の人：できるだけ軽くて、資料の修正もできる③

□苦（く）になる：to weigh on one's mind ／犯愁，苦恼于…／ vất vả
□作業（さぎょう）：work, operation ／操作，工作／ làm việc
□程度（ていど）：degree ／程度／ khoảng chừng
□ただでさえ：to make matters worse ／本来就…／ chỉ có vậy thôi
□移（うつ）す：to transfer ／移，移动／ chuyển
□修正（しゅうせい）する：to correct ／修正，修改／ chỉnh sửa

第3回

文字・語彙

文法

読解

聴解

読解・聴解問題の作問協力

吉村裕美子　日本語講師

小田佐智子　西南学院大学　非常勤講師

臼井直也　デジタルハリウッド大学　講師

川染有　デジタルハリウッド大学　非常勤講師

三谷彩華　早稲田大学日本語教育研究センター　助手

言語知識問題の作問協力

天野綾子、飯塚大成、碇麻衣、氏家雄太、遠藤鉄兵、大澤博也、カインドル宇留野聡美、笠原絵理、嘉成晴香、後藤りか、小西幹、櫻井格、柴田昌世、鈴木貴子、田中真希子、戸井美幸、中越陽子、中園麻里子、西山可菜子、野島恵美子、二葉知久、松浦千晶、松本汐理、三垣亮子、森田英津子、森本雅美、矢野まゆみ、横澤夕子、横野登代子（五十音順）

はじめての日本語能力試験　合格模試N2

2020年 4 月24日　初版　第1刷発行
2024年 4 月18日　初版　第4刷発行

編著	アスク編集部
DTP	朝日メディアインターナショナル 株式会社
カバーデザイン	岡崎 裕樹
翻訳	Malcolm Hendricks　唐 雪　Vo Thi Mai Huong/Nguyen Thi Ai Tien
ナレーション	安斉 一博　氷上 恭子
印刷・製本	株式会社 光邦
発行人	天谷 修身
発行	株式会社 アスク
	〒162-8558 東京都新宿区下宮比町2-6
	TEL 03-3267-6864　FAX 03-3267-6867

アンケートにご協力ください

https://www.ask-books.com/support/

N2

言語知識（文字・語彙・文法）• 読解

（105分）

注　意
Notes

1. 試験が始まるまで、この問題用紙を開けないでください。
   Do not open this question booklet until the test begins.

2. この問題用紙を持って帰ることはできません。
   Do not take this question booklet with you after the test.

3. 受験番号と名前を下の欄に、受験票と同じように書いてください。
   Write your examinee registration number and name clearly in each box below as written on your test voucher.

4. この問題用紙は、全部で33ページあります。
   This question booklet has 33 pages.

5. 問題には解答番号の　1　、　2　、　3　… が付いています。
   解答は、解答用紙にある同じ番号のところにマークしてください。
   One of the row numbers　1　,　2　,　3　… is given for each question. Mark your answer in the same row of the answer sheet.

受験番号　Examinee Registration Number	

名前　Name	

問題1 ＿＿＿＿の言葉の読み方として最もよいものを、1・2・3・4から一つ選びなさい。

1 言葉の意味を文脈から考える。
　　1　ぶんしょう　　　　2　ぶんみゃく　　3　もじ　　　　　4　もんく

2 台風によって、大きな被害を受けた。
　　1　そんがい　　　　　2　そんかい　　　3　ひがい　　　　4　ひかい

3 環境問題について論じる。
　　1　しんじる　　　　　2　かんじる　　　3　ろんじる　　　4　えんじる

4 ちょっとかぜ気味だったので、薬を飲んだ。
　　1　きみ　　　　　　　2　きまい　　　　3　ぎみ　　　　　4　ぎまい

5 新たな問題が生じた。
　　1　しょうじた　　　　2　せいじた　　　3　なまじた　　　4　いきじた

問題2　＿＿＿＿の言葉を漢字で書くとき、最もよいものを1・2・3・4から一つ選びなさい。

6 選挙に関する新しいせいどができた。

1　成度　　　　　　2　制度　　　　　　3　生度　　　　　　4　政度

7 この植物にはどくがあります。

1　香　　　　　　　2　枝　　　　　　　3　毒　　　　　　　4　液

8 彼女ほどせいかくのいい人はいない。

1　正確　　　　　　2　正格　　　　　　3　性確　　　　　　4　性格

9 みんながなっとくできるように説明してください。

1　納得　　　　　　2　納徳　　　　　　3　成得　　　　　　4　成徳

10 この袋、やぶれていますから、取りかえてください。

1　破れて　　　　　2　割れて　　　　　3　壊れて　　　　　4　折れて

問題3 （　　　　）に入れるのに最もよいものを、1・2・3・4から一つ選びなさい。

11 成功（　　　　）の高い手術だが、それでもやはり不安だ。

　　1　割　　　　　　　2　比　　　　　　　3　分　　　　　　　4　率

12 彼ならあの大学に合格することは（　　　　）可能ではない。

　　1　不　　　　　　　2　非　　　　　　　3　無　　　　　　　4　未

13 近所で発生した強盗事件の容疑（　　　　）は、22歳の若者だそうだ。

　　1　人　　　　　　　2　者　　　　　　　3　員　　　　　　　4　家

14 （　　　　）決勝まで進んだが、残念ながら負けてしまった。

　　1　次　　　　　　　2　準　　　　　　　3　前　　　　　　　4　副

15 この道をまっすぐ行くと、（　　　　）通りに出ますよ。

　　1　広　　　　　　　2　主　　　　　　　3　大　　　　　　　4　太

問題4　（　　　　）に入れるのに最もよいものを、1・2・3・4から一つ選びなさい。

16 我が社は、今年ようやく赤字から（　　　　）に転換した。
1　青字　　　　　2　黒字　　　　　3　白字　　　　4　緑字

17 （　　　　）の習慣を変えることは、なかなか難しい。
1　年月　　　　　2　月日　　　　　3　長年　　　　4　永遠

18 彼はいつも（　　　　）ばかりいるので、みんなに嫌われている。
1　したって　　　　　　　　　　　2　うけもって
3　おもいついて　　　　　　　　　4　いばって

19 彼女の足のけがは（　　　　）に回復しています。
1　慎重　　　　　2　順番　　　　　3　順調　　　　4　重要

20 先週、ビザを取るための（　　　　）をしました。
1　手当て　　　　　2　手入れ　　　　3　手書き　　　　4　手続き

21 車を運転するときは、（　　　　）をよく見てください。
1　横断　　　　　2　標識　　　　　3　方面　　　　4　通行

22 今日のテストは難しすぎて（　　　　）わからなかった。
1　きっぱり　　　　　2　さっぱり　　　　3　しっかり　　　　4　すっかり

問題5 _____の言葉に意味が最も近いものを、1・2・3・4から一つ選びなさい。

23 友達の部屋に入ってみたら、思いのほかきれいだった。
1 予定外に　　　　　2 想像以上に　　　3 予想通り　　　4 思わず

24 この動物園の今年に入ってからの入園者数は、延べ240万人です。
1 全部で　　　　　　2 平均して　　　　3 少なくとも　　4 おそらく

25 平井さんは、お姉さんの病気のことを絶えず心配していました。
1 かなり　　　　　　2 ときどき　　　　3 いつも　　　　4 さらに

26 この問題に対する政府の見解が発表された。
1 考え方　　　　　　2 調べ方　　　　　3 行動　　　　　4 責任

27 そのことはとっくに連絡したはずだ。
1 さきほど　　　　　2 ずっと前に　　　3 ようやく　　　4 いつのまにか

問題6　次の言葉の使い方として最もよいものを、1・2・3・4から一つ選びなさい。

28 完了

1　家族から手紙が完了した。

2　今日の作業はすべて完了しました。

3　授業中に眠くなるのは、完了だ。

4　この雨も、明日には完了するでしょう。

29 せっかく

1　せっかく料理を作ったのに、だれも食べてくれなかった。

2　家の外に出たら、せっかく雨が降って来た。

3　レポートをせっかく書くことができた。

4　入学式で、せっかく友達ができた。

30 接近

1　コーヒーに接近して、舌をやけどした。

2　話し声が接近しすぎて集中できない。

3　いつも財布を接近して歩くようにしている。

4　台風が接近しているので、ドライブは中止しよう。

31 あえて

1　全部今日中に終わらないなら、あえてこれだけでも片付けたい。

2　ほめると彼のためにならないと思って、あえて注意したんだ。

3　今はまだすることがないから、あえて掃除でもしていてください。

4　この本は先生がいいとおっしゃったので、あえて読みたい。

32 早口

1　そんなに早口に食べるとおなかが痛くなるよ。

2　彼は早口なので、もう少しゆっくりしゃべってもらいたい。

3　あの記者は早口な評論で有名だ。

4　こっちの道のほうが早口だよ。

問題7　次の文の（　　　）に入れるのに最もよいものを、1・2・3・4から一つ選びなさい。

33 尊敬する教授（　　　）研究を続けることができて、とても幸せです。
1　をもとに
2　のもとで
3　をもとにして
4　にもとづいて

34 この店は、味は（　　　）値段が安いので、よく通っている。
1　かかわらず
2　かいがあって
3　まだしも
4　ともかく

35 履歴書に書かれている学歴や職歴はすばらしいが、会ってみない（　　　）どんな人かわからないので、面接に来てもらうことにした。
1　ことから　　　　2　ことには　　　3　というのは　　4　といっても

36 どんなに才能があっても、努力しない（　　　）は成功しない。
1　かぎり　　　　2　ことで　　　　3　せいで　　　　4　あまり

37 彼は12時になった（　　　）、すぐに事務所を出て行った。
1　かと思うと　　　2　かどうか　　　3　からこそ　　　4　からといって

38 おもちゃというと、子供が遊ぶためのものだと（　　　）。しかし、最近は大人や高齢者を対象にしたおもちゃが多く売られるようになってきました。
1　考えつつあります
2　考えられがちです
3　考えられてはいません
4　考えられなければいけません

39 上田「大野さんは、たばこを（　　　）んでしたっけ？」
大野「前は吸ってたけどね。娘の誕生をきっかけに、やめたよ。」
1　お吸いになる
2　吸うつもりな
3　吸わせられる
4　吸わされた

40 年をとる（　　　）、体がかたくなってきた。
1　にとって　　　2　につれて　　　3　において　　　4　について

41 父は交通事故でけがをしたために入院していて、まだ立つこと（　　　　）できない。

1　なら　　　　　　　2　ほど　　　　　3　きり　　　　　4　さえ

42 窓から落ちる（　　　　）がありますから、窓を開けないでください。

1　おかげ　　　　　　2　おそれ　　　　3　かぎり　　　　4　わけ

43 夏休みに国に帰ろうか（　　　　）、迷っているところです。

1　帰るべきか　　　　　　　　　　　2　帰れそうか

3　帰るまいか　　　　　　　　　　　4　帰られるか

44 A「野田さんが、海外出張中に財布を取られたんだって。」

B「そういうことは、気を付けていてもだれにでも（　　　　）よ。」

1　起こりにくい　　　　　　　　　　2　起こりうる

3　起こったばかりだ　　　　　　　　4　起こってもいい

問題8　次の文の＿★＿に入る最もよいものを、1・2・3・4から一つ選びなさい。

（問題例）

木の ＿＿＿＿ ＿＿＿＿ ＿★＿ ＿＿＿＿ います。

　　　1　が　　　2　に　　　3　上　　　4　ねこ

（解答のしかた）

1. 正しい文はこうです。

木の ＿＿＿＿ ＿＿＿＿ ＿★＿ ＿＿＿＿ います。
3　上　　2　に　　　4　ねこ　　　1　が

2. ＿★＿に入る番号を解答用紙にマークします。

（解答用紙）　　（例）　① ② ③ ●

---

45 今月発売されたゲームに、＿＿＿＿ ＿＿＿＿ ＿★＿ ＿＿＿＿ 夢中（むちゅう）になっている。

　　1　ばかりか　　　　　2　子供　　　　　3　大人　　　　4　まで

46 彼と映画に ＿＿＿＿ ＿＿＿＿ ＿★＿ ＿＿＿＿ と思っている。

　　1　できれば　　　　　　　　　　2　わけではないが
　　3　遠慮（えんりょ）したい　　　　　　　　4　行きたくない

47 ご両親と ＿＿＿＿ ＿＿＿＿ ＿★＿ ＿＿＿＿ 学校を決めてください。

　　1　受験する　　　　2　話し合った　　　3　うえで　　　　4　よく

48 彼の発音は、＿＿＿＿ ＿＿＿＿ ＿★＿ ＿＿＿＿ 日本人並（な）みだ。

　　1　優勝（ゆうしょう）した　　　　　　　　2　スピーチコンテストで
　　3　あって　　　　　　　　　　　　4　だけ

49 夏は ＿＿＿＿ ＿＿＿＿ ★ ＿＿＿＿ 様子を写真に撮っています。

1 山が

2 寒くなるにつれて

3 緑色だった

4 次第に白くなっていく

問題9　次の文章を読んで、文章全体の内容を考えて、 50 から 54 の中に入る最もよいものを、1・2・3・4から一つ選びなさい。

　　職場で、女性にハイヒールを履くことを強要しないでほしいという声があります。日本では、ホテルや空港、結婚式場など、職場によって、女性はヒールのあるパンプスを履かなければならないと決められている 50 。また、就職活動をする際には、女性はヒールのあるパンプスを履くことが当然だと考えられていて、ハイヒールを履くことが、マナー 51 求められているのです。しかし、ヒールのある靴で長時間立ち仕事をしたり、歩いたりするのは、足や腰に負担がかかり、体に悪影響を 52 。また、万一、災害などが起きて、バスや電車が止まってしまった場合、ヒールのある靴で長い距離を歩くことは非常に困難です。 53 、このような声が広がっているのです。男性はヒールを履かないのに、女性だけが辛い思いをしながらヒールを履いて仕事をしなければならないのは差別だという意見もあります。

　　同じようなことは、海外でもあります。イギリスでは、職場でハイヒールを履くよう命じられた女性がそれを断ると、給与なしで帰宅させられ、問題になりました。また、カナダのある州では、女性従業員にハイヒールを履くよう定めた規定がありましたが、反発の声が多く、廃止されたそうです。

　　もちろん、ハイヒールが好きな女性もいるでしょう。しかし、自分の意思や体の状態と関係なく、ヒールのある靴を履くように強要されるのは問題 54 。

50

1　ものです	2　ものがあります
3　ところです	4　ところがあります

51

1　として　　　　2　にとって　　　　3　によって　　　　4　とともに

52

　　1　与えざるをえません　　　　　　2　与えかねます

　　3　与えてなりません　　　　　　　4　与えかねません

53

　　1　そのあげく　　　　　2　そのうえ　　　3　それから　　　4　それで

54

　　1　にはなりません　　　　　　　　2　ではないでしょうか

　　3　だとは言えません　　　　　　　4　になってしまいます

問題10 次の(1)から(5)の文章を読んで、後の問いに対する答えとして最もよいものを、1・2・3・4から一つ選びなさい。

(1)

　立ちあがろうと思いながらも、立ちあがるきっかけが見つからない人にとっては、＜がんばれ＞という言葉は、じつにちからづよく、ありがたいものだと思います。

　しかし、そうでない人もいる。（中略）そのような人にむかって、人はどうすることができるのか。

　そばに座ってその人の顔を見つめ、その人の手の上に自分の手を重ね、ただ黙って一緒に涙をこぼしているだけ。それくらいしかできません。そして、そういうこともまた大事なことだと思うのです。

（五木寛之『いまを生きるちから』角川文庫による）

55 筆者の考えに合うのはどれか。

1　＜がんばれ＞という言葉は、だれにとってもありがたい言葉だ。

2　＜がんばれ＞という言葉が役に立たない場合は、どうしようもない。

3　＜がんばれ＞と言わないで、そばにいるだけのほうがいいこともある。

4　＜がんばれ＞という言葉は、使わないほうがいい。

（2）

以下は、ある会社から届いたメールである。

ＡＳＫ株式会社

松村様

この度は、数ある会社の中から弊社の製品にご興味を持っていただき

ありがとうございます。

ホームページよりお問い合わせいただきました製品について、

概算（がいさん）のお見積書（みつもりしょ）を添付（てんぷ）ファイルにてお送りしますので、ご確認ください。

ぜひ一度お会いして、貴社の詳しいご希望などをうかがい、

詳細なお見積（みつもり）をご提案したいと思っております。

お忙しいとは存じますが、ご都合いかがでしょうか。

ご返信お待ちしております。

株式会社ＡＢＣ

田中次郎

---

56 このメールを送った一番の目的は何か。

1　自社の製品を買ってくれたお礼を言うこと

2　自社の製品を買ってもらうこと

3　会う約束をすること

4　見積書（みつもりしょ）を送ること

(3)

　息子は小さいとき靴下が大嫌いでした。足が火照るらしく、靴下を見ると逃げ出したものです。

　ある冬の朝、寒いので無理やり履かせたら、「きゃっ」と叫び「靴下の中にハリネズミがいる！」と脱いでしまいました。

　私はびっくりしてすぐ靴下の中を見たのですが、ハリネズミはもういません。（中略）

　子どもとつきあうには、子どもに負けない、自由で軟らかな頭が必要です。（中略）

　もし向こうがこちらにとんでもない話を投げかけてきたら、私はさらに想像力を加えて投げ返します。

（中川李枝子『子どもはみんな問題児。』新潮社による）

（注1）　火照る＝顔や体が熱くなる

（注2）　ハリネズミ＝背中に針があるネズミ

57 息子はなぜ、「靴下の中にハリネズミがいる！」と言ったのか。

1　ハリネズミが見えたから

2　母親を驚かせたかったから

3　母親を喜ばせたかったから

4　靴下を履きたくなかったから

(4)

以下は、料理学校から届いた案内である。

販売会のご案内

近隣にお住まいのみなさまには、いつも本校へのご理解を賜り、まことにありがとうございます。

私どもの学校は、今年創立25周年を迎えるにあたり、学生たちが作ったお菓子やパンの販売会を行います。これらの商品は、普段、学校内の店舗でも販売しておりますが、販売会では、お菓子を15%引き、パンを10%引きで販売いたします。さらに、これらの商品を1,000円分以上お買い上げいただいたお客様に限り、学内レストランの1,800円のランチコースを特別価格の1,200円にいたします。

この機会にぜひご来校ください。

---

58 この案内に書かれている内容について、正しいものはどれか。

1 1,000円以上買い物をすれば、ランチコースが割引になる。

2 お菓子やパンを買わなければ、ランチコースを食べられない。

3 販売会のときでなければ、ランチコースを食べられない。

4 販売会では、いつもは買えない商品が買える。

(5)

　人間は、苦痛や不幸をもたらすもの、危険なものになると、飛躍した結論を出す傾向がある
ように思う。一度痛い目にあったら、それと同種のものは無条件に避けるよう、論理を無視し
て飛躍した判断を下すのではないだろうか。「すべての蛇には毒がある」と断定した方が、「蛇
によっては毒をもたないかもしれない」と考えるよりも安全なのだ。人間は、論理を犠牲にして
も、安全に生き延びようとしているのではないだろうか。

（土屋賢二『棚から哲学』文春文庫による）

（注）飛躍する：順番に考えないで、急に離れたところに進む

59 筆者が考える「飛躍した判断」に合うのはどれか。

1　「今まで死ななかったから、今日も死なないだろう」

2　「あの人にお金を貸しても返してもらったことがないから、この人も返さないだろう」

3　「先月、宝くじが当たったから、今月も当たるかもしれない」

4　「あの店は人気があるから、予約しないと入れないかもしれない」

問題11 次の(1)から(3)の文章を読んで、後の問いに対する答えとして最もよいものを、1・2・3・4から一つ選びなさい。

(1)

　彼女は、偽^(注1)ウォークマンに、だめになりかかっているイヤホンのコードをぐるぐると巻き付けて、そいつを大事そうにベッドサイドに置いて、かけぶとんを頭からかぶった。

　自分が、ゴミのようにあつかっていたパチンコの景品が、家族とはいえ別の人間の手に渡って、こんなに大切にされている。

　これは、<u>ちょっとショックだった。</u>
　　　　　①

　なんでも買えばある。なくしても、買えばいい。

　古くなったら新しいのを買う。

　高いものは簡単には買えないけれど、値段の安いものなら、いくつでも買える。

　知らず知らずのうちに、自分にそう考えるくせがついていたらしい。

　「大衆消費社会」の構造がそうなっているからだとか、ものを大切にするべきだとか、べつに理論や倫理で考えたわけではない。

　「偽物^(注2)の不細工なウォークマン」で好きなテープを聴き、寝る前にいかにも古くさいイヤホンをぐるぐる巻き付けてそいつをしまう、その姿のほうが、かっこよく思えたのだった。

　うらやましい気持ちになったのだ。

　その、うらやましがられた本人さえも忘れているだろう「小さすぎる事件」が、どこに行ったときだったのかすら憶えていないが、

　「こいつのほうが、<u>かっこいい</u>」
　　　　　　　　　　　②

と思ったことは、いつまでも忘れないようにしようと、そのときのぼくは決めていた。

　だから、ずっと憶えているのだ。

　人が、他の人やものを大事にしているのを見るのは、気持ちがいい。

　人やものを、粗末にあつかうのを見るのは、見苦しい。（中略）

　「豊かであると信じていたことが、じつは貧しい」

と気づかせられることは、けっこうあったのだ。

（糸井重里『ほぼ日刊イトイ新聞の本』講談社文庫による）

（注1）ウォークマン：持ち運びができる音楽を聞く機械

（注2）不細工：外見、見た目が悪い

60 ①ちょっとショックだったのはなぜか。

1　自分が、物を大切にする気持ちを失っていることに気がついたから

2　自分にとってゴミのようなものを、他の人が大切にしていて、かわいそうだと思ったから

3　「大衆消費社会」では、だれでも簡単にものを買えるから

4　簡単に買えるものを買わないで、古いものを使っているのを見て、あきれたから

61　筆者が②かっこいいと思ったのは、何に対してか。

1　好きな音楽を好きなときに聞いている姿

2　古くて見た目の悪いものを大事に使っている姿

3　寝る前に、音楽を聞いている姿

4　偽物_{にせもの}を本物のようにあつかっている姿

62　豊かさについて、筆者の考えと合うものはどれか。

1　豊かさとは、なくしたり、古くなったりしたものをすぐに買えることだ。

2　豊かさとは、あまり高くないものなら、いくつでも買えることだ。

3　豊かさとは、「大衆消費社会」で、たくさんのものを消費することだ。

4　豊かさとは、ものを大切にすることだ。

(2)

　教育のタテマエ（意識）は子どもを成長させ幸福にするが、その無意識（裏の真実）は子どもの無限な可能性をただ一つ近代的個人（市民・国民）へ向けて規格化しようとする。知識を教えるとはそういうことである。知識を持たない人は認めないということである。個々の子どものそれぞれ固有の希望や期待に応えようとするものではないのだ。

　だが、ひとというものは近代や「知」や文化に背を向けて独自の「私」を生きるわけにはいかない。ひとは近代的個人の装いを成せるようになって初めて、自らの内的な固有性（私そのものの独自性）を生き延びさせることができる。自己の「自分」性（独自性）は、自己が公共的存在になることによって確認されてくるものでもある。近代的個人のありようは、憲法やその他の法によって規格が提示されている。「個」の自由が成立するのは、現実の生活レベルでは、法やルールや道徳の規制の下だけである。一人ひとりの固有の独自性がそれぞれに発揮され始めたら、社会は破壊され、法が黙っていない。教育や学校は、法の下で積極的な市民生活を営めるように子どもを育て上げることにその使命がある。（中略）学校や教育は単に「知識を学ぶ」だけでは、すまないのである。この点こそが、学校の本来的な役割なのだ。

（諏訪哲二『なぜ勉強させるのか?』光文社による）

（注）規格：品質や大きさ、形状などについて決められた標準

63 教育について、筆者の考えに合うものはどれか。

1 子どもの可能性を無限に広げ、成長させること

2 決められた範囲の中で、社会に適応するひとを育てること

3 一人ひとりの個性を伸ばし、それぞれの能力を発揮させること

4 多くの知識を身に付けさせ、社会に貢献できるひとを育てること

64 筆者によると、「個」の自由を成立させるために必要なことは何か。

1 公共の役に立つこと

2 社会のルールや道徳に反していないこと

3 たくさんの知識を持っていること

4 きちんと学校に通っていること

65 筆者によると、学校の使命とはどのようなことか。

1 法律やルールの範囲内で、独自性が持てるように子どもを教育すること

2 ひとりひとりの子どもたちの希望をかなえ、可能性を広げられるように教育すること

3 子どもたちをまったく同じ、規格通りのひとになるように教育すること

4 ひとりひとりが自由に生きていけるように教育すること

(3)

　この世で、最高に重要でおもしろく複雑なものは「他者」つまり「人間」で、その人たち全般に対する感謝、畏敬、尽きぬ興味などがあれば、常日頃「絡んだ絆」のド真ん中で暮らすことになっている自分の立場も肯定するはずだろう、と思う。地震があってもなくても、それが人間の普通の暮らし方というものなのだ。
　　　①

　今まで、自分一人で気ままに生きて来て、絆の大切さが今回初めてわかったという人は、お金と日本のインフラに頼って暮らしていただけなのだ。身近の誰かが亡くなって初めて、自分の心の中に、空虚な穴が空いたように感じた、寂しかった、かわいそうだった、ということなのかもしれないが、失われてみなければ、その大切さがわからないというのは、人間として想像力が貧しい証拠だと言わねばならない。
　　　　　　　　　　　　　　　　　　　　　　　　　　　　　　　　　②

　それに人間の、他の人間の存在が幸せかどうか深く気になってたまらないという心理は、むしろ最低限の人間の証ということで、そういうことに一切関心がないということは、その人が人
　　③
間でない証拠とさえ言えるのかもしれないのだ。常に、現状が失われた状態を予測するという機能は、むしろ人間にだけ許された高度な才能である、と言ってもいいかもしれない。

　　　　　　　　　　　　　　　　　　　　　（曽野綾子『人間にとって成熟とは何か』幻冬舎新書による）

（注１）絆：人と人の切ることができない関係、つながり
（注２）空虚：中身がないこと

66 筆者によると、①人間の普通の暮らし方とは、どのようなものか。

1　お金とインフラに頼って生活すること

2　複雑な人間関係を、がまんしながら暮らすこと

3　他者と関わり合いながらの生活を認めて暮らすこと

4　地震が来ても、来ていないかのようにして生活すること

67 ②想像力が貧しい人の例として適当なものはどれか。

1　お金がないからパンを盗む。

2　今、両親が元気だから問題がないと考える。

3　最新技術をうまく利用して生活する。

4　自分の仕事がうまくいかないのは、上司のせいだと考える。

68 筆者によると、③最低限の人間の証とは何か。

1　今あるものがなくなってしまった状態を予測できること

2　失って初めて、失ったものの大切さに気がつくこと

3　高度な才能と想像力を持っていること

4　他者に関心を持ち、幸せかどうかを気にかけること

問題12 次のＡとＢの文章を読んで、後の問いに対する答えとして最もよいものを、1・2・3・4から一つ選びなさい。

A

　　私が住む市の動物園に、ゾウ2頭がタイからやって来ることになったそうだ。市の動物園では、3年前に、40年以上市民に愛されてきたゾウが死んでしまって以来、ゾウが1頭もいなくなっていた。去年、私も動物園へ行ったが、入口からすぐの、何もいないゾウのエリアを見て、寂_{さび}しさを感じた。動物園はさまざまな動物を実際に見られる貴重な場所であり、中でもゾウは、動物園のシンボル的な存在だ。そんな中で、今回、外国から新たにゾウ2頭を受け入れるというニュースは、市民にとって喜ばしいニュースだ。動物園も工事を行い、新しいゾウが快適に暮らせるよう、ゾウ舎_{しゃ}の整備を進めているということである。

B

　　動物園からゾウが姿を消しているそうだ。海外から輸入され、国内各地の動物園で親しまれてきたゾウだが、来日してから数十年が経ち、寿命を迎えていることに加えて、ワシントン条約により取引が厳しく制限されているためだ。確かに、ゾウは動物園の象徴的な動物で、ゾウに限らず普段目にすることのできない動物を間近で見られる機会は貴重だ。しかし、私は動物園へ行くと、それが動物たちにとって本当に良い生活環境なのかと疑問に感じる。特に、ゾウやキリンのように大きい動物が、あんなに小さい場所で育てられているのを見ると、苦しそうで見ていられない。動物園からゾウが減っているのを残念がる人もいるかもしれないが、今後、無理に外国から新たな動物を受け入れる必要はないのではないだろうか。

69 動物園におけるゾウの存在について、AとBはどのように述べているか。

1 AもBも、いなければ寂しいと述べている。

2 AもBも、象徴的な存在だと述べている。

3 Aは象徴的な存在だと述べ、Bはいなければ寂しいと述べている。

4 Aはいなければ寂しいと述べ、Bは動物園から減ったら残念だと述べている。

70 動物園について、AとBはどのように述べているか。

1 AもBも、動物を見るために貴重な場所だから大切にしたいと述べている。

2 AもBも、より多くの動物を受け入れるべきだと述べている。

3 Aは動物が快適に生活するために必要だと述べ、Bは動物が生活するのには適していないと述べている。

4 Aは新たに動物が来ることは喜ばしいと述べ、Bは動物にとっては適切な生活環境ではないと述べている。

問題13 次の文章を読んで、後の問いに対する答えとして最もよいものを、1・2・3・4
　　　　　から一つ選びなさい。

　日本揮発油社長の鈴木義雄にインタビューのため、定刻かっきりにいったら、秘書の女の子
がでてきて「すみませんが、二分間だけお待ち下さい」といった。

　社長族の仕事が分刻みであることくらいはしっていたが、＜それにしても恐ろしく几帳面な
会社だなぁ＞と、やや皮肉な気持で時計を眺めていたら、本当に二分かっきりに鈴木が現われ
た。

　そこで、インタビューのきっかけに「私がお待ちしていた二分間に社長はどんな仕事をされた
のですか？」と少々意地の悪い質問をぶつけてみた。

　「実はあなたがこられる前に、経営上の問題で、ある部長と大激論をたたかわせていたので
す。当然、嶮しい顔をしてやっていたでしょうから、その表情を残したままで、あなたに会うの
は失礼だと思い、秘書に二分だけ暇をくれ、といったのです」

　そして、その二分間に「姿見の前に立って、顔かたちを整えた」という。

　自分で自分の顔つきをちゃんと知っていることは、自分自身を知るのと同じくらいに難しいだ
ろう。

　さすがなものだ、とひどく心を打たれた。

　この鈴木よりも、もう一歩進んでいるのは「世界のブック・ストア」丸善相談役の司忠であ
る。

　司は出勤前に必ず鏡の前に立って、自分の顔をうつす。

　じっと眺めていて、我ながら＜険悪な相だな＞と思った時には、一所懸命、顔の筋肉をゆる
めて柔和な表情にする。

　「人相は自らつくるもの」というのが司の信念だからだ。

　司の六十年間の経験によれば「人相というものは朝と晩とでも変わる。自分の心の状態を恐
ろしいほど敏感にうつし出す。だから、人相は始終変わる。（中略）自分の心がけ一つで、自
らの相をなおして開運することができる。（中略）もし、嘘だと思うなら、早速、明日から鏡に
写る自分と対話をはじめてみるといい。それはやがて、自分の心との対決であることに気がつ
くだろう。私は、この鏡と自分との対決を六十余年間、一日として欠かしたことはない。それで
もまだ、修業が足りないから、高僧のような風貌には達していないが、少なくとも前日の不
快をもち越すようなことは絶対にない、と断言できる。また、人と折衝したり、人に注意を与
える場合なども、まず鏡に向かって自分の相を整えるがよい。鏡は常に無言だが、人の心を
赤裸々に写し出してくれる」という。

（伊藤肇『人間学』PHP文庫による）

（注1）人相：顔の様子

（注2）敏感：感覚が鋭いこと、わずかの変化もすぐに感じ取ること

（注3）修業：学問や技術を磨くため、努力して学ぶこと

（注4）高僧：地位の高いお坊さん

（注5）風貌：顔や外見

（注6）折衝する：利害の異なる相手と問題を解決するために話し合う

（注7）赤裸々：隠した部分がないこと

71 筆者は何に対して、ひどく心を打たれたのか。

1　社長が自分の顔つきを自分で知っていること

2　社長がきっかり2分後に現れたこと

3　社長が筆者の皮肉な質問にきちんと答えてくれたこと

4　社長が部長と経営に関して激しく討論していたこと

72 筆者が出会った人々によれば、どういう場合に顔を整える必要があるか。

1　他人と接する際に、自分の感情を隠さなければならない場合

2　自分の修行が足りないと気がついた場合

3　自分の中にある感情が、他人を不快にさせる可能性がある場合

4　険しい表情をしていると人から注意された場合

73 人相について、本文の内容と合うものはどれか。

1　鏡に映せば、話ができるもの

2　運を良くするために、修業しなければならないもの

3　修業して高僧のようにするべきもの

4　自分の気持ちの持ち方次第で変えることができるもの

問題14 右のページは、フィットネスクラブのチラシである。下の問いに対する答えとして最もよいものを、1・2・3・4から一つ選びなさい。

74 松本さんは、半年前に退会したが、友人の青木さんと一緒に平日夜間会員として、3月上旬に再入会することにした。松本さんは、再入会時にいくら支払うか。

1　21,400円

2　18,400円

3　16,000円

4　3,250円

75 森本さんと友人の中村さんは一緒に見学に行ったが、3月20日に平日昼間会員として森本さんだけが入会することにした。森本さんは初めての入会である。入会時にいくら支払うか。

1　18,000円

2　10,200円

3　7,200円

4　5,400円

ASKフィットネスクラブ

●24時間営業　　●年中無休　　●シャワールーム完備

●マシン使い放題　　●スタッフアワー　10：00 〜 20：00

春の特別キャンペーン実施中!!

【特典①】3月31日までにご入会された方は、入会金5,400円が無料！

【特典②】3月分会費もいただきません！　4月分会費は半額！

【特典③】2名以上で同時にご入会された方は、初回手数料全員無料！

　ぜひ、この機会にご家族やご友人をお誘いの上、ご入会ください！

　見学はいつでも受け付けています。ご都合のよい日時をご連絡ください。

　もちろん見学のみでもOK！

会費（1か月）		
◆24時間会員	7,800円	24時間いつでも
◆平日昼間会員	4,800円	月〜金、午前6時〜午後5時（祝日除く）
◆平日夜間会員	6,500円	月〜金、午後5時〜翌日午前6時（祝日除く）
◆休日会員	6,800円	土日祝日なら時間を問わず、いつでも

会費のほかに、入会金5,400円と初回手数料3,000円がかかります。

≪入会手続きに必要なもの≫

1. 住所がわかる身分証明書（運転免許証、健康保険証、在留カードなど）

2. 会費を引き落とす銀行のキャッシュカードもしくは通帳と印鑑

　　＊ご本人、またはご家族の名前のものに限ります。

3. 入会金と初回手数料および初回2か月分の会費

　　＊入会金と初回手数料、初回分の会費のお支払いは現金のみとさせていただきます。

　　＊本キャンペーン特典①〜③は、初めて入会される方と退会後1年以上経った方に適用されます。

　　＊退会後1年未満で再入会される方は、本キャンペーン特典①〜③の対象外です。

ＡＳＫフィットネスクラブ

　まずはお気軽にお電話ください。　TEL：0120-××××-000

　ネットからのお問い合わせもできます。　www.ask-cm.com

読解

N2
聴解
（50分）

注　意
Notes

1. 試験が始まるまで、この問題用紙を開けないでください。
   Do not open this question booklet until the test begins.

2. この問題用紙を持って帰ることはできません。
   Do not take this question booklet with you after the test.

3. 受験番号と名前を下の欄に、受験票と同じように書いてください。
   Write your examinee registration number and name clearly in each box below as written on your test voucher.

4. この問題用紙は、全部で13ページあります。
   This question booklet has 13 pages.

5. この問題用紙にメモをとってもかまいません。
   You may make notes in this question booklet.

受験番号　Examinee Registration Number	

名前　Name	

問題1 🔊 N2_1_02

　問題1では、まず質問を聞いてください。それから話を聞いて、問題用紙の1から4の中から、最もよいものを一つ選んでください。

例 🔊 N2_1_03

1　よやくをする
2　しんさつけんをさくせいする
3　しょるいに記入する
4　体温を測る

1番　🔊 N2_1_04

1　インターネットでキャンセルする
2　山田さんをさそう
3　部署のメンバーにそうだんする
4　店に電話する

2番　🔊 N2_1_05

1　図書館で本を探す
2　やさしく書かれた本を読む
3　インターネットで調べる
4　レポートを書く

3番 ◀) N2_1_06

1　1,000円

2　14,000円

3　15,000円

4　20,000円

4番 ◀) N2_1_07

1　電気やガスのけいやくをする

2　日用品を買う

3　ひっこしやをよやくする

4　だんボールににもつをつめる

1 資料をいんさつする

2 資料のデータをメールで送る

3 かちょうとめんだんする

4 にもつを受けとってサインをする

問題2　◀) N2_1_09

　問題2では、まず質問を聞いてください。そのあと、問題用紙のせんたくしを読んでください。読む時間があります。それから話を聞いて、問題用紙の1から4の中から、最もよいものを一つ選んでください。

例　◀) N2_1_10

1　体力がたくさんひつようなところ

2　セリフをたくさんおぼえないといけないところ

3　練習をたくさんしないといけないところ

4　キャラクターのせいかくを出すところ

1番 🔊 N2_1_11

1 話し方がしつれいだったこと
2 話し合いがうまくいかなかったこと
3 お金を安くつたえたこと
4 かいぎの中で話がかわったこと

2番 🔊 N2_1_12

1 ひこうき
2 しんかんせん
3 バス
4 車

3番 🔊 N2_1_13

1 お客さんをもう一度あつめる
2 安い材料をさがす
3 国内のお店をふやす
4 海外のお店をふやす

4番 🔊 N2_1_14

1 日本のでんとう文化について
2 日本と自分の国の文化について
3 日本のおまつりについて
4 日本のインターネットについて

1 しゅうしょくしたいから

2 りゅうがくしたいから

3 かぞくと生活せいかつしたいから

4 外国がいこくの大学だいがくを見みたいから

1 もうしこみのしょるい

2 お金かねについてのしょるい

3 住所じゅうしょについてのしょるい

4 理由りゆうを書かいたしょるい

問題3 🔊 N2_1_17

問題3では、問題用紙に何もいんさつされていません。この問題は、全体としてどんな内容かを聞く問題です。話の前に質問はありません。まず話を聞いてください。それから、質問とせんたくしを聞いて、1から4の中から、最もよいものを一つ選んでください。

例　🔊 N2_1_18

1番　🔊 N2_1_19

2番　🔊 N2_1_20

3番　🔊 N2_1_21

4番　🔊 N2_1_22

5番　🔊 N2_1_23

ーメモーー

問題4 🔊 N2_1_24

問題4では、問題用紙に何もいんさつされていません。まず文を聞いてください。それから、それに対する返事を聞いて、1から3の中から、最もよいものを一つ選んでください。

例 🔊 N2_1_25

1番 🔊 N2_1_26

2番 🔊 N2_1_27

3番 🔊 N2_1_28

4番 🔊 N2_1_29

5番 🔊 N2_1_30

6番 🔊 N2_1_31

7番 🔊 N2_1_32

8番 🔊 N2_1_33

9番 🔊 N2_1_34

10番 🔊 N2_1_35

11番 🔊 N2_1_36

12番 🔊 N2_1_37

問題5　🔊 N2_1_38

問題5では、長めの話を聞きます。この問題には練習はありません。
問題用紙にメモをとってもかまいません。

1番　🔊 N2_1_39

2番　🔊 N2_1_40

問題用紙に何もいんさつされていません。まず話を聞いてください。それから、質問とせんたくしを聞いて、1から4の中から、最もよいものを一つ選んでください。

ーメモー

3番 _{ばん}　🔊 N2_1_41

まず話_{はなし}を聞_きいてください。それから、二_{ふた}つの質問_{しつもん}を聞_きいて、それぞれ問題用紙_{もんだいようし}の1から4の中_{なか}から、最_{もっと}もよいものを一_{ひと}つ選_{えら}んでください。

質問_{しつもん}1

1　デイタイムコース
2　ナイトコース
3　土日_{どにち}コース
4　朝_{あさ}ヨガコース

質問_{しつもん}2

1　デイタイムコース
2　ナイトコース
3　土日_{どにち}コース
4　朝_{あさ}ヨガコース

合格模試　解答用紙

N2　言語知識 (文字・語彙・文法)・読解

第1回

受験番号
Examinee Registration Number

名前
Name

〈ちゅうい Notes〉

1. くろいえんぴつ (HB、No.2) でかいて
ください。
Use a black medium soft (HB or No.2)
pencil.
（ペンやボールペンではかかないでくだ
さい。）
(Do not use any kind of pen.)

2. かきなおすときは、けしゴムできれい
にけしてください。
Erase any unintended marks completely.

3. きたなくしたり、おったりしないでくだ
さい。
Do not soil or bend this sheet.

4. マークれい Marking Examples

よいれい Correct Example	わるいれい Incorrect Examples
●	⊗ ◯ ⦵ ◓ ⊘ ⊙ ◉

問題1

1	①	②	③	④
2	①	②	③	④
3	①	②	③	④
4	①	②	③	④
5	①	②	③	④

問題2

6	①	②	③	④
7	①	②	③	④
8	①	②	③	④
9	①	②	③	④
10	①	②	③	④

問題3

11	①	②	③	④
12	①	②	③	④
13	①	②	③	④
14	①	②	③	④
15	①	②	③	④

問題4

16	①	②	③	④
17	①	②	③	④
18	①	②	③	④
19	①	②	③	④
20	①	②	③	④
21	①	②	③	④
22	①	②	③	④

問題5

23	①	②	③	④
24	①	②	③	④
25	①	②	③	④
26	①	②	③	④
27	①	②	③	④

問題6

28	①	②	③	④
29	①	②	③	④
30	①	②	③	④
31	①	②	③	④
32	①	②	③	④

問題7

33	①	②	③	④
34	①	②	③	④
35	①	②	③	④
36	①	②	③	④
37	①	②	③	④
38	①	②	③	④
39	①	②	③	④
40	①	②	③	④
41	①	②	③	④
42	①	②	③	④
43	①	②	③	④
44	①	②	③	④

問題8

45	①	②	③	④
46	①	②	③	④
47	①	②	③	④
48	①	②	③	④
49	①	②	③	④

問題9

50	①	②	③	④
51	①	②	③	④
52	①	②	③	④
53	①	②	③	④
54	①	②	③	④

問題10

55	①	②	③	④
56	①	②	③	④
57	①	②	③	④
58	①	②	③	④
59	①	②	③	④

問題11

60	①	②	③	④
61	①	②	③	④
62	①	②	③	④
63	①	②	③	④
64	①	②	③	④
65	①	②	③	④
66	①	②	③	④
67	①	②	③	④
68	①	②	③	④

問題12

69	①	②	③	④
70	①	②	③	④

問題13

71	①	②	③	④
72	①	②	③	④
73	①	②	③	④

問題14

74	①	②	③	④
75	①	②	③	④

合格模試 解答用紙

N2 聴解

受験番号
Examinee Registration Number

名前
Name

〈ちゅうい Notes〉

1. くろいえんぴつ (HB、No.2) でかいて
ください。
Use a black medium soft (HB or No.2)
pencil.
(ペンやボールペンではかかないでくだ
さい。)
(Do not use any kind of pen.)

2. かきなおすときは、けしゴムできれい
にけしてください。
Erase any unintended marks completely.

3. きたなくしたり、おったりしないでくだ
さい。
Do not soil or bend this sheet.

4. マークれい Marking Examples

よいれい Correct Example	わるいれい Incorrect Examples
●	⊗ ◯ ◯ ◐ ⊖ ⊘

問題1

例	①	②	●	④
1	①	②	③	④
2	①	②	③	④
3	①	②	③	④
4	①	②	③	④
5	①	②	③	④

問題2

例	①	②	③	●
1	①	②	③	④
2	①	②	③	④
3	①	②	③	④
4	①	②	③	④
5	①	②	③	④
6	①	②	③	④

問題3

例	①	②	●	④
1	①	②	③	④
2	①	②	③	④
3	①	②	③	④
4	①	②	③	④
5	①	②	③	④

問題4

例	●	②	③
1	①	②	③
2	①	②	③
3	①	②	③
4	①	②	③
5	①	②	③
6	①	②	③
7	①	②	③
8	①	②	③
9	①	②	③
10	①	②	③
11	①	②	③
12	①	②	③

問題5

1		①	②	③	④
2		①	②	③	④
3	(1)	①	②	③	④
	(2)	①	②	③	④

N2
言語知識（文字・語彙・文法）・読解
（105分）

注　意
Notes

1. 試験が始まるまで、この問題用紙を開けないでください。

   Do not open this question booklet until the test begins.

2. この問題用紙を持って帰ることはできません。

   Do not take this question booklet with you after the test.

3. 受験番号と名前を下の欄に、受験票と同じように書いてください。

   Write your examinee registration number and name clearly in each box below as written on your test voucher.

4. この問題用紙は、全部で33ページあります。

   This question booklet has 33 pages.

5. 問題には解答番号の　1　、　2　、　3　… が付いています。

   解答は、解答用紙にある同じ番号のところにマークしてください。

   One of the row numbers　1　,　2　,　3　… is given for each question. Mark your answer in the same row of the answer sheet.

受験番号　Examinee Registration Number	

名前　Name	

問題1 ＿＿＿の言葉の読み方として最もよいものを、1・2・3・4から一つ選びなさい。

1 今朝は手足が凍えるほどの寒さだ。

   1　こごえる　　　　　2　おとろえる　　　3　にえる　　　　4　ふるえる

2 昨日、駅の近くで強盗事件があった。

   1　きょうかつ　　　　2　きょうとう　　　3　ごうかい　　　4　ごうとう

3 先生は生徒の意見を尊重した。

   1　とうじゅう　　　　2　とうちょう　　　3　そんじゅう　　4　そんちょう

4 SNSを活用して商品を宣伝する。

   1　かつやく　　　　　2　かつよう　　　　3　かつどう　　　4　かっぱつ

5 ここは危険です。直ちに逃げてください。

   1　すなわち　　　　　2　たちまち　　　　3　せっかち　　　4　ただち

問題2 _____の言葉を漢字で書くとき、最もよいものを1・2・3・4から一つ選びなさい。

6 赤ちゃんの<u>せいべつ</u>は妊娠4か月頃にわかるそうだ。

1 生別　　　　2 性別　　　　3 姓別　　　　4 正別

7 父の趣味は天体<u>かんそく</u>だ。

1 看測　　　　2 看則　　　　3 観測　　　　4 観則

8 彼は重い罪を<u>おかした</u>。

1 犯した　　　2 起した　　　3 侵した　　　4 反した

9 この割引券は一年間<u>ゆうこう</u>です。

1 有功　　　　2 有効　　　　3 友効　　　　4 友功

10 本社を大阪に<u>いてん</u>する計画があります。

1 拠点　　　　2 居伝　　　　3 異店　　　　4 移転

問題3 （　　　）に入れるのに最もよいものを、1・2・3・4から一つ選びなさい。

11 この問題は次のテストで出ないので、おぼえても（　　　）意味だ。

   1　再　　　　　　　　2　非　　　　　　　　3　未　　　　　　　　4　無

12 毎週通うのは大変なので、1週間（　　　）にしてください。

   1　かけ　　　　　　　2　ぬけ　　　　　　　3　あき　　　　　　　4　おき

13 忙しい店長にかわり、（　　　）店長がパートの指導をしている。

   1　助　　　　　　　　2　補　　　　　　　　3　準　　　　　　　　4　副

14 できるだけ歩いて、交通（　　　）を節約している。

   1　代　　　　　　　　2　払　　　　　　　　3　費　　　　　　　　4　料

15 来店したお客様が、お店に対して（　　　）印象を持つかどうかは、店員の態度にかかっている。

   1　好　　　　　　　　2　最　　　　　　　　3　良　　　　　　　　4　高

問題4 （　　　　）に入れるのに最もよいものを、1・2・3・4から一つ選びなさい。

16 受賞の（　　　　）にトロフィーをいただいた。
1　記号　　　　　　　2　記念　　　　　　3　記録　　　　　4　記事

17 私のいたずらを知って、父は顔を（　　　　）にして怒った。
1　真っ白　　　　　　2　真っ黒　　　　　3　真っ赤　　　　4　真っ青

18 ダイエットをしているのに、お菓子があると（　　　　）食べてしまう。
1　まさに　　　　　　2　いかにも　　　　3　つい　　　　　4　いっそ

19 大事故だったが、（　　　　）にもけがをした人は一人もいなかった。
1　幸福　　　　　　　2　幸運　　　　　　3　運命　　　　　4　運動

20 いらないものを片付けたので、部屋が（　　　　）した。
1　たっぷり　　　　　2　うっかり　　　　3　めっきり　　　4　すっきり

21 インターネットの（　　　　）が悪い。
1　接続　　　　　　　2　連続　　　　　　3　持続　　　　　4　存続

22 いやなにおいがするので、（　　　　）しよう。
1　通気　　　　　　　2　換気　　　　　　3　外気　　　　　4　陽気

問題5 _____ の言葉に意味が最も近いものを、1・2・3・4から一つ選びなさい。

23 彼はだまったまま、下を向いていた。

    1　話さないで　　　　　2　見ないで　　　　3　動かないで　　4　聞かないで

24 外がさわがしくて寝られない。

    1　明るくて　　　　　2　こわくて　　　　3　うるさくて　　4　暑くて

25 もしさしつかえがなければ、一度こちらにいらっしゃってください。

    1　反対　　　　　　　2　問題　　　　　　3　変更　　　　　4　指示

26 あの人の指示はいつもあいまいだ。

    1　わかりやすい　　　2　はっきりしない　3　心配だ　　　　4　忘れやすい

27 彼は次第に車のスピードを上げた。

    1　突然　　　　　　　2　だんだん　　　　3　かなり　　　　4　少しだけ

問題6　次の言葉の使い方として最もよいものを、1・2・3・4から一つ選びなさい。

28 ぎっしり

1　雨にぬれて服がぎっしりだ。

2　お腹がすいていたので、夕飯をぎっしり食べた。

3　父は私の話をぎっしり聞いてくれた。

4　今週は予定がぎっしりつまっている。

29 平気な

1　戦争のない平気な世界になることを望んでいる。

2　アイさんはよく遅刻するが、いつも平気な顔をしています。

3　今日の気温は20度で、この季節としては平気な日です。

4　先週の大雨で、まちには平気な被害が出ました。

30 使いこなす

1　友達にテープを貸したら、全部使いこなしてしまった。

2　兄は買ったばかりの携帯電話をもう使いこなしている。

3　彼は、遊びに金を使いこなして、生活が苦しいらしい。

4　もっと使いこなしたパソコンがほしい。

31 ざっと

1　彼はもうざっと昨日から勉強しています。

2　用事ができたので、ざっと帰った。

3　このページ数をざっと読むなら、1時間くらいだ。

4　毎日練習したから、ざっと合格するでしょう。

32 就任

1　君を来月から係長に就任する。

2　大学を卒業すると、学士に就任する。

3　僕はこの会社に絶対就任したい。

4　新しい社長が就任のあいさつを行った。

問題7　次の文の（　　　　）に入れるのに最もよいものを、1・2・3・4から一つ選びなさい。

33 井上「明日のパーティー、一緒に参加しませんか。」
坂井「行ける（　　　　）行きたいんですけど、明日は重要な会議があるので行けないんです。」

1　ものなら　　　　2　あげくに　　　　3　として　　　　4　ところが

34 言ってはいけないと思い（　　　　）だまっていられず、彼の秘密をみんなにしゃべってしまった。

1　きり　　　　2　はじめ　　　　3　こみ　　　　4　つつ

35 友達のあの表情（　　　　）、試験の結果は悪かったようだ。

1　かのように　　　　2　からには　　　　3　からして　　　　4　からでないと

36 山の木々を無計画に切った（　　　　）、洪水などの災害が増えている。

1　ばかりに　　　　2　ばかりか　　　　3　うえに　　　　4　うえで

37 A「田中さん、いないね。遊びに行っちゃったのかな。」
B「家族が事故にあったって言っていたから、遊びに行く（　　　　）と思うよ。」

1　はずだ　　　　2　しかない　　　　3　ところだ　　　　4　どころじゃない

38 私の家から会社までは、遠い（　　　　）、実はそれほど遠くはない。

1　かと思うと　　　　2　ようで　　　　3　とは限らず　　　　4　らしく

39 朝寝坊のまりさんの（　　　　）、まだ寝ているに違いない。

1　せいで　　　　2　ことで　　　　3　せいだから　　　　4　ことだから

40 こちらの人気のセーター、本日（　　　　）、半額で販売いたします。

1　によると　　　　2　に際して　　　　3　に沿って　　　　4　に限り

41 彼はぜんぜん仕事をしない（　　　　）、いつも文句ばかり言っている。困ったものだ。

1　くせに　　　　2　ことに　　　　3　ものに　　　　4　うちに

42 運動しようと思って（　　　　）とたん、転んでけがをしてしまった。

1　走り出して　　　　2　走り出した　　3　走り出す　　4　走り出そう

43 台風の接近（　　　　）、本日は臨時休業といたします。

1　に関して　　　　2　にかけては　　3　において　　4　にともない

44 兄は映画を（　　　　）、テレビドラマ、演劇の仕事もしている。

1　おわり　　　　　2　はじめ　　　　3　たとえ　　　　4　すえに

問題8　次の文の＿★＿に入る最もよいものを、1・2・3・4から一つ選びなさい。

（問題例）

　　　木の ＿＿＿＿ ＿＿＿＿ ＿★＿ ＿＿＿＿ います。
　　　　　1　が　　　2　に　　　3　上　　　4　ねこ

（解答のしかた）

1. 正しい文はこうです。

　　　木の ＿＿＿＿ ＿＿＿＿ ＿★＿ ＿＿＿＿ います。
　　　　　3　上　　2　に　　4　ねこ　　1　が

2. ＿★＿に入る番号を解答用紙にマークします。

　　　　　（解答用紙）　　（例）　①　②　③　●

---

45 姉は細かいことが気になる性格で、子供のころから何か ＿＿＿＿ ＿＿＿＿ ＿★＿ ＿＿＿＿ を言う。
　　　1　文句　　　　　　2　につけ　　　　3　に対して　　4　私
もんく

46 服を買いに行ったが、＿＿＿＿ ＿＿＿＿ ＿★＿ ＿＿＿＿ 何も買わなかった。
　　　1　迷った　　　　　2　どれに　　　　3　あげく　　　4　しようか

47 やっと梅雨が明けて、ようやく外で運動できると ＿＿＿＿ ＿＿＿＿ ＿★＿ ＿＿＿＿ なくなった。
　　　1　暑すぎて　　　　2　どころじゃ　　3　ランニング　4　思ったら

48 結婚して自分が稼いだお金を自由に使えなくなる ＿＿＿＿ ＿＿＿＿ ＿★＿ がましだ。
かせ
　　　1　いたほう　　　　2　なら　　　　　3　独身で　　　4　くらい

49 山を ＿＿＿＿ ＿＿＿＿ ★ ＿＿＿＿ 見え、感動のあまり涙が出ました。

1 言葉にできないほど

2 のぼりきった

3 ところで

4 美しい景色が

問題9 次の文章を読んで、文章全体の内容を考えて、　50　から　54　の中に入る最もよいものを、1・2・3・4から一つ選びなさい。

以下は、雑誌のコラムである。

　　まだ食べられるのに捨てられてしまう「食品ロス」を減らすために、「フードドライブ」という活動が行われている。「フードドライブ」とは、家庭で余っている食品を集めて、食べ物に困っている人たちや施設に寄付する活動のことだ。スーパーやジム、市民センターなどに一定期間、回収場所が作られ、買い物客や利用者が家庭から食品を持ち寄る。また、「フードバンク」という活動もある。「フードドライブ」が個人からのみ、食品を回収　50　、「フードバンク」では企業からの食品も回収する。企業から回収される食品は、製造過程で出る、食べられるものの商品として販売できないものや、スーパーなどで売れ残った賞味期限内の食品などで、安全上は問題が　51　廃棄されてしまう食品である。

　　「フードドライブ」で回収できる食品は、賞味期限が1か月以上あり、未開封の食品である。回収された食品は、「フードバンク」を通じて、食べ物が必要な人々のために寄付される。日本　52　豊かな国で、食べ物に困っている人がいるのだろうかと思う人もいるかもしれないが、日本の子供の7人に1人が貧困とも言われている。また、児童養護施設や社会福祉施設などで提供される食事は、栄養より金銭面を優先　53　状況もある。

　　日本で行われている「フードドライブ」は、一定の期間のみ行われることが多く、いつでもどこでもできる　54　。このような活動を通して、ひとりひとりが食品ロスや貧困という問題に目を向ける社会になってほしい。

50

1 するのに対して

2 するに伴って

3 するといっても

4 するとともに

51

1 ないからといって

2 ないばかりか

3 ないにもかかわらず

4 ない限り

52

1 なんて   2 ゆえに   3 さえ   4 ほど

53

1 しないという

2 せざるを得ない

3 してしょうがない

4 しつつある

54

1 わけではない

2 ものである

3 どころではない

4 に決まっている

問題10 次の(1)から(5)の文章を読んで、後の問いに対する答えとして最もよいものを、1・2・3・4から一つ選びなさい。

(1)

人間というものは、自分のために働く時に生き生きしてくる。それが証明された。

強いられて行う残業は自分を滅ぼすものなのだ。

しかし、強いられずにやる残業は疲れないし、楽しい。自分のためにやっているから残業だという実感もない。私が残業をしても疲れなかった時代は、自分が会社とともに伸びているという実感があったからだ。たとえ錯覚であっても身体は熱を発するほど元気だった。

今、作家になって原稿を書く時、深夜になっても残業だなどという意識はない。

(江上剛『会社という病』講談社＋α新書による)

55 筆者が言う「疲れない残業」をする時とは、どんなときか。

1　しめきり前に、上司の命令で同僚の仕事を手伝うために残業するとき
2　休んだ同僚の代わりに、仕方なくその仕事を担当したために帰りが遅くなったとき
3　上司より先に帰るのは悪いと思い、仕事が終わっても会社に残るとき
4　自分のアイデアを提案したいと思い、夜遅くまで企画書を作るとき

(2)

以下は、家のポストに入っていたチラシである。

●不用品回収のお知らせ●

10月4日（木）こちらの地区に回収に参ります。

　当日午前8時半までに、このチラシとともに、不用品を道路から見える場所にお出しください。晴雨に関わらず、回収いたします。

　無料で回収させていただくものは、エアコン、冷蔵庫、洗濯機、テレビ以外の家電製品とフライパンやなべなどの金属製品です。こわれていてもかまいません。

　パソコンと家具、自転車は有料で回収いたします。有料回収品については、当日、ご自宅まで取りにうかがいますので、前日までに、下記へご連絡ください。

　　Yリサイクル　03-1234-5678

---

56 不用品の回収を依頼する場合、正しいのはどれか。

1　パソコンの回収を頼む場合は、10月3日にYリサイクルに電話をかける。

2　掃除機の回収を頼む場合は、10月3日にYリサイクルに電話をかける。

3　電子レンジの回収を頼む場合は、電子レンジのみを10月4日午前8時に外に出しておく。

4　テレビの回収を頼む場合は、10月4日午前8時に、テレビとこのチラシを外に出しておく。

(3)

　人間は不完全なものです。医者も新発明の薬も全能ではありません。医者に見放された患者が、信心して健康になった例もあります。

　しかしそれを信心したから霊験で救われたと短絡して考えるのはどうでしょう。

　医者に見放された患者は絶望的です。絶望のなかでこそ人のはからいの外のものにすがる素直で純な心が生まれ、心の絶望に光りがさし、生きようとする活力が生まれます。人間に眠っていた自然治癒力が活発になってくるのです。

（瀬戸内寂聴『生きることば　あなたへ』光文社文庫による）

（注1）　見放す：あきらめて対応しない

（注2）　信心する：神や仏を信じる

（注3）　霊験：神や仏の不思議な力

（注4）　はからい：考え

（注5）　自然治癒力：人間や動物が持っている、けがや病気を治す力

57　筆者によると、医者に見放された患者が健康になることがあるのはなぜか。

　1　神や仏への熱心な祈りが届くから

　2　絶望が自然治癒力を活発にするから

　3　素直に他人の話を聞くようになるから

　4　神や仏を信じることで、生きる力が生まれるから

(4)

以下は、社内文書である。

3月4日

総務課

社員各位

ノー残業デーのお知らせ

　次年度を迎えるにあたって、経費削減のため、毎週金曜日はノー残業デーとし、全社員18：30までに退勤するようお願いします。また、各部署で仕事をより効率的に行えるよう、これまでの仕事のやり方を見直し、できるだけ定時で退勤できるようにしてください。また、ペーパーレス化を徹底するため、不必要な印刷やコピーは避け、パソコンでデータ共有できるものはパソコン上で閲覧するなど、資料のデジタル化も心がけてください。よろしくお願いします。^{（注）}

（注）閲覧する：見る

58 この文書を書いた、一番の目的は何か。

1　コストをおさえること

2　社員の残業時間を減らすこと

3　社員にパソコンを使わせること

4　紙の使用量を減らすこと

(5)

　われわれは、モノやコトが単独でリアリティをもつと考えがちだが、他のモノやコトとの関係性の方が重要なのかもしれない。お金だってそうだろう。お金が単独で価値（リアリティ）をもつわけではない。もし単独で価値をもつならば、ゲームで使われるおもちゃのお金だって、本物のお金と同じように価値をもつ可能性がある。実際にはお金の価値は、他の国のお金、株価やエネルギー埋蔵量など数え切れないほどのモノやコトとの関係で決まってくる。

（竹内薫『闘う物理学者！』中公文庫による）

59 モノやコトが単独で価値をもつわけではないことの例として、適当なものはどれか。

1　自分以外に参加者がいない大会で優勝する。
2　選挙で当選した人が市長になる。
3　自分が作った料理を、自分ひとりで食べる。
4　10人から500円ずつ集めて、5000円の贈り物を買う。

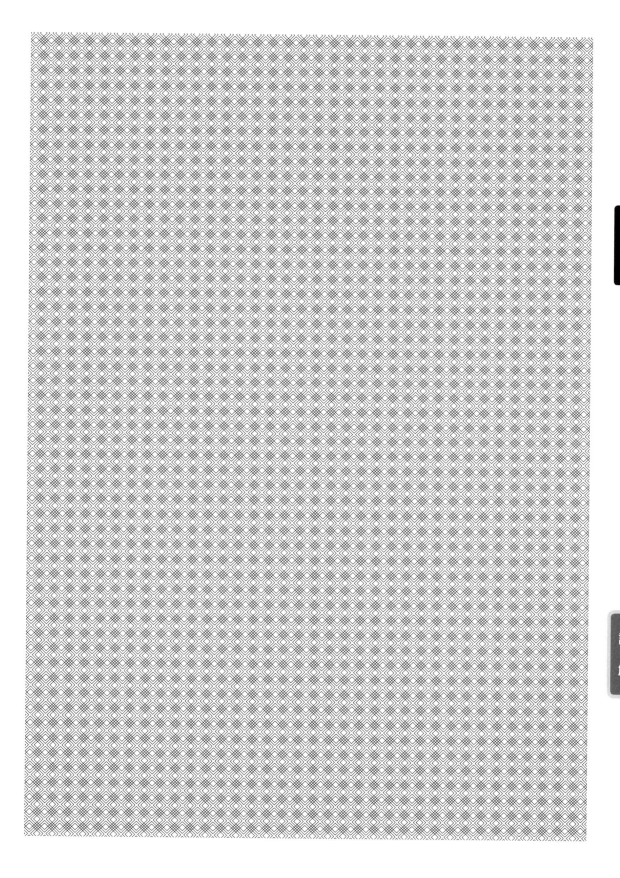

第
2
回

読
解

021

問題11 次の(1)から(3)の文章を読んで、後の問いに対する答えとして最もよいものを、1・2・3・4から一つ選びなさい。

(1)

　知人の例を挙げる。彼は分厚く難易度の高いある翻訳本をそれこそ数年がかりで訳して出版した。その間は、つき合いも一次会までと決め、二次会、三次会は断るというスタンスで通した。そのため、ちょっとつき合いの悪い人と思われていたわけだが、ある種のライフワークとして彼はその翻訳に取り組むことにした。年齢的にはもう五十の坂を超えた彼が、なお生きがいとしてそのような孤独のひとときを大切にしていたことを知ったとき、私は素直に感動した。
　一人きりの時間を利用して、一人でしかできない世界を楽しむ。これができれば、四十代、五十代、六十代と年齢を重ねたときにも充実した日々が待っている。人といても楽しい。一人になっても充足できる。だが、それはある程度若いうちに孤独になる癖、つまり孤独の技を身につけておかないと、できないことなのだ。
　仲間とつるんで日々を安楽に過ごしてきただけの人間は、急に一人になったときに寂しくてやり切れないだろう。そもそもやることが見つからないかもしれない。そうなると、飲み屋の常連として入り込み、「いつものやつ」「あれ、お願い」というとすっと好みの酒や肴が出てくることが喜びというような、発展性のない楽しみが人生の目的になってしまう。顔が利く飲み屋でひとしきり常連同士で会話を重ね、帰ったら眠るという人生は、孤独とは無縁かもしれないが、果たして「私は十分に生きた」という手応えが残るだろうか。

（齋藤孝『孤独のチカラ』新潮文庫による）

(注) 孤独：周りに人がいなくてさびしいこと

60 ①そのような孤独のひとときとはどのようなことか。

1 一次会だけ参加して、二次会、三次会は家に帰ること

2 周囲の人からちょっとつき合いの悪い人と思われていること

3 一人で難易度の高い翻訳に取り組むこと

4 分厚い本を出版するために、翻訳し続けていること

61 ②私は素直に感動したとあるが、それはなぜか。

1 本を訳して出版するためには、五十歳を過ぎてもやり続けないといけないと知ったから

2 知人が、歳を取っても一人で充実した日々を過ごしていることがわかったから

3 つき合いの悪い人だと思っていたが、翻訳に取り組むというライフワークを得られているから

4 四十代、五十代、六十代と年齢を重ねても、若いときと同じように孤独だったから

62 筆者は孤独についてどのように述べているか。

1 孤独は寂しいものではなく、むしろ積極的に孤独な時間を作ることで人生を充実させられる。

2 誰でも一人の時間を楽しむことができれば、歳を取っても孤独になる癖をつけられる。

3 孤独に慣れている人と孤独に慣れていない人とでは、孤独に慣れていない人のほうが人生に発展性がある。

4 仲間と一緒に時間を過ごせば、何も言わずにお互いを理解できるようになり、孤独とは無縁の生活を送ることができる。

(2)

　人間が成長するのは、なんといっても仕事だと思うんです。仕事とは、イヤなことも我慢して、他人と折り合いをつけながら自己主張していくことでもある。ずっとその試練に立ち向かい続けている人は、人間としての強さも確実に身につけていきます。

　家庭生活や子育てで人間が成長するということ自体は否定しません。しかし、それは仕事での成長の比ではない。（中略）仕事でイヤなことにも堪えていく胆力を鍛えていれば、子どもが泣いたくらいでうろたえない人間力は自然に身についているのです。（中略）

　女性も働き続けたほうがいい理由は、精神論に拠るだけではありません。少なくとも私にとっては、人が稼いできたお金に頼って生きていく人生は考えにくい——自分の欲しい物を、自分の稼いだお金で買えるということは、当たり前に必要なことなんです。

　もちろん、それは万人の感覚ではないでしょう。「自分が家庭をしっかり守っているから、夫は何の心配もせずに仕事ができる。だから私は養われて当然なのだ」と考える人がたくさんいるのも知っていますし、それを否定する気は毛頭ありません。でも、自分の食い扶持は自分で稼ぎ、もしも、夫といるのがイヤになったらすぐに離婚できる経済状況の中で結婚生活を続けているからこそ確認できる、夫婦の愛情ってあると思うんです。

（林真理子『野心のすすめ』講談社現代新書による）

（注1）胆力：物事を恐れない力

（注2）万人：全ての人

（注3）毛頭：少しも

（注4）食い扶持：食べ物を買うためのお金

63 筆者によると、人間が成長するのに最も必要なものは何か。

1　社会の中で、嫌なことにも耐えながら努力を続けること

2　子育てを通して、自分の思い通りにならないことを知ること

3　家庭生活の中で、家族のために努力すること

4　働いてお金を稼ぎ、家族のために使うこと

64 筆者が考える夫婦の愛情とは、どのようなものか。

1　妻も夫も経済的に自立し、お互いに自分の必要なお金を自分で稼ぐこと

2　自分を養ってくれる夫がいるからこそ生まれるもの

3　いつでも離婚できるという緊張感の中で確かめられるもの

4　妻が家庭を守り、夫が仕事に集中してお金を稼ぐこと

65 筆者の考えと合うものはどれか。

1　自分の考え方と合わない意見に従うことは、成長の邪魔になる。

2　育児を通して人間として成長した人は、仕事上のイヤなことにも耐えられる。

3　社会の中で身につけた忍耐力は、育児にも役に立つ。

4　主婦として夫を支えることが、人間的な成長につながる。

(3)

　子供たちを「～ちゃん」や「～君」ではなく、みんなが集まる場や掲示物などでは「～さん」と呼ぶ保育園がある。そこには、子供たちを一人の個人として尊重し、互いに対等な立場で接したいという方針があるのだそうだ。そして園長先生自身も子供たちに「～さん」と呼んでほしいとお願いしているそうだ。確かに日本語では「～ちゃん」「～君」「～さん」「～先生」「～様」「～氏」など、時と場合、また互いの距離感、人間関係に応じていろいろな呼び方をする。しかし、それによって、呼ばれる方は知らず知らずのうちに、その呼ばれ方のイメージに合わせて行動するのではないだろうか。すなわち、子供たちは「～ちゃん」「～君」と呼ばれることで、「子供」として周囲と接し、周囲も彼らを「子供」として扱うのである。

　こんな話も聞いたことがある。ある病院では、ある時から患者を「～さま」と呼ぶようになった。すると、患者の中には、横柄で暴力的になる人が現れ、その後、「～さん」という呼び方に戻したところ、彼らの態度も元に戻ったというのである。

　言葉を使っているのは、もちろん私たち人間だが、一方で私たち人間自身が言葉に使われている側面もあるのである。

（注）横柄：偉そうで無礼なこと

66 この保育園の考え方として、合うものはどれか。

1　子供にも大人にも、ひとりの人間として同じように接したい

2　子供には、子供らしくいてもらいたい

3　子供にも、大人のように行動してもらいたい

4　子供だからといって、甘やかしてしてはいけない

67「～さま」と呼ばれるようになって、一部の患者が暴力的になったのはどうしてだと考えられるか。

1　病院が、勝手に呼び方を変えたから

2　病院が、患者に必要以上のサービスを行ったから

3　患者が、病院を疑うようになったから

4　患者が、自分の方がえらくなったように感じたから

68「人間自身が言葉に使われている」とはどういう意味か。

1　人間は、言葉なしには生活できないということ

2　言葉が人間の性格や行動に、影響を与えるということ

3　人間が相手に応じて、言葉の使い方を選ばされているということ

4　言葉の使い方を、人間が変化させているということ

問題12 次のAとBの文章を読んで、後の問いに対する答えとして最もよいものを、1・2・3・4から一つ選びなさい。

A

　自分で車を持たずに、必要なときだけ借りたり、1台の車を多くの人と共有したりする人が増えている。特に、最近の10代から20代の若者は、以前の若者に比べて、車をほしいと思わないと考える人が、半数近くいるという調査結果もある。

　車を持つと、車を買う費用だけでなく、保険料やガソリン代、整備費用などさまざまな費用がかかる。その上、都会では車の必要性も低いし、むしろ車のほうが渋滞に巻き込まれるから不便だともいえる。しかし、以前のように、自分の憧れの車を買うために、一生懸命働いて、お金を稼ごうと考える若者が減り、必要最低限のお金さえあれば良いと考える若者が増えているのは、社会から活気がなくなっていくようで、寂しい気がする。

B

　最近の若者は、昔より物欲がなくなっているようだ。昔は、給料をもらったら、あれを買いたいとか、貯金して憧れの車に乗りたいとか思ったものだ。しかし、今は車など買わなくてもいいと思っている若者も多いそうだ。

　車を持つには、お金がかかる。都会に住んでいれば、車がなくても、十分に生活ができるのだから、車以外に、お金をもっと有効に使いたいという考えもある。確かに、物欲は働く原動力になるだろう。しかし、物を持つことばかりにこだわらずに、家族や友人と過ごす時間や、趣味や勉強などの経験にお金を使ったほうが豊かな人生を送れるのかもしれない。そう考えると、最近の若者が車を所有しないことも賢い選択といえるだろう。

（注）物欲：お金や物をほしいと思う気持ち

69 若者が車を買いたがらないことについて、AとBはどのように述べているか。

1 Aはいいことだと述べ、Bは残念なことだと述べている。

2 Aは残念なことだと述べ、Bは合理的だと述べている。

3 AもBも、働く活力がなくなると述べている。

4 AもBも、豊かな人生のために必要な選択（せんたく）だと述べている。

70 物欲（ぶつよく）について、AとBはどのように述べているか。

1 Aは必要ないものだと述べ、Bは仕事のために必要だと述べている。

2 Aはお金がかかると述べ、Bは有効なお金の使い方だと述べている。

3 AもBも、人生を豊かにするものだと述べている。

4 AもBも、働く意欲（いよく）につながると述べている。

問題13 次の文章を読んで、後の問いに対する答えとして最もよいものを、1・2・3・4から一つ選びなさい。

　とかく人は、相手に好意を抱けば抱くほどに、自分の気に入る方向にその人を導き寄せたいと望みます。付き合い始めた最初の頃こそ、相手のことを知らないから、「ああ、この部分は自分と似ているな。ほほお、こういうところは自分とぜんぜん違うな」などと客観的に解釈する余裕がありますが、しだいに互いの付き合いの距離が近くなるにつれ、自分の気に入るところに重点を置き、許容できない部分はあえて目に入れず、全面的に気が合っているという錯覚[注1]を持ち始める。ところがある日、自分の許容を超えた行動を相手がしたとします。

　たとえば、仲良しのマルコちゃんがちょっと不良っぽい仲間と遊び出したとします。大丈夫かしら、あんな連中と夜遅くまで遊んで。昔はあんなことするマルコちゃんじゃなかったのに。心配のあまり、マルコちゃんを呼び出して、

　「あんな連中と仲良くするなんて、ぜったいあなたらしくない！　やめたほうがいいと思う」

　それは友達として正しい助言だったかもしれません。でもその助言をする際に、「あなたらしくない」と言われたマルコちゃんは、心外に思うでしょう。[注2]

　「いったいあなたがどれほど私のことを知っているというの？　不良っぽいとあなたが言う彼らのことだって、ぜんぜん知らないくせに。つき合ってみたら本当に仲間を大事にするいい人ばかりよ。私は彼らといるときのほうが、あなたと真面目ぶっているときより、はるかに自分らしいと思っているの。勝手に決めつけないで」

　なんだか青春映画のような展開になってまいりましたが、つまり私が言いたいのは、他人が他人のことを百パーセント理解するなんて、不可能ということです。自分のことすら理解できないのに、他人のすべてを知ったつもりになってはいけないと思うのです。

　「お、あんな意外性があったのか。真面目そうな顔して、案外、剛胆な人だったのね」[注3]

　そう驚くのは自由です。そして自分の知らない危険な世界へ引き込まれていく親友がどうしても心配なら、

　「気をつけてね。私、心配してるのよ」と自分の気持をストレートに伝えるほうがいいと思います。「あなたらしくない」という言葉は、驕った印象を相手に与えかねません。それがその人[注4]「らしい」か「らしくない」かは、所詮、他人にはわかりゃしないんですから。

（阿川佐和子『叱られる力　聞く力2』文藝春秋による）

（注1）錯覚：思い違い、勘違い

（注2）心外：意外

（注3）剛胆：気力があり、わずかなことに驚いたりしないこと

（注4）驕る：えらそうにして、他人を自分より下に見る

[71] 筆者によると、人は他人との距離が近くなると、どうなるか。

1　自分と似ているところと、そうでないところがはっきりわかるようになる。

2　気に入る部分が増え、何でも許容できるようになる。

3　相手のことを、何でもわかっているかのように思うようになる。

4　余裕が生まれて、相手のことを客観的に見られるようになる。

[72] 「あなたらしくない」と助言された人が、心外だと思うのはなぜか。

1　自分らしいかどうかを、他人に決められたくないから

2　自分らしさが何か、自分自身でもわからないから

3　身近な人が自分のことを誤解していてショックだから

4　自分が知らない自分を、他人が知っているから

[73] 筆者によると、他人に助言をする場合に気をつけなければならないのはどんなことか。

1　自分の気持は抑えて、事実のみを判断して助言すること

2　正しいと思うことを、すべてはっきり伝えること

3　相手のことを、完全に理解してから助言すること

4　相手には、自分の知らない部分もあるということを心においておくこと

問題14 右のページは、市の健康診断のお知らせである。下の問いに対する答えとして最もよいものを、1・2・3・4から一つ選びなさい。

74 吉田さんは、平日の午後、健診と胃ガン検査を受けたい。どこを予約するか。

1 青木町健康センター
2 黒木町健康センター
3 緑町健康センター
4 市の健康センター

75 6月の土曜日、午後に健診を受けたい平尾さんはどうすればよいか。

1 4月中に緑町の健康センターに、メールで申し込む。

2 市のホームページで病院を確認し、直接病院に連絡する。

3 5月中に市の健診センターに、電話で申し込む。

4 4月末に市の健診センターに、ホームページから申し込む。

健康診断のおしらせ

市では国民健康保険の加入者を対象に、年に1回、定期健診を実施しています。糖尿病などの生活習慣病の予防のためにも、健診を受けることをお勧めします。

対象	自己負担額	検査項目
40歳〜74歳の国民健康保険に加入している方	600円	身体測定・視力・聴力・尿検査・心電図・血液検査・血圧・レントゲン検査 ＊別途1,000円で胃ガン検査ができます。

受診方法

●要予約（受診を希望する医療機関に直接お申込みください。）

●検査当日は、保険証が必要です。

●所要時間はおよそ90分です。

●検査結果は、受診した医療機関を通じて、3週間から4週間以内にお知らせします。

●胃ガン検査を受診される方は、検査前日21時以降は絶飲食でお願いします。

受診場所

●実施日や時間帯は、各医療機関によって異なりますので、ご希望の医療機関にお問い合わせください。（受診可能な医療機関は市のホームページで確認できます。）

●平日のみ各町の健康センターでも受診できます。

　青木町（9：00 〜 11：00）黒木町（12：30 〜 14：30）緑町（14：00 〜 16：00）

　　※上記の時間は受付時間です。

　　※事前に問診票などを送付しますので、受診希望の3週間前までに各町の健康センターに電話でご連絡ください。

　　※黒木町では胃ガン検査を実施しておりません。

●市の健診センターでは、土曜日と日曜日の健診を受け付けております。

　　※4週間前までに市の健診センターに、電話またはインターネットの申込ページより予約してください。

　　※申し込み状況によっては、ご希望の日に受診できない場合もございます。

　健診実施時間：＜土曜日＞9時から12時まで（受付は11時まで）

　　　　　　　　＜日曜日＞13時から16時まで（受付は15時まで）

実施日は、月によって替わります。5月と6月の実施曜日は下記の通りです。

5月	第2・第4土曜日	第1・第3日曜日
6月	第1・第2土曜日	第3・第4日曜日

N2
聴解
（50分）

注　意
Notes

1. 試験が始まるまで、この問題用紙を開けないでください。

   Do not open this question booklet until the test begins.

2. この問題用紙を持って帰ることはできません。

   Do not take this question booklet with you after the test.

3. 受験番号と名前を下の欄に、受験票と同じように書いてください。

   Write your examinee registration number and name clearly in each box below as written on your test voucher.

4. この問題用紙は、全部で13ページあります。

   This question booklet has 13 pages.

5. この問題用紙にメモをとってもかまいません。

   You may make notes in this question booklet.

受験番号　Examinee Registration Number	

名前　Name	

問題1 ◀》 N2_2_02

問題1では、まず質問を聞いてください。それから話を聞いて、問題用紙の1から4の中から、最もよいものを一つ選んでください。

例 ◀》 N2_2_03

1 よやくをする

2 しんさつけんをさくせいする

3 しょるいに記入する

4 体温を測る

1番 🔊 N2_2_04

1　家をそうじする
2　おかしを買ってくる
3　おきゃくさま用のふとんとまくらを出す
4　せんたく物をとりこむ

2番 🔊 N2_2_05

1　ひっこしのにづくりをする
2　ベッドをそだいごみとして出す
3　リサイクルショップに電話する
4　サイトにベッドの写真をアップする

3番 🔊 N2_2_06

1 みんなにメールする
2 木村さんにたのむ
3 ほかのてんぽの店員にたのむ
4 お客さんに連絡する

4番 🔊 N2_2_07

1 しゅっきんじこくをきろくする
2 つくえやまどをそうじする
3 仕事内容のチェックをする
4 じこしょうかいをする

1　パソコンが動くかチェックする

2　パソコンとスクリーンをつなぐケーブルを置いておく

3　資料を100部印刷する

4　飲み物を机の上に並べる

問題2 ◀» N2_2_09

　問題2では、まず質問を聞いてください。そのあと、問題用紙のせんたくしを読んでください。読む時間があります。それから話を聞いて、問題用紙の1から4の中から、最もよいものを一つ選んでください。

例 ◀» N2_2_10

1　体力がたくさんひつようなところ

2　セリフをたくさんおぼえないといけないところ

3　練習をたくさんしないといけないところ

4　キャラクターのせいかくを出すところ

1番　🔊 N2_2_11

1　かぜをひいたから
2　昨日お酒を飲みすぎたから
3　しゅっちょうに行かなくてもよくなったから
4　最近働きすぎだから

2番　🔊 N2_2_12

1　けんさ前日の午後8時にばんご飯を食べる
2　けんさ前日の午後8時以降に水を飲む
3　けんさ当日にコーヒーを飲む
4　けんさ当日にたばこを吸う

3番 🔊 N2_2_13

1 きんちょうしてしまったこと
2 資料を忘れてしまったこと
3 ひこうきの出発が遅れたこと
4 ひこうきの中で寝られなかったこと

4番 🔊 N2_2_14

1 子供にいろんなならいごとをさせること
2 ゆっくり親子の時間を作ること
3 家族で海外旅行に行くこと
4 毎日特別な経験を用意すること

1　研究する意味をはっきり説明しないこと
2　だらだらと話し続けてしまったこと
3　発表の前に練習していなかったこと
4　きんちょうして表情がかたかったこと

1　三連休で道路がじゅうたいしていたから
2　雪が残っていて、スピードが出せなかったから
3　交通じこにまきこまれてしまったから
4　交通じこを起こしてしまったから

問題3 🔊 N2_2_17

問題3では、問題用紙に何もいんさつされていません。この問題は、全体としてどんな内容かを聞く問題です。話の前に質問はありません。まず話を聞いてください。それから、質問とせんたくしを聞いて、1から4の中から、最もよいものを一つ選んでください。

例 🔊 N2_2_18

1番 🔊 N2_2_19

2番 🔊 N2_2_20

3番 🔊 N2_2_21

4番 🔊 N2_2_22

5番 🔊 N2_2_23

ーメモー

問題4 🔊 N2_2_24

<ruby>問題<rt>もんだい</rt></ruby>

問題4では、問題<ruby>用紙<rt>ようし</rt></ruby>に<ruby>何<rt>なに</rt></ruby>もいんさつされていません。まず<ruby>文<rt>ぶん</rt></ruby>を<ruby>聞<rt>き</rt></ruby>いてください。それから、それに<ruby>対<rt>たい</rt></ruby>する<ruby>返事<rt>へんじ</rt></ruby>を<ruby>聞<rt>き</rt></ruby>いて、1から3の<ruby>中<rt>なか</rt></ruby>から、<ruby>最<rt>もっと</rt></ruby>もよいものを<ruby>一<rt>ひと</rt></ruby>つ<ruby>選<rt>えら</rt></ruby>んでください。

<ruby>例<rt>れい</rt></ruby> 🔊 N2_2_25

1<ruby>番<rt>ばん</rt></ruby> 🔊 N2_2_26

2<ruby>番<rt>ばん</rt></ruby> 🔊 N2_2_27

3<ruby>番<rt>ばん</rt></ruby> 🔊 N2_2_28

4<ruby>番<rt>ばん</rt></ruby> 🔊 N2_2_29

5<ruby>番<rt>ばん</rt></ruby> 🔊 N2_2_30

6<ruby>番<rt>ばん</rt></ruby> 🔊 N2_2_31

7<ruby>番<rt>ばん</rt></ruby> 🔊 N2_2_32

8<ruby>番<rt>ばん</rt></ruby> 🔊 N2_2_33

9<ruby>番<rt>ばん</rt></ruby> 🔊 N2_2_34

10<ruby>番<rt>ばん</rt></ruby> 🔊 N2_2_35

11<ruby>番<rt>ばん</rt></ruby> 🔊 N2_2_36

12<ruby>番<rt>ばん</rt></ruby> 🔊 N2_2_37

問題5 🔊 N2_2_38

問題5では、長めの話を聞きます。この問題に練習はありません。

問題用紙にメモをとってもかまいません。

1番 🔊 N2_2_39

2番 🔊 N2_2_40

問題用紙に何もいんさつされていません。まず話を聞いてください。それから、質問とせんたくしを聞いて、1から4の中から、最もよいものを一つ選んでください。

ーメモー

3番 ◀》 N2_2_41

まず話を聞いてください。それから、二つの質問を聞いて、それぞれ問題用紙の1から4の中から、最もよいものを一つ選んでください。

質問1

1　市役所
2　自宅
3　ドラッグストア
4　公園

質問2

1　市役所
2　自宅
3　ドラッグストア
4　公園

合格模試　解答用紙

N2 言語知識（文字・語彙・文法）・読解

受験番号
Examinee Registration Number

名前
Name

〈ちゅうい Notes〉

1. くろいえんぴつ (HB、No.2) でかいて
ください。
Use a black medium soft (HB or No.2)
pencil.
（ペンやボールペンではかかないでくだ
さい。）
(Do not use any kind of pen.)

2. かきなおすときは、けしゴムできれい
にけしてください。
Erase any unintended marks completely.

3. きたなくしたり、おったりしないでくだ
さい。
Do not soil or bend this sheet.

4. マークれい Marking Examples

よいれい Correct Example	わるいれい Incorrect Examples
●	⊗ ◯ ◯ ◑ ⊖ ⦿

問題1

1	① ② ③ ④
2	① ② ③ ④
3	① ② ③ ④
4	① ② ③ ④
5	① ② ③ ④

問題2

6	① ② ③ ④
7	① ② ③ ④
8	① ② ③ ④
9	① ② ③ ④
10	① ② ③ ④

問題3

11	① ② ③ ④
12	① ② ③ ④
13	① ② ③ ④
14	① ② ③ ④
15	① ② ③ ④

問題4

16	① ② ③ ④
17	① ② ③ ④
18	① ② ③ ④
19	① ② ③ ④
20	① ② ③ ④
21	① ② ③ ④
22	① ② ③ ④

問題5

23	① ② ③ ④
24	① ② ③ ④
25	① ② ③ ④
26	① ② ③ ④
27	① ② ③ ④

問題6

28	① ② ③ ④
29	① ② ③ ④
30	① ② ③ ④
31	① ② ③ ④
32	① ② ③ ④

問題7

33	① ② ③ ④
34	① ② ③ ④
35	① ② ③ ④
36	① ② ③ ④
37	① ② ③ ④
38	① ② ③ ④
39	① ② ③ ④
40	① ② ③ ④
41	① ② ③ ④
42	① ② ③ ④
43	① ② ③ ④
44	① ② ③ ④

問題8

45	① ② ③ ④
46	① ② ③ ④
47	① ② ③ ④
48	① ② ③ ④
49	① ② ③ ④

問題9

50	① ② ③ ④
51	① ② ③ ④
52	① ② ③ ④
53	① ② ③ ④
54	① ② ③ ④

問題10

55	① ② ③ ④
56	① ② ③ ④
57	① ② ③ ④
58	① ② ③ ④
59	① ② ③ ④

問題11

60	① ② ③ ④
61	① ② ③ ④
62	① ② ③ ④
63	① ② ③ ④
64	① ② ③ ④
65	① ② ③ ④
66	① ② ③ ④
67	① ② ③ ④
68	① ② ③ ④

問題12

| 69 | ① ② ③ ④ |
| 70 | ① ② ③ ④ |

問題13

71	① ② ③ ④
72	① ② ③ ④
73	① ② ③ ④

問題14

| 74 | ① ② ③ ④ |
| 75 | ① ② ③ ④ |

合格模試　解答用紙

N2 聴解

第2回

受験番号
Examinee Registration Number

名前
Name

<ちゅうい　Notes>

1. くろいえんぴつ (HB、No.2) でかいて
　ください。
　Use a black medium soft (HB or No.2)
　pencil.
　(ペンやボールペンではかかないでくだ
　さい。)
　(Do not use any kind of pen.)

2. かきなおすときは、けしゴムできれい
　にけしてください。
　Erase any unintended marks completely.

3. きたなくしたり、おったりしないでくだ
　さい。
　Do not soil or bend this sheet.

4. マークれい Marking Examples

よいれい Correct Example	わるいれい Incorrect Examples
●	⊗ ⊘ ⊘ ◉ ⊖ ⊕ ●

もんだい 問題 1

例	①	②	③	④
例	①	●	③	④
1	①	②	③	④
2	①	②	③	④
3	①	②	③	④
4	①	②	③	④
5	①	②	③	④

もんだい 問題 2

例	①	②	③	④
例	①	②	③	●
1	①	②	③	④
2	①	②	③	④
3	①	②	③	④
4	①	②	③	④
5	①	②	③	④
6	①	②	③	④

もんだい 問題 3

例	①	②	③	④
例	●	②	③	④
1	①	②	③	④
2	①	②	③	④
3	①	②	③	④
4	①	②	③	④
5	①	②	③	④

もんだい 問題 4

例	①	②	③
例	●	②	③
1	①	②	③
2	①	②	③
3	①	②	③
4	①	②	③
5	①	②	③
6	①	②	③
7	①	②	③
8	①	②	③
9	①	②	③
10	①	②	③
11	①	②	③
12	①	②	③

もんだい 問題 5

1	①	②	③	④
2	①	②	③	④
3 (1)	①	②	③	④
3 (2)	①	②	③	④

N2
言語知識（文字・語彙・文法）• 読解
（105分）

注　意
Notes

1. 試験が始まるまで、この問題用紙を開けないでください。
   Do not open this question booklet until the test begins.

2. この問題用紙を持って帰ることはできません。
   Do not take this question booklet with you after the test.

3. 受験番号と名前を下の欄に、受験票と同じように書いてください。
   Write your examinee registration number and name clearly in each box below as written on your test voucher.

4. この問題用紙は、全部で33ページあります。
   This question booklet has 33 pages.

5. 問題には解答番号の　1 、　2 、　3 … が付いています。
   解答は、解答用紙にある同じ番号のところにマークしてください。
   One of the row numbers 1 , 2 , 3 … is given for each question. Mark your answer in the same row of the answer sheet.

受験番号　Examinee Registration Number	

名前　Name	

問題1 ＿＿＿の言葉の読み方として最もよいものを、1・2・3・4から一つ選びなさい。

1 東京の夏はとても<u>湿度</u>が高い。
1　おんど　　　　2　のうど　　　　3　かくど　　　　4　しつど

2 Ｔシャツを洗って<u>干す</u>。
1　ほす　　　　2　むす　　　　3　おす　　　　4　こす

3 自分の考えを<u>主張</u>するのは重要だ。
1　しゅうちょう　　2　しゅちょ　　　3　しゅちょう　　　4　しゅうちょ

4 点滴には水分と栄養を<u>補う</u>役目がある。
1　うやまう　　　2　ともなう　　　3　おぎなう　　　4　ととのう

5 父は姉を自分の部下と<u>強引</u>に結婚させた。
1　きょういん　　2　ごういん　　　3　きょうびき　　　4　ごうびき

問題2 _____の言葉を漢字で書くとき、最もよいものを1・2・3・4から一つ選びなさい。

6 この子の絵は専門家も<u>かんしん</u>するほどの出来栄えだ。

　　1　観心　　　　　2　観信　　　　　3　感心　　　　　4　感信

7 彼は私の提案を<u>ひてい</u>した。

　　1　否決　　　　　2　否定　　　　　3　不決　　　　　4　不定

8 このかばんは高級な<u>きじ</u>を使っている。

　　1　木地　　　　　2　生地　　　　　3　記事　　　　　4　気事

9 寒すぎて目が<u>さめて</u>しまった。

　　1　冷めて　　　　2　識めて　　　　3　起めて　　　　4　覚めて

10 これは<u>かぜい</u>する前の金額です。

　　1　課税　　　　　2　加税　　　　　3　科税　　　　　4　可税

問題3 （　　　　）に入れるのに最もよいものを、1・2・3・4から一つ選びなさい。

11 こんな（　　　　）夜中に庭で音がしているが、何だろう。
　　1　深　　　　　　2　心　　　　　　3　本　　　　　　4　真

12 私は毎朝、川（　　　　）の道をジョギングしている。
　　1　つき　　　　　2　そば　　　　　3　がわ　　　　　4　ぞい

13 住民の約半数が駅前の（　　　　）開発に反対している。
　　1　再　　　　　　2　公　　　　　　3　最　　　　　　4　道

14 あの写真（　　　　）は、世界中で人気がある。
　　1　者　　　　　　2　家　　　　　　3　職　　　　　　4　師

15 映画館で大きな声で話すのは（　　　　）常識です。
　　1　非　　　　　　2　無　　　　　　3　不　　　　　　4　未

問題4 （　　　）に入れるのに最もよいものを、1・2・3・4から一つ選びなさい。

16 私は彼のことを（　　　）知らない。
1　いっさい　　　2　ひっそり　　　3　なかなか　　　4　わずかに

17 彼は授業中勉強しないで、友達といつも（　　　）いる。
1　あきらめて　　2　おこたって　　3　ふざけて　　　4　つまずいて

18 日本の（　　　）文化を代表するものの一つにアニメ・マンガがある。
1　現在（げんざい）　2　最近（さいきん）　3　近頃（ちかごろ）　4　現代（げんだい）

19 駅で大学の友だちに（　　　）会った。
1　ぴったり　　　2　ばったり　　　3　ゆったり　　　4　ぐったり

20 （　　　）客がくるので、店員は休むひまがない。
1　続々と（ぞくぞく）　2　着々と（ちゃくちゃく）　3　転々と（てんてん）　4　別々に（べつべつ）

21 今回の試験は、（　　　）難しかった。
1　わりと　　　2　わざと　　　3　思わず　　　4　きっと

22 必ずしも行く必要はありません、（　　　）です。
1　同意（どうい）　　2　熱意（ねつい）　　3　誠意（せいい）　　4　任意（にんい）

問題5 ＿＿＿の言葉に意味が最も近いものを、1・2・3・4から一つ選びなさい。

23 この道は暗くて人も少なくて、物騒だ。

1　きらいだ　　　2　危険だ　　　3　困る　　　　　4　静かだ

24 夜が明けて、鳥がいっせいに飛び立った。

1　一度にみんな　2　それぞれ別に　3　たくさん　　　4　にぎやかに

25 そろそろ出かける支度をしようと思う。

1　様子　　　　　2　用意　　　　　3　順番　　　　　4　整備

26 子供たちがなかなか帰ってこないので、ほうぼう探し回った。

1　うろうろ　　　2　あちこち　　　3　あれこれ　　　4　それぞれ

27 自動運転の車が普及すれば交通事故が減ると言われている。

1　禁止になれば　2　知られれば　　3　許可されれば　4　広がれば

問題6　次の言葉の使い方として最もよいものを、1・2・3・4から一つ選びなさい。

28 礼儀

1　人に会ったら、必ず礼儀をしよう。

2　弟の礼儀はいつも悪い。

3　彼にプレゼントをもらったので、今度礼儀をしよう。

4　彼女は仕事はできるが、礼儀やマナーを知らない。

29 なだらかな

1　この仕事はとてもなだらかなので、すぐにできる。

2　彼はなだらかな人なので、友だちが多い。

3　学校の前に、なだらかな坂道がある。

4　もう少し、なだらかに話してくれませんか。

30 うんざり

1　先生のうんざりした授業に感動した。

2　会社は何年働いても給料が変わらない。もううんざりだ。

3　薬を飲んでもなかなか治らない。うんざりした風邪だ。

4　彼は貸した物を返さないうんざりした性格だ。

31 変換

1　旅行の予定を変換します。

2　ひらがなを漢字に変換します。

3　午後になって天気が変換してきた。

4　購入金額を変換します。

32 手当て

1　転んでケガをしたので、病院で手当てしてもらった。

2　彼女が手当てのケーキを作ってくれた。

3　パソコンでなく手当てで手紙を書いた。

4　私の父は毎日庭の手当てをしている。

問題7 次の文の（　　　）に入れるのに最もよいものを、1・2・3・4から一つ選びなさい。

33 弟は私の本を持って行った（　　　）返してくれない。

1　きり　　　　　2　ばかり　　　　3　すえに　　　　4　うえで

34 申し訳ありませんが、面接の結果は電話ではお答え（　　　）ので、近日中にお送りするメールをご確認ください。

1　しづらいです　　　　　　　　2　しがたいです

3　しかねます　　　　　　　　　4　しようがないです

35 薬を飲んだが、よくなる（　　　）症状が悪化した。

1　ところが　　　2　ところで　　　3　ときたら　　　4　どころか

36 経営者である（　　　）、会社の代表として業績悪化の責任を取るべきです。

1　次第　　　　2　一方　　　　3　以上　　　　4　以降

37 コンサートのチケットを買った（　　　）、仕事が忙しくて行けるかどうかわからない。

1　ものが　　　2　ものの　　　3　ものは　　　4　ものでも

38 彼がたばこをやめたのは、家族のサポートが（　　　）。

1　あるにかぎったことではない　　2　ないというものではない

3　あったからにほかならない　　　4　あったにすぎない

39 A「昨日の夜のパーティー、遅くまで盛り上がっていたみたいだね。」

B「うん。友達との話がはずんで、もう少しで終電に乗り遅れる（　　　）よ。」

1　ところだった　　　　　　　　2　はずだった

3　ときだった　　　　　　　　　4　そうだった

40 最近、彼女は体調が悪くて、学校を休み（　　　）だ。

1　だらけ　　　2　げ　　　　3　がち　　　　4　っぽい

41 日本での生活はお金がかかるので、お金を稼_{かせ}ぐためにアルバイトを（　　　　）。

1　しないわけだ

2　しないわけにはいかない

3　するわけだ

4　するわけにはいかない

42 A「週末、遊びに行かない?」

B「来週から試験だから、（　　　　）よ。」

1　遊んでもさしつかえない

2　遊んでもかまわない

3　遊んでいる場合じゃない

4　遊ばざるをえない

43 昨日の地震で、電気（　　　　）水道も止まってしまった。

1　はともかく　　　2　はおろか　　　3　こそは　　　　4　だけは

44 A「日本語の勉強のために本を買おうと思ってるんだけど、これとこれ、どっちがいいかな。」

B「私は、迷ったときは（　　　　）難しい方を選ぶようにしているよ。その方が自分のためになると思うよ。」

1　せっかく　　　2　あえて　　　3　それでも　　　4　まさか

文法

問題8 次の文の＿★＿に入る最もよいものを、1・2・3・4から一つ選びなさい。

（問題例）

　　木の ＿＿＿＿ ＿＿＿＿ ＿★＿ ＿＿＿＿ います。
　　　　1　が　　2　に　　3　上　　4　ねこ

（解答のしかた）

1. 正しい文はこうです。

　　木の ＿＿＿＿ ＿＿＿＿ ＿★＿ ＿＿＿＿ います。
　　　　3　上　　2　に　　4　ねこ　　1　が
---

2. ＿★＿に入る番号を解答用紙にマークします。

　　　　　　　（解答用紙）　| （例）| ①　②　③　●　|

---

45 こんなに探し回っても ＿＿＿＿ ＿＿＿＿ ＿★＿ ＿＿＿＿ ようだ。
　　1　あきらめる　　2　なら　　　　3　ほかはない　　4　見つからない

46 山田さんが作ったこの資料、＿＿＿＿ ＿＿＿＿ ＿★＿ ＿＿＿＿ よくできている。
　　1　30分　　　　2　作った　　　3　で　　　　　4　にしては

47 ビザが出るまで ＿＿＿＿ ＿＿＿＿ ＿★＿ ＿＿＿＿ もかかった。
　　1　1週間くらい　　　　　　2　それどころか
　　3　2週間　　　　　　　　4　かと思ったが

48 仕事は、日曜・祝日 ＿＿＿＿ ＿＿＿＿ ＿★＿ ＿＿＿＿ 休みです。

1　もちろん　　　　2　は　　　　　3　土曜日　　　　4　も

49 プレゼンテーション用の資料を作成 ＿＿＿＿ ＿＿＿＿ ＿★＿ ＿＿＿＿ 読みやすさが
ぜんぜんちがいます。

1　意識するのと　　　　　　2　一文の文字数を

3　しているとき　　　　　　4　しないのとでは

問題9　次の文章を読んで、文章全体の内容を考えて、　50　から　54　の中に入る最もよいものを、1・2・3・4から一つ選びなさい。

　　大卒の就職難そのものは驚くような事態ではありません。昔とくらべて大卒の人数が大幅にふえているからです。大学の数がふえたことで、昔は大学に進学しなかった人たちも大卒の資格を　50　。

　　もし、それが大学をふやしてほしいという産業界の要望によるものだったなら、就職口のない学生が約束違反だと文句をいうこともできるでしょう。しかし実際は、大学が勝手に学生の数をふやして社会に送り出しているのです。学生のほうも、大学を出ればいい会社に就職できるだろうという安易な思い込みでそこに進学します。みんな引き受けろといわれても、企業も困るでしょう。

　　そこへもってきて、就職先を選ぶ学生の判断力がきわめて低い。自分が何をしたいのかじっくり考える　51　、人気のある企業や業界に殺到します。そうやって自分たちで闇雲に競争率を高めておいて、採用されないというのでは、自業自得　52　。一方で、優秀な人材を必要としているのに、人気がないゆえに学生の集まらない企業や業界もあるのです。

　　　53　、まず考えなければいけないのは、人気があるからといって良い会社だとはかぎらないということでしょう。多くの人が良い会社だから人気があると思い込んでいますが、　54　そういうことはありません。

　　　　　　　　　（外山滋比古『考えるとはどういうことか』集英社インターナショナルによる）

（注1）　闇雲に：後のことを考えないで
（注2）　ゆえに：ので

50

1　得ずにすみました　　　　　　2　得たところでした

3　得るようになりました　　　　4　得ようとしませんでした

51

1　だけではなく　　2　こともなく　　　3　からといって　4　にもかかわらず

52

1　というだけのことはあります　　　2　といわれても仕方がありません

3　ということにはなりません　　　　4　とはいえません

53

1　それとも　　　　2　かといって　　　3　ただちに　　　　4　ですから

54

1　かならずしも　　2　とうてい　　　3　思うように　　　4　とっくに

問題10 次の(1)から(5)の文章を読んで、後の問いに対する答えとして最もよいものを、1・2・3・4から一つ選びなさい。

(1)

　人間は一定時間、沈黙していることができなければならない。それと同時に、喋りたくない時でも、あたりの空気を重くしないために、適当な会話を続ける必要のある時もある。沈黙を守れない人で、きちんとした思想のある人物は見たことがない。それと同時に、会食の席などでは、相手を立てながら、会話を続ける技術もなくて一人前とは言いがたい。

（曽野綾子『自分をまげない勇気と信念のことば』ワックによる）

55 筆者はどんな人が一人前だと考えているか。

　1　一定時間沈黙を守ったあとに、相手を立てた会話ができる人
　2　きちんとした思想を持って、沈黙を守り続けられる人
　3　あたりの空気を重くしないように、相手を立てながら会話をし続けられる人
　4　会話を続ける技術があるだけでなく、一定時間沈黙を守れる人

(2)

　健康第一というのは、健康なときにはわからない。健康はふつうのときには当たり前のことだからだ。体をこわしてやっと、健康第一なんだとつくづく思う。だから健康とは、空気みたいなものだといえる。あって当たり前で、ふつうは意識もされない。だから健康の中には、いろんなものが隠されている。ふだんは見えない体の秘密が、健康を害したときにはじめていろいろ見えてくる。病気は体ののぞき穴だ。

（赤瀬川原平『増補 健康半分』 デコによる）

56 「病気は体ののぞき穴」とはどういうことか。

　1　病気になると、自分の体のどこが健康かわかるようになる。

　2　病気になると、健康は空気みたいなものだと意識されるようになる。

　3　病気になると、ふつうは意識しない体の秘密が見えるようになる。

　4　病気になると、人間の体の構造が理解できるようになる。

(3)

　（若い世代に）自分の思いをまっすぐにぶつければ、必ずや共通項^{きょうつうこう}を見出すことができるだろう。

　若い世代とつきあうからといって、意識したり、かまえたりすると、それはそのまま伝わってしまうから、自然体で対するに限る。

　とても理解できない、ついていけないと思ったら、想像力をたくましくすること。自分がこのくらいの年代のときはどうだっただろうか、自分の若い頃^{ころ}、年上の人をどう見ていただろうかと考えてみる。

　そこから答えが出てくるかもしれない。

（下重暁子『女50代 美しさの極意』大和出版による）

57 筆者は、若い世代とつきあうためには、どうすればいいと考えているか。

　1　ついていけないと思っても、つきあい続ければ必ず共通項^{きょうつうこう}が見出せるはずである。

　2　あまりあれこれ考えないで、ありのままの自分で若者と対すればいい。

　3　想像力をたくましくさせ、若者が好きそうな話をすればいい。

　4　自分が若かった頃^{ころ}を思い出し、自分が年上の人に対していたようにすればいい。

(4)

　　いつもピアノレッスンにご参加頂き、御礼申し上げます。おかげさまで、当教室は、5月で10周年を迎えることとなりました。これもひとえにご参加くださる皆様のおかげであると心より感謝しております。

　　さて、10月から消費税の増税が決定いたしました。今までレッスン料金を値上げせずにやってまいりましたが、今回の増税に伴いまして、ついに料金の見直しをせざるを得なくなりました。そのため、下記の通り料金の改定を実施させていただくこととなりましたのでお知らせいたします。

　　皆様にご迷惑をおかけするのは心苦しい限りでございますが、ご理解くださいますよう、よろしくお願い申し上げます。

58 この文書を書いた、一番の目的は何か。

1　10周年記念の案内

2　レッスン参加のお礼

3　消費税増税の報告

4　料金の改定のお知らせ

(5)

　現代社会は物理学がないと何もできません。たとえば時計にしても、昔は機械仕掛けの世界でしたが、ちょっと時計が趣味の人は簡単な修理くらいはできた。ある程度手で触れることができたのですね。しかし、科学技術は細分化の果てに、普通の人には触れられない「何か」に変貌を遂げました。時計でいうと、今はクオーツ時計や電波時計があります。でも、そういった最先端技術を駆使した時計の中身について、ふつうの人はほとんど何もイメージできないし、触ることもできません。

（竹内薫『科学予測は8割はずれる』東京書籍による）

59 ここでいう「何か」とは、どんなことを指しているか。

　1　仕組みが複雑すぎて理解できないもの
　2　壊れてしまったら二度と直せないもの
　3　手で触れると壊れてしまうほど繊細なもの
　4　最先端技術によって修理しなくてもよくなったもの

問題11 次の(1)から(3)の文章を読んで、後の問いに対する答えとして最もよいものを、1・2・3・4から一つ選びなさい。

　「おひとりさま」の数が急増している。「おひとりさま」とは、本来「一人」をていねいにいう言葉で、飲食店などの一人客を指すが、最近では独身の男女という意味から、一人で食事や旅行、趣味を楽しむなど一人の時間を謳歌している人たちのことまで幅広く意味するようになった。かくいう私もずっとおひとりさまで、以前はレストランに一人で行くと、周りのカップルや家族に囲まれて肩身が狭い思いをすることがあったが、仲間が増え、大変心強く思っている。①

　おひとりさまが増えた背景には、独身女性の増加だけでなく、働く女性が増えたことも大きい理由にあげられる。経済的に自立した女性が、結婚後も自分で稼いだお金で自分だけの時間を楽しむことが増えたのだ。私の姉が良い例で、子供の手が離れたことを良いことに、一人②　　　　　　　　(注3)で登山や海外旅行に行くなど、充実した毎日を送っている。

　また、おひとりさま増加に伴い、それに対応した商品やサービスも広がりを見せている。ひとり用の炊飯器や電気ポットなどが店頭に並ぶようになった。旅行会社のひとり旅プランや、焼き肉屋のひとり焼き肉用カウンター席の設置など、一人客をターゲットにしたサービスも充実してきている。おひとりさま道まっしぐらの私にとっては、これからどんなサービスが増えていく(注4)か、楽しみである。

（注1）謳歌する：十分に楽しむ

（注2）肩身が狭い：世間に対して申し訳なく感じる

（注3）手が離れる：子供が成長して、世話が必要でなくなる

（注4）まっしぐら：勢いよく進む様子

60 筆者はなぜ①心強く思っているのか。

1 独身の人のことを丁寧に呼ぶ言い方が、やっと広まってきたから。

2 周りのカップルや家族が、あまりレストランで食事をすることがなくなったから。

3 以前は一人で外で食事をする人がいなかったが、最近はそうする人が増えたから。

4 昔の飲食店には一人で入ることができなかったが、今は自由にできるようになったから。

61 ②良い例とあるが、何の良い例と言っているのか。

1 結婚しても自分が働いたお金で自分の時間を楽しんでいる女性

2 ずっと結婚せずにおひとりさまの生活を楽しんでいる女性

3 結婚しても子供を持たずにそれぞれが経済的に独立している夫婦

4 結婚後、子供の手が離れてから充実した日々を送っている夫婦

62 おひとりさまについて、筆者の考えに合うのはどれか。

1 おひとりさまに対応した商品やサービスはまだ充実していない。

2 おひとりさまに対する社会の変化は興味深い。

3 自分のようなおひとりさまがもっと増えてほしい。

4 おひとりさまという言葉の意味が、これからも変化していくだろう。

(2)

　私がものごころついた頃は、もう日本は日本でなくなりはじめていた。着物を着ている人もいるにはいたが、洋服が主流になっていた。畳の間はまだあったけれど、人々は椅子の暮らしの方が楽だと思いはじめていた。人々あるいは日本全体が、欧米のものをよしとして、それを追っていた。

　身近に欧米のものが溢れだし、日本のものはだんだんと後方に押しやられてゆく。そんな中で、われわれは育った。人のせいにするわけではないが、そこでどうやって日本の美にふれられようか。日本の心にふれて、日本人になれようか。われわれは日本よりも欧米文化を身近に感じ、それを素直に吸収していったのであって、その結果がこれなのだ。
　　　　　　　　　　　　　　　　　　　　　　　　　　　　　　①

　でも何かがきっかけで、日本のものにふれることがある。あるいは、何かを機に日本のものを、ということになるのかもしれない。それだけ日本のものが特別なものになっているということなのだが、私もまた大学卒業を機に、一念発起してお茶を始めた。（中略）

　そのはずなのだが、いつか、こうした感覚が懐かしいものに思えてきたのはどうしたことか。知らないはずなのに、新しいと思っていたはずなのに、知っているような気がする。自分の奥底の何かが振れた、そんな感じ。私は、やっぱり、日本人なのだ。そしてその感覚が快いから、こうしてお茶も続いているのだろう。
　　　　　　　　　　　　　　　　　　　　　　　　　②

　　　　　　　　　　　　　　　　　　　（有吉玉青『雛を包む』平凡社による）

63 ①その結果がこれなのだとはどういうことか。

1　欧米のものをどんどん取り入れた結果、日本のものにふれる機会が減少していった。

2　欧米のものが身近に溢れた結果、さらに日本の美にふれられるようになった。

3　日本のものが後方に押しやられた結果、日本文化を素直に吸収していった。

4　日本全体が欧米のものをいいと考えた結果、何でも人のせいにするようになった。

64 ②その感覚とはどのような感覚か。

1　欧米のものを追いかける感覚

2　新しいことを始める感覚

3　昔やったことがあることを思い出す感覚

4　自分が日本人であると再認識する感覚

65 筆者がこの文章でいちばん言いたいことは何か。

1　欧米文化が生活の中心になっていることは不自然なので、欧米のものをできる限り遠ざけて、日本のものを積極的に取り入れたほうがいい。

2　欧米のものに囲まれた生活が当たり前になってしまったので、日本人にお茶などを特別に教える機会を作るべきだ。

3　日本のものにふれる機会が減ったとしても、それにふれる機会さえあれば、いつでも日本人の心を取り戻すことができる。

4　日本のものが特別なものになってしまった以上、日本人はもっと素直に欧米文化を吸収し、さらに文化を発展させていかなければならない。

(3)

　日本には科学館・博物館・プラネタリウム・天文台など科学に関わる展示や講演会などを行いつつ、訪問者が実験や観測に参加できるような施設が多く存在する（欧米に比べても遜色ないどころか、その数は上回っている）。そこには当然学芸員がいて、展示物の解説をしたり、それに関する質問に答えたりしてくれる。学芸員がいわば科学ソムリエの役割を果たしている①　　（注）のである。私が教えた大学院生が学芸員として就職し、時折その苦労話を聞くが並大抵な仕事ではないことがよくわかる。

　第一は、毎月のように出し物の中身を変え、新しいトピックに敏感に反応しないとすぐに飽きられてしまうから、先を読んで展示物を工夫することが絶えず求められる点だろう。予算の関係もあって年度当初に展示計画を組んでいるのだが、日本人のノーベル賞受賞のような想定していなかった事態が生じると急遽それに変えねばならない。

　それに伴って、どんな分野についても専門家並みの知識を身に付ける必要があるのも苦労することらしい。学芸員それぞれは一つの分野の専門家ではあるけれど、それでカバーできる範囲は狭く、数少ない人数でどんどん専門分化する科学の全領域をカバーしなければならない。そのためインターネットで知識を得ただけであっても、いかにもその専門家であるかのように振る舞うことになる。②

　　　　　　　　　　　　　　　　（池内了『現代科学の歩きかた』河出書房新社による）

（注）ソムリエ：ワインの専門知識をもち、レストランで客がワインを選ぶ手助けをする人

66 ①科学ソムリエとはどんな人のことを指しているか。

1　科学に関わる新しいトピックに敏感に反応できる人

2　科学についてわかりやすく説明してくれる人

3　科学の全領域をどんどん専門分化できる人

4　科学研究でノーベル賞を受賞する人

67 ② いかにもその専門家であるかのように振る舞うことになるとあるが、それはなぜか。

1　訪問者は学芸員を専門家であると思っているので、知らないといういいわけはできないから。

2　専門家としてプライドが高いので、知識がなくてもわからないとは言いたくないから。

3　専門家のように振る舞えば、あまり知識がなくても上手くごまかせるから。

4　インターネットさえあれば、すぐに専門家並みの知識を身に着けることができるから。

68 筆者は学芸員についてどのように述べているか。

1　日本の科学に関わる展示は、欧米よりも数が多く、すばらしいので、もっと自信を持つべきだ。

2　科学の知識があまりなくてもインターネットを利用して調べれば、だれにでもできる仕事だ。

3　新しい企画を次々考えなければならないので、アイディアをたくさん持っている人が向いている。

4　展示の企画だけではなく、科学のどの分野についても豊富な知識を身につけなければならない大変な仕事だ。

問題12 次のＡとＢの文章を読んで、後の問いに対する答えとして最もよいものを、1・2・3・4から一つ選びなさい。

Ａ

　　最近は子供にスマートフォンを渡して、自由に使わせる親が増えているという。いわゆる「スマホ育児」というやつだ。私が子育てをしていた時代には、そんな物などなかったので、静かにしてほしい場所で子供が泣き出したり、動き回ったりしたときは、必死になだめたものだ。そんな状態では子供がかわいいだなんてとても思えなかった。だから親が疲れ果て、子供にイライラしてしまう前に、便利なものに頼ってもいいと思う。確かに、長時間の利用は視力を低下させる、発達を妨げるなど懸念もある。それらをしっかり理解したうえで、便利なものを取り入れながら、心に余裕を持って子供と向かい合えるなら、スマホ育児は決して悪いものではないと思う。

Ｂ

　　この前、食事に行ったとき、若い夫婦が3歳くらいの子供にスマホを持たせ、自分たちはゆっくりと食事をとっていた。確かに子供がいると、親は満足に食事すらできない。しかし、子供の社会性やコミュニケーション能力を育てるためには、積極的なコミュニケーションをとるべきであり、それこそが親の責任というものだろう。そもそも脳が未発達の幼少期にスマホを使わせすぎれば、子供に悪影響を及ぼすことはさまざまな専門家が指摘している事実である。長い人生において、子育てする時間は短い。子供の将来を思えば、ほんのわずかな時間、親が楽しみたいからという理由で、かんたんにスマホを与えてはならないと思う。

69 AとBは自分の子育て経験について何と述べているか。

1 AもBも自分の経験については述べていない。

2 AもBも便利なものは使わず子供と積極的にコミュニケーションをとってきたと述べている。

3 Aは心の余裕がないときがあったと述べ、Bは常に子供に向き合ってきたと述べている。

4 Aは子供にイライラすることがあったと述べ、Bは自分の経験については述べていない。

70 AとBで共通して述べられていることは何か。

1 子育ては大変なのだから、時には親も楽をしてもいい。

2 今の親はスマホ育児ができるのでうらやましい。

3 親は常に子供と向き合い、積極的にコミュニケーションをとるべきである。

4 子供の発達に悪影響を及ぼす恐れがあるので、気をつけたほうがいい。

問題13 次の文章を読んで、後の問いに対する答えとして最もよいものを、1・2・3・4から一つ選びなさい。

　若い時には視野に入らないのに、人生の後半に差し掛かった辺りで徐々に姿を現す壁がある。例えば、親の老化。この問題の大変さを多くの人が味わうことになるのだが、実際に直面するまではなかなかぴんとこないものだ。

　思春期くらいの頃、親のやることなすことにいちいちイラッときた。一緒にテレビを観ている時に笑うタイミングが気に入らない。「おへそ出てるよ」「へー、そう」という会話に大喜びしている両親の姿を見ると、心がドライアイスのように冷たくなった。あーやだ、どうしてうちの親はこんなにダサいんだろう。そのくせこっちの生活にあれこれ口を出してくる。当時の自分にとって、親とは永遠にダサくて元気で邪魔な存在だった。

　だが、その永遠に、<u>小さな亀裂が入る日</u>が来る。大学生の時だった。私は実家から遠い大
①
学に入ってすっかり羽を伸ばしていた。親のダサさも口出しもここまでは届かない。そんな或る日、一年ぶりに実家に帰って彼らの顔を見た瞬間に、あれ？　と思った。なんか、老けてる？

　でも、そりゃそうか、とすぐに思い直す。もう歳だもんな。でも、相変わらずうるさいし、ぴんぴんしてるから、まあいいや。

　本当の恐怖を味わったのは、それから二十数年後だった。或る夕方、居間に二人でいた時のこと。母親が私に云った。

「今は昼かい？　夜かい？」

　<u>ぞっとした</u>。夕方だよ、と投げつけるように答えてしまった。彼女は呆けていたわけではな
②
い。ただ持病の手術で入院していて、家に戻ったばかりだったのだ。そんな場合は昼夜の区別が曖昧になることがある、と後から聞かされたのだが、その時はひたすらこわかった。母が壊れてしまった、と思った。

　親に対する意識は激変した。ダサくてもうるさくても、とにかく元気でさえいてくれればいい。だが、母は少しずつ確実に弱っていった。彼女の持病は糖尿病だった。徐々に目が見えなくなり、腎臓の機能が落ちて透析も始まった。

　でも、「今は昼かい？　夜かい？」の後、真のこわさに直面することはなかった。私は彼女の老いから目を背けていた。それができたのは、全ての面倒を父が看ていたからだ。病院への付き添い、介護、家事、その他を、彼は一人でこなしていた。妻を守ると同時に子供である私をも守ろうとしていたのだろう。

（穂村弘『鳥肌が』PHP研究所による）

71 ①小さな亀裂が入る日とはどんなことか。

1　親にイラッとして、邪魔に思った日

2　親の存在が面白くなくて、心が冷たくなった日

3　親がぴんぴんしているのを見て安心した日

4　親はいつまでも元気ではないと気づいた日

72 筆者はどうして②ぞっとしたのか。

1　母親が簡単なことすらわからなくなっていることが怖かったから

2　母親が歳を取ってもうるさく、ぴんぴんしていることが怖かったから

3　母親が急に自分に話しかけてきたことが怖かったから

4　母親に言葉を投げつけるように答えてしまったことが怖かったから

73 筆者の親に対する考え方であっているものはどれか。

1　親が徐々に弱っていくことは当たり前のことなので、病院への付き添い、介護、家事などは全て子供がやるべきだ。

2　子供はいつまでも親は元気でうるさい存在であると信じているため、親の老化に気付きにくく、目を背けてしまうことが多い。

3　親とはたとえ年老いたとしても、子供の生活にあれこれとうるさく口出ししてくる邪魔な存在であることには変わらない。

4　親が歳を取って弱くなってきたときこそ、家族を守るために、家族全員で親の面倒を看るべきだ。

問題14 右のページは、ひまわり市の公共施設の利用案内である。下の問いに対する答えとして最もよいものを、1・2・3・4から一つ選びなさい。

74 高校生の島田さんが利用者登録をするとき、どうすればいいか。

1 地域課の窓口で利用者IDとパスワードを入力する。

2 地域課の窓口で身分証明書と学生証を見せ、1,500円支払う。

3 各施設の窓口で身分証明書と利用者登録カードを見せ、1,500円支払う。

4 インターネットで利用者IDとパスワードを入力する。

75 森さんはテニスコートを予約していたが、当日キャンセルすることになった。どうすればいいか。

1 地域課の窓口に行く。

2 施設に電話連絡をする。

3 地域課の窓口でキャンセル料を払う。

4 インターネットからキャンセルをする。

ひまわり市 公共施設利用予約について

市民のみなさんが、テニスやバスケットボール等のスポーツをしたり、茶道や合唱等の趣味を楽しんだり、会議などを開くときに、市内の公共施設がご利用いただけます。
利用できる施設は、集会施設、公園施設、スポーツ施設、市民ホールです。

● **利用方法について**

初めて利用される方は、事前に地域課の窓口で利用者登録が必要となります。

※ 利用者登録に必要なもの

✓ 住所・氏名・生年月日がわかる身分証明書（運転免許証・パスポート・健康保険証等）をお持ちください。

✓ 学生の方は、身分証明書（運転免許証・パスポート・健康保険証等）とあわせて学生証が必要です。

✓ 利用者登録料1,500円

利用者登録後、利用者登録カードを発行いたします。利用者登録カードは、施設予約、利用の際に必要になります。

● **施設の予約について**

インターネットまたは地域課の窓口で予約が可能です。
インターネット予約をご利用の際は、ひまわり市のホームページにアクセスし、利用者登録カードに書かれた利用者IDとパスワードを入力してください。市内各所の施設予約や予約の確認および空き状況を確認することができます。

● **使用料の支払いについて**

使用料は、利用する前までに地域課または各施設の窓口でお支払いください。
使用料は、施設によって異なります。地域課または各施設にお問い合わせください。

● **キャンセルについて**

利用2日前まではインターネットからのキャンセルが可能です。利用前日、利用当日のキャンセルは、ご利用予定の施設で手続きを行います。必ず各施設へ電話連絡をお願いします。利用2日前までにキャンセルの手続きをされた方には、事前にお支払いいただいた使用料を返金いたします。インターネットまたは地域課の窓口で返金手続きを行います。当日および前日に自己都合で利用を取り消す場合は、キャンセル料として使用料をいただきますのでご注意ください。

ひまわり市役所　地域課
電話：0678-12-9876

N2

聴解

（50分）

注　意
Notes

1. 試験が始まるまで、この問題用紙を開けないでください。
   Do not open this question booklet until the test begins.

2. この問題用紙を持って帰ることはできません。
   Do not take this question booklet with you after the test.

3. 受験番号と名前を下の欄に、受験票と同じように書いてください。
   Write your examinee registration number and name clearly in each box below as written on your test voucher.

4. この問題用紙は、全部で13ページあります。
   This question booklet has 13 pages.

5. この問題用紙にメモをとってもかまいません。
   You may make notes in this question booklet.

受験番号　Examinee Registration Number	

名前　Name	

問題1 🔊 N2_3_02

　問題1では、まず質問を聞いてください。それから話を聞いて、問題用紙の1から4の中から、最もよいものを一つ選んでください。

例 🔊 N2_3_03

1　よやくをする
2　しんさつけんをさくせいする
3　しょるいに記入する
4　体温を測る

1番 🔊 N2_3_04

1 じょうしにれんらくする
2 せんたくものを取りこむ
3 買い物に行く
4 おかずを作る

2番 🔊 N2_3_05

1 ろんぶんを書く
2 ゼミの先生に相談する
3 調査をしてくれる人を探す
4 調査のじゅんびをする

3番　🔊 N2_3_06

1　業者に電話する
2　資料をコピーする
3　資料の作り直しを手伝う
4　打ち合わせのじゅんびをする

4番　🔊 N2_3_07

1　薬を飲む
2　帰ってねる
3　病院に行く
4　病院を予約する

5番 🔊 N2_3_08

1　中村さんにあいさつする
2　インターネットを設定する
3　昼食のじゅんびをする
4　メモを書く

問題2では、まず質問を聞いてください。そのあと、問題用紙のせんたくしを読んでください。読む時間があります。それから話を聞いて、問題用紙の1から4の中から、最もよいものを一つ選んでください。

例 🔊 N2_3_10

1 体力がたくさんひつようなところ

2 セリフをたくさんおぼえないといけないところ

3 練習をたくさんしないといけないところ

4 キャラクターのせいかくを出すところ

1　地下1階と地下2階
2　1階と3階
3　2階と4階
4　1階と2階と3階

1　よていが早くなったこと
2　作るぶひんがへったこと
3　はたらく人がふえること
4　ボーナスが出たこと

3番 🔊 N2_3_13

1 おおさかりょこう
2 工場見学
3 ぶんかさい
4 ボランティア

4番 🔊 N2_3_14

1 図書館
2 コンビニ
3 トイレ
4 先生の研究室

1　6時

2　9時

3　12時

4　15時

1　じぶんの考えを決められないところ

2　まわりの人の考えをすぐ聞いてしまうところ

3　さいごまで考えることをしないところ

4　まわりのへんかに合わせられないところ

問題3 🔊 N2_3_17

問題3では、問題用紙に何もいんさつされていません。この問題は、全体としてどんな内容かを聞く問題です。話の前に質問はありません。まず話を聞いてください。それから、質問とせんたくしを聞いて、1から4の中から、最もよいものを一つ選んでください。

例 🔊 N2_3_18

1番 🔊 N2_3_19

2番 🔊 N2_3_20

3番 🔊 N2_3_21

4番 🔊 N2_3_22

5番 🔊 N2_3_23

ーメモー

問題4では、問題用紙に何もいんさつされていません。まず文を聞いてください。それから、それに対する返事を聞いて、1から3の中から、最もよいものを一つ選んでください。

れい
例 🔊 N2_3_25

ばん
1番 🔊 N2_3_26

ばん
2番 🔊 N2_3_27

ばん
3番 🔊 N2_3_28

ばん
4番 🔊 N2_3_29

ばん
5番 🔊 N2_3_30

ばん
6番 🔊 N2_3_31

ばん
7番 🔊 N2_3_32

ばん
8番 🔊 N2_3_33

ばん
9番 🔊 N2_3_34

ばん
10番 🔊 N2_3_35

ばん
11番 🔊 N2_3_36

ばん
12番 🔊 N2_3_37

問題5では、長めの話を聞きます。この問題には練習はありません。
問題用紙にメモをとってもかまいません。

1番　🔊 N2_3_39

2番　🔊 N2_3_40

問題用紙に何もいんさつされていません。まず話を聞いてください。それから、質問とせんたくしを聞いて、1から4の中から、最もよいものを一つ選んでください。

ーメモー

　まず話を聞いてください。それから、二つの質問を聞いて、それぞれ問題用紙の1から4の中から、最もよいものを一つ選んでください。

質問1

1　15インチのパソコン
2　13インチのパソコン
3　12インチのパソコン
4　10インチのパソコン

質問2

1　15インチのパソコン
2　13インチのパソコン
3　12インチのパソコン
4　10インチのパソコン

合格模試　解答用紙

N2　言語知識（文字・語彙・文法）・読解

受験番号
Examinee Registration Number

名前
Name

〈ちゅうい　Notes〉

1. くろいえんぴつ (HB、No.2) でかいて
ください。
Use a black medium soft (HB or No.2)
pencil.
（ペンやボールペンではかかないでくだ
さい。）
(Do not use any kind of pen.)

2. かきなおすときは、けしゴムできれい
にけしてください。
Erase any unintended marks completely.

3. きたなくしたり、おったりしないでくだ
さい。
Do not soil or bend this sheet.

4. マークれい Marking Examples

よいれい Correct Example	わるいれい Incorrect Examples
●	⊗ ◯ ◯ ◯ ● ① ◉

問題 1

	1	2	3	4
1	①	②	③	④
2	①	②	③	④
3	①	②	③	④
4	①	②	③	④
5	①	②	③	④

問題 2

	1	2	3	4
6	①	②	③	④
7	①	②	③	④
8	①	②	③	④
9	①	②	③	④
10	①	②	③	④

問題 3

	1	2	3	4
11	①	②	③	④
12	①	②	③	④
13	①	②	③	④
14	①	②	③	④
15	①	②	③	④

問題 4

	1	2	3	4
16	①	②	③	④
17	①	②	③	④
18	①	②	③	④
19	①	②	③	④
20	①	②	③	④
21	①	②	③	④
22	①	②	③	④

問題 5

	1	2	3	4
23	①	②	③	④
24	①	②	③	④
25	①	②	③	④
26	①	②	③	④
27	①	②	③	④

問題 6

	1	2	3	4
28	①	②	③	④
29	①	②	③	④
30	①	②	③	④
31	①	②	③	④
32	①	②	③	④

問題 7

	1	2	3	4
33	①	②	③	④
34	①	②	③	④
35	①	②	③	④
36	①	②	③	④
37	①	②	③	④
38	①	②	③	④
39	①	②	③	④
40	①	②	③	④
41	①	②	③	④
42	①	②	③	④
43	①	②	③	④
44	①	②	③	④

問題 8

	1	2	3	4
45	①	②	③	④
46	①	②	③	④
47	①	②	③	④
48	①	②	③	④
49	①	②	③	④

問題 9

	1	2	3	4
50	①	②	③	④
51	①	②	③	④
52	①	②	③	④
53	①	②	③	④
54	①	②	③	④

問題 10

	1	2	3	4
55	①	②	③	④
56	①	②	③	④
57	①	②	③	④
58	①	②	③	④
59	①	②	③	④

問題 11

	1	2	3	4
60	①	②	③	④
61	①	②	③	④
62	①	②	③	④
63	①	②	③	④
64	①	②	③	④
65	①	②	③	④
66	①	②	③	④
67	①	②	③	④
68	①	②	③	④

問題 12

	1	2	3	4
69	①	②	③	④
70	①	②	③	④

問題 13

	1	2	3	4
71	①	②	③	④
72	①	②	③	④
73	①	②	③	④

問題 14

	1	2	3	4
74	①	②	③	④
75	①	②	③	④

合格模試 解答用紙

N2 聴解

第3回

受験番号
Examinee Registration Number

名前
Name

〈ちゅうい Notes〉

1. くろいえんぴつ (HB、No.2) でかいて
   ください。
   Use a black medium soft (HB or No.2)
   pencil.
   (ペンやボールペンではかかないでくだ
   さい。)
   (Do not use any kind of pen.)

2. かきなおすときは、けしゴムできれい
   にけしてください。
   Erase any unintended marks completely.

3. きたなくしたり、おったりしないでくだ
   さい。
   Do not soil or bend this sheet.

4. マークれい Marking Examples

よいれい Correct Example	わるいれい Incorrect Examples
●	⊗ ◯ ◯ ◎ ⊙ ① ⊖

問題1

例	①	②	●	④
1	①	②	③	④
2	①	②	③	④
3	①	②	③	④
4	①	②	③	④
5	①	②	③	④

問題2

例	①	②	③	●
1	①	②	③	④
2	①	②	③	④
3	①	②	③	④
4	①	②	③	④
5	①	②	③	④
6	①	②	③	④

問題3

例	①	②	●	④
1	①	②	③	④
2	①	②	③	④
3	①	②	③	④
4	①	②	③	④
5	①	②	③	④

問題4

例	●	②	③
1	①	②	③
2	①	②	③
3	①	②	③
4	①	②	③
5	①	②	③
6	①	②	③
7	①	②	③
8	①	②	③
9	①	②	③
10	①	②	③
11	①	②	③
12	①	②	③

問題5

1		①	②	③	④
2		①	②	③	④
3	(1)	①	②	③	④
	(2)	①	②	③	④